中国蒙古学文库

蒙古文学文体转化研究

——《青史演义》与蒙汉文历史著作的比较

包红梅 著

辽宁民族出版社

图书在版编目（CIP）数据

蒙古文学文体转化研究：《青史演义》与蒙汉文历史著作的比较 / 包红梅著. —沈阳：辽宁民族出版社，2012. 5

（中国蒙古学文库）

ISBN 978-7-5497-0305-0

Ⅰ. ①蒙… Ⅱ. ①包… Ⅲ. ①蒙古族—少数民族文学—文学研究—中国 Ⅳ. ①I207.912

中国版本图书馆CIP数据核字（2012）第075478号

蒙古文学文体转化研究

MENGGUWENXUEWENTIZHUANHUAYANJIU

出版发行者：辽宁民族出版社
地　　址：沈阳市和平区十一纬路25号　邮编：110003
印 刷 者：沈阳市印刷研究所有限责任公司
幅面尺寸：145mm×210mm
印　　张：11.375
字　　数：280千字
插　　页：8
印　　数：1-1000
出版时间：2012年5月第1版
印刷时间：2012年5月第1次印刷
责任编辑：包满都拉
封面设计：杜　江
责任校对：李　玫

标准书号：ISBN 978-7-5497-0305-0
定　　价：40.00元

联系电话：024-23284336　　邮购热线：024-23284335
http://www.lnmzcbs.com

中国蒙古学文库

布赫

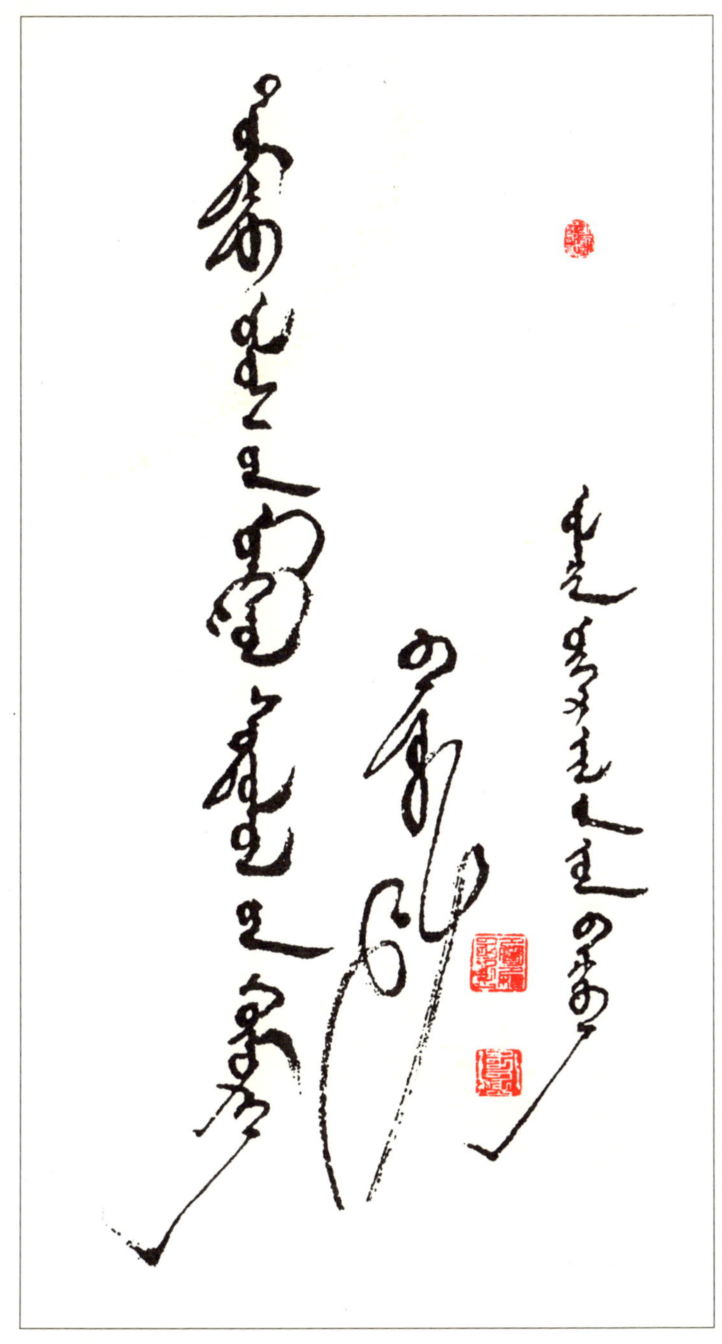

编写与出版《中国蒙古学文库》领导小组与编委会

《中国蒙古学文库》续版总序

《中国蒙古学文库》是在我国改革开放新的历史时期，在解放思想，实事求是思想路线指引下，在文化适应经济社会的发展而不断繁荣的客观要求下应运而生的。《文库》自筹备到出版以来走过了艰苦立业、敢为人先、追求一流、不断创新的十二年。到2009年9月正式出版了百部书，并以此向新中国六十华诞献礼。同时召开了“百部纪念会”，出版了《百部纪念册》，可以说《文库》编委会完成了一个阶段的工作。

《文库》是一套比较全面系统地反映蒙古学研究成果的系列丛书。它的编辑出版开辟了学术著作出版的新途径，成为蒙古学研究成果跨世纪的丰碑，在国内外引起广泛的关注，产生了良好的反响，将成为繁荣发展蒙古文化方面具有一定知名度的、品位较高的文化名牌。随着加快全面建设小康社会，构建和谐社会的步伐，不断增强各民族间平等、团结、和谐互助关系，为满足各族人民日益增长的物质和文化生活需要，促进内蒙古自治区文化大区的建设，为推进蒙古学研究事业的发展，提升文化软实力，突出民族特色，充分发挥文化优势和社会人才资源优势，传承和弘扬蒙古民族的优秀文化，很有必要继续编辑出版蒙古学方面的学术著作。

为此，《文库》领导小组向内蒙古自治区党委和政府呈报了《中国蒙古学文库》续版百部书的申请报告。自治区党委和政府的领导，高度重视，全力支持，批准了申请报告，决定

《中国蒙古学文库》继续出版。这是大快人心的好事，是自治区学术界的一件喜事，是贯彻落实科学发展观，为文化建设所做的一件实事，是继续推动蒙古学研究繁荣发展的重大举措。它标志着《中国蒙古学文库》的工作进入了一个新阶段。这对我们是个极大的鼓舞和鞭策，使我们深深体会到党的民族政策的英明正确，并使我们深刻认识和看到，党和政府情系民生，执政为民，在推进经济社会又好又快发展中，繁荣文化建设事业的良好形象。

蒙古民族在历史上彰显了游牧文明的优越性，成为游牧文化的集大成者，在人类历史上创造了辉煌的奇迹，造就了世界新的格局，展示了走向统一、走向开放、走向文明发展的总趋势，留下了珍贵的文化遗产，产生了重大的至今还值得深思和研究的许多问题。从而形成了独具特色、充满生机、内涵丰富、博大精深的蒙古文化，形成了国际性、综合性的"蒙古学"。"蒙古学"就是以蒙古文化为研究对象的科学。其内容是研究蒙古族形成和发展中创造的一切文化成果的传承和繁荣发展规律，是研究在漫长的历史进程中各民族之间相互交流、互助和谐、共同进步的过程和经验。

蒙古学是国际性的，世界上很多国家和地区都在研究，因此，我们的研究及其成果必须旗帜鲜明地突出中国特色。最根本的是以马列主义、毛泽东思想、邓小平理论、"三个代表"重要思想和科学发展观作为指导思想，高举中国特色社会主义伟大旗帜，坚持社会主义核心价值体系，贯彻执行党的民族政策和"双百"方针。这是中国蒙古学的一大特色和优势所在，是我们以往研究和创新所取得丰硕成果的根本原因，也是《文库》今后在编辑出版工作中必须坚持的基本原则。

在马克思主义普遍真理的指导下，遵照中国特色社会主义理论体系，如何认识和改造蒙古传统文化，如何借鉴吸纳其他民族的文化，是我们面临的艰巨任务。在这里必须坚持马克思主义与蒙古文化的实际相结合，充分体现马克思主义中国化、时代化、大众化的趋势，继续解放思想，坚持实事求是，运用马克思主义的立场、观点和方法，着力研究和传承蒙古传统文化，进而改造传统文化，推陈出新，适应中国特色社会主义事业发展的需要，寻求现代化的路标； 着力研究各民族文化交流的经验和趋势，探索巩固和发展各民族间的平等团结、互助和谐关系的新思路和有效途径；着力研究和总结建设中国特色社会主义实践中的新鲜经验和现实问题，全面提高民族的整体素质，为党和政府的决策提供智力支持和精神动力。

蒙古学是综合性科学，涵盖面广，内容丰富而全面。《文库》致力于编辑出版蒙古学方面的学术性研究成果。特别注重专题研究、系列研究、历史人物研究、哲学及社会思想史研究。这些内容的研究以及编辑出版，是《文库》的中心课题，是它的显著特点和优势。资料汇编、论文集、辞书、名词术语汇编、回忆录、个人选集或全集、杂记、传记、多卷本著作、文艺小说等不属于《文库》编辑出版范围。

《文库》优先选择以下著作：(1) 带有抢救性的著作；(2) 学术方面的国家课题、省部级课题的最终成果；(3) 以博士论文为基础充实修改的著作；(4) 新兴学科、薄弱学科、交叉学科、边缘学科的著作；(5) 理论研究，创立体系的著作。先出版用蒙古文或汉文撰写的一种版本，今后根据实际需要，选择一些有利于各民族文化交流，具有共同性使用内容的，具有较高学术价值和实用价值的著作，翻译成另一种文字出版。

出版的著作要有鲜明特色，弘扬创新精神，体现精品意识。一切从蒙古族历史文化的实际出发，挖掘好、研究好、保存好、维护好、发扬好蒙古文化的固有特色，充分彰显蒙古文化的风格和气派。同时积极汲取世界先进文化，达到二者的有机结合，以致充分体现蒙古文化的世界性、民族性和地域性特点。鼓励大胆的创造，发扬自主创新精神。创造性是蒙古文化固有的特点和发展的内在活力。《世界征服者史》作者志费尼曾指出，成吉思汗有关征服他国的方略，消灭敌军，擢升部属等措施，是“凭自己的脑子创造出来的”，“全是他自己领悟的结果，才智的结晶”。

《文库》以原创性、系统性和突破性作为编辑出版的基本要求。突出原创性，就是要求出版创新的、新颖的和具有较高学术价值的著作。注重系统性，就是要求出版学科建设中的系列著作，在某个学科方面具有权威性成果，为学科的理论研究和创立体系起到奠基性作用的著作。强调突破性，则要求从研究的领域、资料、观点、方法等某一方面超越前人的成果，具有开拓性的、填补历史空白的著作。

质量是编辑出版的生命。精益求精，精心组织，高标准、严要求，要以极端负责的精神，保证出书的质量。为此严格执行“编委责任制”、“三审制”，把好“三个关”。书稿由总编根据书稿内容和编委的特长确定该书稿的责任编委，责任编委对书稿负责到底。编委会执行“三审制”，由两名专家审稿，编委会集体讨论，总编审阅定稿。出版社也要执行“三审制”，责任编辑初审，编辑室主任复审，总编辑终审。编委会和出版社共同把好政治思想、学术水平、文字技术三个关。

续版的百部书必须抓住重点，努力做到实证研究和理论研究并举，以理论研究为主；研究历史客体和研究主体思想并举，以主体思想的研究为主；系列研究和体系研究并举，以体系研究为主；历史问题的研究和现实问题的研究并举，以研究现实问题为主。突出了重点才会显示《文库》的出版特色和优势，开创蒙古学繁荣发展的新局面，也标志着蒙古学的研究转入理论研究、创立体系的新阶段。这是在蒙古文化的发展史上具有重大意义的转变，是蒙古学研究中出现的实质性飞跃。

“一个民族想要站在科学的最高峰，就一刻也不能没有理论思维”。这是恩格斯在一百多年前说的至理名言。这里说的

“科学”当然包括哲学、自然科学、社会科学和思维科学。“理论思维”即哲学思维。我们提出的振兴中华，实现“四化”，其目标就是让中国各民族都要在中国共产党的领导之下“站在科学的最高峰”，把我国建成富强、民主、文明、和谐的社会主义国家。为此必须重视“理论思维”，必须强调理论思维的学习和锻炼。蒙古文化虽然经历了盛衰变迁，始终绵延不绝，这就足以证明，它必然有其优秀传统，有其很多的优点和特点。但长期以来我们吸收外来文化，并把它融合、消化进而变为自己的文化，形成蒙古化方面下的工夫还不够；蒙古文化具有独立性，但系统性尚未形成，各学科的形成和发展也很不平衡；文化理论的研究和创新，各学科理论体系的形成和完善严重滞后。这也足以证明，蒙古文化也有其不可忽视的缺陷。这里除有经济、政治等诸多原因外，与文化研究方面长期以来忽视或轻视理论思维的地位和作用，忽略蒙古民族思想史和历史人物思想的研究，忽略哲学及社会思想史的研究也有直接关系，以致严重影响了蒙古文化的全面发展和繁荣，影响了各学科的理论研究和创立体系的历史进程和水平。

思想是文化的核心，哲学是文化的思想基础，是文化的精华部分，是文明的“活的灵魂”，这是人类文化史研究证明了的普遍真理。理论研究和创新、创立体系是一个民族文化繁荣发展的标志，是一个民族文化走向成熟，进入文化自觉境界的表征，也是不断深入研究，开拓创新的必然结果。只有理论研究、理论创新，各学科创立并逐步完善的体系，才能使民族文化得到全面协调可持续发展；才能充分彰显民族文化在开放中仍然能够保存和弘扬的优秀成果，突出独具的特色和优势，使民族文化在有条件的流变中做到有选择地包容外来文化，并把二者有机地结合起来；才能形成充满生机的开放性体系，找到与时俱进，蓬勃发展的活力；才能使民族文化随着时代的步伐不断地创新，大胆地应用，从而满足人们日益增长的需要。因此，文化研究中理论研究、理论创新、创立体系是非常重要的，是不可或缺的层次或阶段。智慧凝聚经验，思想闪耀光辉，理论显现魅力，真理揭示规律。《文库》续版的百部书要紧紧抓住这个主题，充分利用新世纪赋予的难得的良好机遇，使蒙古文化焕发出强大的生机和活力。在这方面要有新的作为，要有新的建树和创新，以弥补蒙古学研究中的历史性缺憾或薄弱环节。把蒙古学研究推进到新的发展阶段，这是我们的事业，我们的希望，我们的目标，也是我们应尽的职责和责无旁贷的历史使命。

《中国蒙古学文库》的原版"总论"是由《文库》总编辑、内蒙古社会科学院蒙古史著名学者、研究员留金锁先生执笔，编委会讨论通过的。"总论"概括地论述了蒙古文化发展的历史演变，叙述了研究蒙古文化的过程和取得的标志性成果，总结了以往的经验，明确提出了今后的研究方向，在编辑出版"百部书"的过程中起到了重大的宣传和指导作用。随着形势的发展，研究的深入，续版的百部书中将原版的"总论"和"序"重新修改，增加新的内容和要求，称之为"续版总序"。续版在封面设计、装帧等方面都做了一些调整和改进，以崭新的面貌问世，给人以耳目一新的感觉，将会引起作者和读者的兴趣和关注。

续版百部书，在组织机构方面取消了《文库》的顾问。对领导小组成员、总编辑和编委成员都作了一些适当的调整。原有的同志多位是离退休的领导、专家、学者。他们参与了《文库》的一系列具体工作，工作中任劳任怨，淡泊名利，不计报酬，默默耕耘，倾注了一片心血，作出了重大贡献。我们不会忘记，历史也不会忘记。他们的睿智、业绩和奉献精神，随着时间的流逝，将会永驻在《文库》的字里行间，记载于蒙古学研究的史册。

在我国，研究蒙古文化由来已久，而且资料文献甚丰，成果累累。但是将蒙古学真正作为一门科学，进行全面而系统地研究是新中国成立以后才开展的。尤其是改革开放以来，蒙古学的研究方兴未艾，全面推进，著述颇丰，成为哲学社会科学百花园中一朵绚丽的奇葩。我们编辑出版《中国蒙古学文库》续版的百部书，在继承以往成果的基础上，将在更高层次上整体推进蒙古文化的繁荣发展，使其成为反映时代特征、适应实践的发展、满足人们日益增长的文化生活需要、喜闻乐见的崭新的蒙古文化。自治区领导的这一决策和编委会的一系列有关的举措，对加快内蒙古自治区的文化建设，促进国际蒙古学向纵深发展，推动中国特色社会主义建设的伟大事业必将发挥应有的作用。其意义是重大的，也是深远的。

我们深知，《中国蒙古学文库》是繁荣图书出版事业的创新之举，是传承文明，繁荣学术，继往开来的薪火工程，是功在当代，惠泽后人，流芳百世的宏伟事业。我们要认真总结以往经验，在新的起点上继续发扬优良作风，再创新的业绩。编委会要以新的姿态，振作精神，全力以赴，齐心协力，埋头苦干，认真审阅，精心修改，力求编辑出版精品力作。我们的工作是艰巨复杂而光荣的，任重而道远的。由于我们才智的局限，以及理论基础、学术水平和编辑能力等方面的原因，可能会出现一些问题，存在一些缺点，恳请作者和读者及时赐教。

《中国蒙古学文库》编委会

2010年3月

目 录

导　论

第一节　研究思路及方法阐述

近代之前，蒙古族书面文学以文史交融的史传作品为主。自十三世纪至十八世纪，先后涌现出《蒙古秘史》、《诸汗源流黄金史纲》、《大黄册》、《蒙古源流》、《古代诸汗源流及立国政道黄金史》、《恒河之流》、《水晶念珠》以及《阿拉坦汗传》、《内齐禅师传》等篇幅宏大的作品，作品均以融合历史的真实性与文学的形象性于一体的叙事风格鉴证了蒙古文学史古老史传传统的延续性。直到十九世纪，蒙古族近代著名文学家尹湛纳希以民族传统文化的滋养为根基，积极吸收汉民族的历史著作和文学作品的叙事技巧为辅助，创作完成了长篇巨著《大元盛世青史演义》（以下简称《青史演义》），以叙事风格的华丽转化明确分割了蒙古族书面文学交融几个世纪的“文”和“史”，以获得独立的小说文体补充完善了蒙古文学史的体裁类型体系。

众所周知，蒙古族近代之前的诸多史传作品由于文史不分的创作手法，常常兼有历史和文学的双重价值。尤其是这些史传作品形象、生动的文学手法为日后的小说创作提供了技巧上的便利性和认识上的合理性。依此推论，深受民族传统文化熏陶的近代作家尹湛纳希呕心沥血创作出《青史演义》这部历史演义小说，开创蒙古族文学史小说文体新篇章，绝非无根之木无源之水，而是从内容到形式、从创作精神到文化意识都与蒙古族延续几个世纪之长的史传传统有着天然的渊源关系。我们放眼于中国史传文体自战国时期发轫以来的发展历史，梳理其发展规律，并以此为依据去审视蒙古文学史小说文体得以转化、独立的全部历程后得出这样的结论：是蒙古族古老悠久的史传文学传统直接胎育了《青史演义》这部历史小说的生成，而《青史演义》正是对蒙古族传统史传作品固有文学价值的能动继承，其小说文体也正是从史传的体裁创造性转化而获得独立的。

同时，我们在解读尹湛纳希文学追求及其传世之作《青史演义》时决不能回避文本所凸显出来的蒙汉两种民族文化的交流交融问题。尹湛纳希在《青史演义》的创作过程中，积极借鉴并吸收汉族及其它兄弟民族的文学成果和文化思想，力图在民族文化交流中继承民族文化传统，增进民族文化的发展。其贯穿全文于始终的开明的文化心态，不仅十九世纪的当时难能可贵，即使在我们生息的当下也值得深思和致敬。在此，我们无须讳言，是汉族卷帙浩繁的历史典籍和文学著作促进了《青史演义》这部蒙古文学史上第一部历史小说的生成。

诚然，我们研究一个民族的文学发展，探讨其变革的动力，必须聚焦民族文化内部的悸动以及与外来文化之间的碰撞和融合，从历史和现实两个角度做出客观的评价。历史的经验证明，民族思想文化的变革和发展不能通过打倒传统来获得，而是在旧传统的创造性转化中逐步建立起一个新的、有生机的传统的时候才能宣告大功告成。文学领域也不例外。民族文学只有在旧传统有生机的滋养下才能完成创造性转化，培育出新的文体类型。在蒙古文学史上，历史小说《青史演义》虽然是文与史之间的一道分水岭，但细究其发端的源头和发展的脉络始终与蒙古族史传传统血肉相连，辅车相依。我们有理由推想是蒙古史传传统中成熟的文学叙事技巧为尹湛纳希提供了创作的灵感源和想象的广阔空间，激发其艺术虚构的能动力，“引文生事”，完成了蒙古文学首部“以文为体，以史为用”的历史演义小说。所以，从学术研究的意义而论，我们更注重《青史演义》与史传传统之间文体创造性转化的实证，即传统史传中的哪些活性元素促进了这部著作小说文体的转化和独立。

众所周知，传统的创造性转化，并不是自然而然发生的，其实质是对传统进行的选择和重构。文学传统的创造性转化，需要创作者具备新的思想、新的眼光。在《青史演义》中，作者的这种新的文学眼光是从继承和发扬蒙古文学史传传统与学习和借鉴汉民族文学、文化成果相结合的互动流态中获得的。也正是这两大支柱撑起了《青史演义》在蒙古文学史和蒙汉文化关系史上的重要地位。无需赘言，科学研究的目的不仅是要提出问题，更注重的是要对提出的问题做出可靠的解释。同理，要想圆满回答我们所提出的蒙汉文学、文化传统如何影响尹湛纳希的创作，以及尹湛纳希在《青史演义》的创作中如何选择和重构蒙古文学传统的问题，实证性的比较研究无疑是一个最有效的途径。鉴于此，本文以传统史传文体的转化为切入点，通过蒙古文学史上的第一部历史演义小说《青史演义》与相关蒙汉文历史著作的比较，意图追溯和辨析其文化与文学的内在源头，论证其在蒙古文学史上的继承和发展意义以及在蒙汉文化关系史上的借鉴与拓展意义。

具体的研究思路而论，仅仅根据《青史演义》在叙事形式上所体现出的汉族历史小说影响成分以及作者塑造成吉思汗等艺术形象时对中原汉族儒家仁德思想内涵的偏爱和侧重倾向，就把研究视域限定在传播与影响研究的藩篱中，仅仅从“影响”的角度来解释这一作品在蒙汉文化二元对立结构中的模仿和引进，对于正确认识《青史演义》的历史价值而言缺乏解释的力度和全面性。深究其内在缘由可扩及社会文化发展的过程及发生接受影响的文化机制和动因问题。对此，我们可以借用前苏联著名的文艺理论家维克托尔·马克西莫维奇·日尔蒙斯基一句话来概括："任何影响和借用必然伴随着被借用模式的创造性改变，以适应所借用文学的传统，适应它的民族的和社会历史的特点，也同样适应借鉴者个人的创作特点。"纵观《青史演义》小说全文，我们可以清晰地捕捉到尹湛纳希通过有别于史传风格的历史演义小说的创作和有别于历史真实人物的艺术典型形象的塑造来寄托自己主观理想的社会功利目的。无论其叙述的"真实"内容与历史事实多么相似，无论创作者尹湛纳希如何再三强调作品的"史著"身份，究其本质而论，《青史演义》仍属于历史与现实相平行的作家文学著作，是对现实世界进行"隐喻"的创作作品。

鉴于上述《青史演义》文体所涉及到的诸多复杂问题，本文的阐述需要综合运用文献研究、历史研究和比较研究以及实证研究等多种研究方法，从多角度、多层面着手解析和论证这部历史演义小说的文化渊源和文学沿袭。首先，《青史演义》是历史小说。需要用文献研究的方法来探讨它历史资料的来源，以便说明《青史演义》与蒙汉文史料的关系。其次，《青史演义》是历史上的作家写的历史题材的小说。它存在着"三个历史时代"，即创作时代、故事发生的时代和读者时代的关系问题。因此，也需要用历史研究的角度对作者尹湛纳希的认识以及对历史人物成吉思汗的认识等一系列历史性问题进行探讨。再次，《青史演义》是蒙汉两种文化投射下产生的文学作品。这就需要通过比较研究的方法来梳理和辨析《青史演义》中蒙古民族传统文化的继承成份和汉文化影响成份以及属于尹湛纳希个人的创新成份。

当然，比较研究的意义不仅限于辨析小说中的各种成份。我们之所以注重《青史演义》各种成份的辨析，是因为这部近代小说的学术研究一直处于理论上有定论，情感上存质疑的暧昧状态。所谓理论上有定论是指这部小说自问世以来，就是人人传诵的历史故事，纳入学术研究领域也是以历史小说文体引起学界关注的。这一点将在下文《青史演义》研究百年概述中展开论述。这里我要针对后世围绕《青史演义》引发争论的几个焦点问题着重强调一下本文在研究方法上侧重实证与辨析的重要性。多年以来，这部小说及其创作者一直背负着是否抄袭了汉族历史著作和历史小说、是否模仿和复制了历史著作、是否具有原创性、是否具备文学性等众多疑问，在推崇者的赞扬和反对者的鄙夷中，在学术理智与民族情感的矛盾中，在开放引进与固守自强的两极文化心态碰撞的风口浪尖上顽强地证明着自己的存在。总之，质疑《青史演义》的诸多声音仍纠结在文与史、人与事、真实与虚构、模仿与创作、继承与借鉴等二元悖论中。这些矛盾的焦点一言以蔽之，就是如何确证《青史演义》的文体特征问题。

纵观文学研究动态发现，在已往的小说史研究中我们对文体问题的关注较少。文学学者董乃斌先生的专著《中国古典小说的文体独立》是国内较早研究古典小说文体的学术成果之一。我们将要论述的重点对象在该书序言中有一段开宗明义的概念解释："文体一词，在本书中是文学体裁或文学样式的简称，而不同于西方修辞学或美学中主要用以指文章或著作的语言风格。当然，任何文章体裁都需要由语言构成和承载，因此，这两种含义之间并非绝无瓜葛，有时甚至有着相当紧密的联系。我们在下面的论述中，也不可能将其截然分开，但本书的主要论题是明确的，它要尽可能详尽地论述小说这种文学样式从寄生于其他文体之中到脱胎独立的过程。这也即对小说的文体特征作全面细致的考察，以使它从文体的内质和外形两个方面，同其他文体，特别是它赖以生成的那些文体区分开来。因为只有这样，才能清晰地说明小说文体如何由附庸而走向独立。”[1]

由此为据，本文从文体发生学的角度，通过《青史演义》与蒙汉文历史著作之间的比较实证，追根溯源《青史演义》的小说文体在蒙古文学史上的创造性转化意义。为了凸显我们预想的论证效果，本文在总体布局上设置为相互说明、相互印证的正文和附录两大部分。论述部分通过《青史演义》与《蒙古秘史》、《罗黄金史》、《蒙古源流》等蒙古文史传作品以及《大元史》、《续资治通鉴》等汉文历史著作的比较研究，梳理论证了尹湛纳希与蒙古史传文学传统之间的继承关系和与汉文历史著作、历史小说之间的借鉴关系，揭示了《青史演义》的小说体裁在蒙古文学史上的创造性转化意义。附录部分划分为三项列表，意在通过《青史演义》情节内容与《蒙古秘史》、《罗黄金史》、《蒙古源流》等蒙古文史传作品以及《大元史》、《续资治通鉴》等汉文历史著作内容的比较实证，为前面论述部分提供事实根据。

第二节 《青史演义》研究百年述评

奠定尹湛纳希近代启蒙思想家地位的历史小说《青史演义》，早在1892年，就以手抄本形式在国内外广泛流传。但从学术的角度介绍和探讨《青史演义》则始于1909年，至今已度百年春秋。综观《青史演义》研究百年历程，大致分为两个阶段。

---

① 董乃斌 著：《中国古典小说文体独立》，北京，中国社会科学出版社，1994年版，第1页。

第一阶段（1909—1979）《青史演义》研究的开创起步阶段

最早从中国境外揭开序幕的《青史演义》研究在其第一阶段呈现出“墙内开花墙外香”的局面。

1909年，俄国布里亚特语言学家色·扎姆查拉诺（Ц·Жамцарано）最早向世界公布了俄罗斯彼得堡图书馆收藏有十五卷《青史演义》抄录本的消息。在法国巴黎收藏的《青史演义》影印本则来自于北京图书馆所藏内容残缺不全的十八章十二卷《青史演义》手抄本。丹麦的哥本哈根图书馆里收藏着二十九章十五卷手抄本《青史演义》的影印本。1923年蒙古国出版的小册子《圣祖成吉思汗纪念本》中选载了《青史演义》的部分章节。1937年，又将《青史演义》的第三和第四两个章节选入蒙古国中学教材。

二十世纪三十年代，匈牙利蒙古学家路易斯·李盖提撰写论文《内蒙古初游记》，介绍了最早版本——北京版《青史演义》。1943年，德国著名的蒙古学学者瓦尔特·海希西在北京天主教大学发刊的丛书第八期上发表了题为《关于重现元朝蒙古人历史的青史（演义）的几点观察》的论文。1964年，他又出版专著《蒙古历史与文化》一书，介绍了后来被我们称之为异文本《青史演义》的版本状况，并着重描述了《青史演义》在当时蒙古地区深受欢迎的历史事实，高度赞扬了这部书在蒙古民众中所起的克服民族悲观主义和民族虚无主义，提高民族文化自信心，强化民族凝聚力的社会积极效用：“没有一部作品象尹湛纳希作品这样炫耀过蒙古人的荣耀和满足过他们的愿望。尹湛纳希的目的就是要把十九世纪的蒙古人从懦弱、悲观和不幸中拯救出来，把他们引向新的未来”。

1959年，蒙古学者策·达木丁苏荣在自己的学术专著《蒙古古代文学一百篇》中选取《青史演义》进行了分析研究，并明确指出："从长篇小说所必备的情节看，与《蒙古秘史》相象，但思想观点却截然不同。尹湛纳希没有写历史，而是写历史长篇小说，因此在尊重史实的前提下，有不少加工修饰，对一些主要人物尤其如此。尹湛纳希笔下的成吉思汗不是历史上的成吉思汗。而是尹湛纳希所理想的人民英雄。"对其思想内容则评价为："尹湛纳希塑造好皇帝和忠臣的形象以反衬自己所生活的年代的君主官吏是对十九世纪君主官吏暴戾行为的尖锐批判"。1960年，蒙古学者札木苏荣加卜在论文《论尹湛纳希的长篇小说》中对尹湛纳希作品中的人物形象进行分析，并对他的创作方法进行过研究。俄罗斯学者C·Ю·涅克柳多夫撰写论文《蒙古古代散文中叙事散文的形成过程》，对《青史演义》的结构和情节进行了分析研究。1963年，美国学者杭锦·贡布扎卜着手研究《青史演义》，不仅发表了题为《尹湛纳希和他的历史文学〈青史演义〉》的学术论文，更是把八篇《青史演义·纲要》翻译成英文，首次向西方世界介绍了这部蒙古人自主创作的文学巨著。1970年，他又撰写论文《尹湛纳希的〈青史演义〉在蒙古文学史上的地位》，通过1957年呼和浩特版《青史演义》和王寅侯出版的版本进行对比研究，明确了《青史演义》在蒙古文学史上首部长篇小说的地位。以此为基础，1973年，他在威斯巴登出版了专著《〈青史演义〉——尹湛纳希创作的蒙古最早的长篇历史小说研究》，并公开刊行了尹湛纳希的《青史演义》手稿本。2006年，蒙古国国立大学蒙古学研究中心教授却玛博士在乌兰巴托用吉立尔文转写出版了《青史演义》，并在序言中介绍了《青史演义》的各种版本及其史料来源，强调了《青史演义》文献比较研究的重要性。

国内，由于受当时动荡不安的社会现实的局限，收集整理和挽救《青史演义》文本的工作起步较晚。1938年，由王寅侯的北京蒙文书社将《青史演义》的前十二章分五册石版印刷出版，并定名为《元朝史》。开鲁蒙文学会在1939年将全部六十九章《青史演义》连同序言和纲要分十三册石版印刷出版。1944年，张家口首席长官印刷处将六十九章《青史演义》的前十八章连同序言和纲要合为一本铅版印刷出版。这部较完整的六十九回开鲁本《青史演义》的出版，是蒙古族文学史上的一件幸事，为后来的研究工作提供了资料保障。1957年，内蒙古人民出版社就在原开鲁本的基础上，参照其它版本和手抄本分三卷铅版出版了六十九回本《青史演义》，并在1979年经过部分改动后予以再版。作为比较完整的版本，六十九回本《青史演义》成为后世学术研究最可靠的文本材料，受到学术界重视至今。1985年，黑勒、丁师浩又将该版本翻译成汉文出版发行。

但是，《青史演义》研究第一阶段具有实际学术深度和系统性的新气象是由内蒙古学者那木吉乐舍旺开启的。1955年至1959年，他在蒙古人民共和国攻读硕士学位期间，通过详实的田野调查撰写完成了学位论文——《〈青史演义〉研究》。该篇论文从哲学内涵、主题思想和艺术手法以及民族特性等四个角度逐层论证了《青史演义》的文学性、思想性和民族性等关键属性问题。

纵观那木吉乐舍旺自1958—1988年相继发表的多篇议题明确、观点独到的学术论文，回顾他从事《青史演义》研究的四十年历程，我们不能仅仅停留在盖棺定论，赋予他开创者的荣誉上。更重要的是我们梳理和总结他涉猎的藩篱和研究据点以便为《青史演义》研究的未来发展和后辈学人的增进突破奠定基础和指明方向。

一、首次论证明确了《青史演义》的文学性质。

那木吉乐舍旺是第一个论证《青史演义》文学性质的学者。他在学位论文《〈青史演义〉研究》中，从理论上区分了史传作品与历史小说的各自特性，并通过解析原作者的思想动力和作品的艺术手法，从本源上去论证了《青史演义》的文学性质，确定其体裁为历史小说。

一部文学作品，尤其像《青史演义》这部被原作者一再强调为“正史”的著作，确定其文学性质在学术上具有界定研究范围，明晰发展方向的重要意义。

那木吉乐舍旺在研究中敏锐地意识到《青史演义》中的成吉思汗形象在整个课题研究中的特殊意义。因为在某种意义上，如何评价成吉思汗形象是事关如何正确评价《青史演义》乃至尹湛纳希历史地位的核心问题。那木吉乐舍旺通过比较《青史演义》中的成吉思汗形象与历史人物成吉思汗之间的区别，明确提出尹湛纳希笔下的成吉思汗是一个负载作者现实理想的文学典型形象，是凸显历史小说特色的功能化的艺术形象。

历史小说中的人物与历史人物之间的关系一直是文学研究领域深受关注的理论命题之一。那木吉乐舍旺的论证，明确了小说《青史演义》中成吉思汗形象的文学性质，打消了读者的欣赏困惑，从理论上凸显了这部历史小说的审美价值。

二、首次论证了尹湛纳希寄托《青史演义》所表达的近代启蒙思想，肯定了作品的时代进步意义。

那木吉乐舍旺在学术追求中明确提出“文学作品的思想是文学作品的命脉”[①]的观点，并围绕这一理论命题展开了《青史演义》的研究。

他把《青史演义》内容与近代蒙古社会现实背景相联系，逐层解析，具体论证，纵深发掘了《青史演义》所寄寓的时代进步意义。他曾撰写数篇旨在论证《青史演义》思想性的专题论文，明确指出：《青史演义》的批判锋芒是直指近代中华民族与帝国主义之间的侵略与反侵略的民族矛盾；尹湛纳希针对时弊用心良苦，用文学作品来揭发佛教的虚幻性，呼唤民族的振兴，巧妙地传达了自己反对封建专制，反抗民族压迫，呼唤

① 楚鲁 注释整理：《那木吉乐舍旺文集》Ⅰ 海拉尔，内蒙古文化出版社，2010年版，335页。

民族平等的思想追求；尹湛纳希是民族文化的“启蒙者”，他的思想追求在中世纪终结时期的蒙古地区具有重要的民族文化启蒙意义。

三、通过《青史演义》的研究，首次对作者尹湛纳希做出了文学家、文论家和民族思想家的准确定位。

那木吉乐舍旺是最早发掘尹湛纳希的文论思想，并予以系统论述的学者。他从1958年开始发表《论尹湛纳希在文艺方面的理论观点》、《〈青史演义〉研究》等论文，主要从《青史演义》的艺术手法和《青史演义·纲要》中所体现的文学观点两方面着手梳理出定位尹湛纳希为文学家、文论家的事实依据。如今，我们根据尹湛纳希针对文学作品的创作手法、创作者的文采和创作能动性以及文学与现实生活的关系所表述的诸多精辟论断，评价他是近代杰出的蒙古族文论家、文学家。毋庸赘言，这也归功于最早发现尹湛纳希这一闪光点的前辈学者那木吉乐舍旺敏锐的学术眼光。

《青史演义》序前的八篇纲要不仅是理解《青史演义》创作初衷的窗口，更是解开尹湛纳希思想宝库的一把钥匙。那木吉乐舍旺是最早发现《青史演义·纲要》的价值，并从中努力发掘尹湛纳希哲学思想、社会思想的学者。

他从《青史演义·纲要》中提炼出尹湛纳希“物质第一，意识第二”的朴素唯物主义思想意识、“有”“无”并存的辩证观点以及万物无恒，变化不止、自然和社会各有规律，万物之灵的人能够掌握这些规律等等认识论思想。那木吉乐舍旺根据这些哲学内涵，评价尹湛纳希为“虽然没有受过马克思主义的教育，但是已深谙辩证法的基本规律，是个具有唯物主义思想倾向的人。”[①]

---

① 楚鲁 注释整理：《那木吉乐舍旺文集》I 海拉尔，内蒙古文化出版社，2010年版，340-341页。

显然，尹湛纳希的哲学思想属于朴素唯物主义和朴素辩证法的范畴。那木吉乐舍旺对尹湛纳希哲学思想的研究在当时虽然没有达到较高的理论水平，但是他的发现和认识仍不失为一项开创性的学术研究，为后辈学人纵深挖掘尹湛纳希哲学思想奠定了基础。依据这些多角度的论证，他认为“尹湛纳希不仅是文学作家，在文论和哲学方面造诣颇深，是当时蒙古族最杰出的思想家之一。”[①]这一评价对确定尹湛纳希在蒙古族文学史和蒙古族哲学史上的地位而言无疑是个准确而恰当的定位。

四、最早关注《青史演义》蒙汉文化交融的特色，倾力肯定了《青史演义》在继承和发扬民族文化传统方面的积极意义。

1960年，那木吉乐舍旺发表了题为《论历史小说〈大元盛世青史演义〉的民族形式》的学术论文，从《青史演义》散韵结合的叙事形式、韵文诗歌的民族特色、活泼生动的民族语言、丰富精彩的民间传说故事和《青史演义》所体现的民族风俗、宗教意识、民族经济形式以及民族文化思维等多层面、多角度挖掘了《青史演义》文体形式上的民族性问题。他认为，《青史演义》继承了“蒙古民族从历史中选取文学题材的古老文化习惯”[②]，“发扬和发展了蒙古族自13世纪以来文史交融的创作传统”[③]，是“蒙古民族文史交融传统的巅峰之作”。[④]

众所周知，在文学中，文体作为一个民族文化的表征，能反映出作者把握与表现生活的艺术方式和对文化传统的理解方

① 楚鲁 注释整理：《那木吉乐舍旺文集》Ⅰ 海拉尔，内蒙古文化出版社，2010年版，341页。

② 楚鲁 注释整理：《那木吉乐舍旺文集》Ⅱ 海拉尔：内蒙古文化出版社，2010年版，388页。

③ 楚鲁 注释整理：《那木吉乐舍旺文集》Ⅰ 海拉尔：内蒙古文化出版社，2010年版，72页。

④ 楚鲁 注释整理：《那木吉乐舍旺文集》Ⅱ 海拉尔：内蒙古文化出版社，2010年版，388页。

式。因此，那木吉乐舍旺从《青史演义》的文体入手，论证作品的民族性，探究其民族文化的传统本源，无疑是针对《青史演义》的文化归属所进行的积极努力。

尹湛纳希、《青史演义》研究中，我们不能回避蒙汉文化交流问题。纵观那木吉乐舍旺近四十年的《青史演义》研究历程，不可否认，对于《青史演义》中汉文化的借鉴问题着墨不多。仅在论文《尹湛纳希撰著历史小说〈青史演义〉的艺术特色》一文中，惜墨如金，用短短的千余字谈及有关《青史演义》学习和借鉴汉族文化的问题。他认为，尹湛纳希在《青史演义》的创作中“学习和借鉴汉民族的古典小说”是为了丰富作品的艺术手法，增强作品的文学魅力。如，《三国演义》中有诸葛孔明借助大雾草船借箭，《青史演义》中有木华黎趁着风高月黑出奇兵得铁箭无数；汉族的古典小说有龙门阵、天门阵、长蛇阵等兵术记载，《青史演义》中也有骏马阵等精彩描述。因此，尹湛纳希“借鉴和引用汉民族古典小说的某些故事情节”[①]，经过再创作，融入自己的作品，不仅毫无唐突造作之感，更是借力发挥，加强了作品的民族文化特色。

相对于后辈学者们围绕尹湛纳希及其《青史演义》在蒙汉文化交流史上的重要地位问题进行的既具深度又不乏广度的研究而言，前辈学者那木吉乐舍旺把《青史演义》所涉及的汉文化影响问题仅仅局限在艺术手法的丰富性上，从研究角度而言不无狭窄之嫌。但是，这并不表明他缺乏正视和接纳《青史演义》中汉文化影响的学术胸怀。因为在该论文的结尾处他写道：“从较高文化水平的民族借鉴不足为奇，奇的是要看如何引来为我所用”。[②]从这句适用于一切文化交流的点睛之语，可

---

① 楚鲁 注释整理：《那木吉乐舍旺文集》Ⅰ 海拉尔：内蒙古文化出版社，2010年版，277页。

② 楚鲁 注释整理：《那木吉乐舍旺文集》Ⅰ 海拉尔：内蒙古文化出版社，2010年版，277页。

窥测那木吉乐舍旺对不同民族间文化交流的思考轨迹。

民族文化只有在他文化的参照下才受到高强度的关注和提倡。那木吉乐舍旺投入毕生的精力，发掘和论证《青史演义》的民族性，探究生成这部蒙古民族第一部历史小说的文化本源，也是间接地突出了这部作品中不容回避的汉文化影响问题之重要性。这一点也是做为前辈开创性研究者为后辈学人留下研究线索，留下探索空间的意义所在。

第二阶段（1980—2010）《青史演义》研究繁荣发展阶段

以前辈学者们的开创为基础，《青史演义》研究的第二阶段在研究角度和研究方法上均呈现出丰富多样的喜人局面。

从上世纪八十年代开始，国内众多学者聚焦尹湛纳希和《青史演义》。他们不断拓展研究领域，研究的角度和方法更是日趋丰富和完善，使得《青史演义》研究成为当时“国际尹湛纳希研究”大课题中最具声势的中坚力量。

1981年，学者贺·宝音巴图出版专著《论尹湛纳希及其〈青史演义〉》[①]，系统论述了尹湛纳希的生活年代、生活道路及其思想追求，以及《青史演义》的主题思想、真实性、人物塑造、情节结构、表现方法、语言、民族特点、艺术特色、创作方法以及历史地位等诸多相关元素。尤其是，他从《青史演义》中提炼出民族主义、民主主义和改良主义，评价其为作者尹湛纳希进步思想的精髓。这种对尹湛纳希及其《青史演义》创作思想进步性的积极肯定与第一阶段前辈学者的研究成果相呼应，表现出研究思想可贵的承继性。

1990年，学者德斯来扎布出版了专著《论〈青史演义〉与十

---

① 贺·宝音巴图著：《论尹湛纳希及其〈青史演义〉》（蒙文）呼和浩特，内蒙古人民出版社，1981年版。

部史书的关系》[①]。他针对尹湛纳希如何利用历史著作的问题，依据《青史演义·纲要》中所提到的“《盛世青史》、《无敌圣主之源》、《蒙古圣主传》、《皇子简史》、《达赖喇嘛所著青年之婚》、《金婚之乐》、《成吉思汗散史》、《成吉思汗传说》、《大元朝正史》、《朱子通鉴纲目》”等十部书，分别突出一个研究焦点，一一与《青史演义》进行了对比研究。如，在与《盛世青史》的比较中突出了《青史演义》对传统史学精神的继承。在与《无敌圣主之源》的比较中，论述了《青史演义》在思想内容、故事情节、语言艺术方面与它存在的实际联系。德斯来扎布先生的研究，不仅论证了《青史演义》与历史著作之间实际存在的影响与接受关系，更是在研究角度上对确定《青史演义》的文体性质、文化所属具有究根溯源的意义。

1991年至1994年间，学者扎拉嘎相继出版了两本学术专著：《尹湛纳希年谱》[②]和《尹湛纳希评传》[③]，为尹湛纳希研究整体框架树起了两个重要的支架。《尹湛纳希年谱》中，通过现世关于尹湛纳希的所有新旧资料的相互印证，首次全面梳理和严密考证了尹湛纳希家世、生平的详细脉络和主要作品的创作年代，使得关于尹湛纳希生活环境、生活经历和作品创作背景的研究推进到新阶段。《尹湛纳希评传》对尹湛纳希的生平和作品进行了比较全面的评析。扎拉嘎先生在研究的总体思路上，视尹湛纳希的创作活动为他全部生活历程的有机组成部分，对尹湛纳希作品的创作年代进行总体性考察。他在研究中，从尹湛纳希的家世、生平、创作道路和具体历史环境着手

① 德斯来扎布著：《论〈青史演义〉与十部史书的关系》（蒙古文）海拉尔，内蒙古文化出版社，1990年版。

② 扎拉嘎著：《尹湛纳希年谱》，呼和浩特，内蒙古大学出版社，1991年版。

③ 扎拉嘎著：《尹湛纳希评传》，呼和浩特，内蒙古教育出版社，1994年版。

汇集各种点滴资料，通过互相印证，衬托尹湛纳希小说的思想内容和艺术特点。尤其是，他系统地汇集有关尹湛纳希生平的各种史料和尹湛纳希所处特殊历史环境相关的资料，更使尹湛纳希研究趋于系统化和进一步的完善。扎拉嘎先生的研究从近代中国的时代大背景中纵深挖掘尹湛纳希的思想内涵，凸显其闪光点，高度肯定其用文学创作的方式加强旧民主主义革命时期漠南蒙古与内地在思想文化方面的联系以及在推动蒙汉文化交流的发展所做出的突出贡献。总体而论，扎拉嘎先生的研究成果从三个点上把尹湛纳希、《青史演义》研究提升到一个新的高度。

一、 从蒙汉民族文化交流的多元语境中探讨尹湛纳希的文学作品，以详实的论据明晰了尹湛纳希作品与汉文小说之间的借鉴与创新关系，肯定了尹湛纳希在蒙汉文化交流史上的重要地位。

二、 从中国近代社会宏观背景中探讨尹湛纳希的文学创作，定位其《青史演义》等蒙古文作品为打破十九世纪中叶中国小说创作总体沉寂状态的真正具有思想价值的小说，肯定这些作品是多民族中国文学史上的不朽篇章。

三、 从《青史演义·纲要》中提炼出尹湛纳希有关多民族国家内部民族关系问题的思想追求，肯定了尹湛纳希近代反封建的民主主义启蒙思想家的历史地位。

随着《青史演义》研究逐渐升温，国内各院校逐年培养出多名从事尹湛纳希、《青史演义》研究的学历高、研究视域广阔、研究思路活泛的年轻学者，使跨世纪的《青史演义》研究呈现出队伍年轻化，内容纵深化、方法多样化的可喜局面。如，吴塔娜的学位论文《〈青史演义〉文献史科学研究》从文献学角度详细比较考证了《青史演义》继承发扬民族史学传统，借鉴吸收汉族史学观念及其史料，对蒙古史史料的编纂做出的创新贡献，并进一步分析整理，甄别厘清了《青史演义》的史料来源，深层挖掘《青史演义》的史料价值和文学价值，在一定程度上弥补了《青史演义》研究中文献学方面存在的不足。伍月的学术专著《尹湛纳希及其作品研究》以及哈日夫的理论著作《蒙古文学叙事学》等诸多科研成果的出版标志着本世纪《青史演义》研究在文学领域所取得的丰硕成果。尤其是，扎拉嘎先生的又一力作《比较文学：文学平行本质的比较研究——清代蒙汉文学关系论稿》不仅对自己二十余年蒙汉文学关系研究做了一个理论总结，更是从国内各民族文学关系研究的广阔视角，首次从少数民族文学研究为出发点探讨了比较文学这门独特学科的深层理论问题。正如法国著名的社会学家、人类学家，和哲学家皮埃尔·布迪厄所言：没有理论的具体研究是盲目的，而没有具体研究的理论则是空洞的。因此，从学术研究的发展意义而言，这本《比较文学：文学平行本质的比较研究——清代蒙汉文学关系论稿》的问世把《青史演义》研究从过去文学文本个案的研究推向了探讨文学普遍原理的高度，完成了专题研究的一种质的飞跃。

不可否认，经过百年的探索，收获了前两个阶段丰硕成果的《青史演义》研究在当下正处于发展的“瓶颈”困惑中，需要我们跨出文学研究的藩篱，从更广阔的人类文化宏观语境中纵深发掘《青史演义》的文化潜藏。而尹湛纳希身上所体现出的近代文化意识及其在民族文化交流中的文化选择和对传统文化的解读能力等新的线索、新的视野许是今世尹湛纳希、《青史演义》研究课题的突破和展望所在。

第三节　史传文学与历史小说的内在关系及文体转化概念阐释

本文论述的对象是蒙古文学传统史传体裁向历史小说的转

化问题。因此，笔者认为事先对“史传文学”和“历史小说”的概念进行必要的辨析将有助于进一步阐释本文的命题立意。出于文学史和文学理论的普遍性考虑，我们选择了中国文学史上史传文学的两部代表性作品《左传》和《史记》与历史小说的开山之作《三国志演义》为典型实例来佐证本文的立论。

首先，我们从浩如烟海的中国文学史中简略梳理一下史传文学经典之作《左传》和《史记》与历史小说的代表之作《三国演义》之间的内在发展脉络。

众所周知，史传文学属于历史文学的一部分，是兼具历史科学与文学艺术二重成份的一种文学体裁。通俗而言，它既是以历史事件为题材，重点描写历史人物形象的文学作品，又是通过运用文学艺术的手段，借历史事件与历史人物的描述，来表达一定历史观的历史著作。纵观中国文学史史传文学的发展演变总体上经历了先秦传记、两汉史典、唐宋杂传和明清传记以及现代传记等五个革新阶段。但究其最早的开端可追溯到战国时代。战国以前，周室和诸国都有史官记事记言已有悠久的传统。自春秋末年，战国初起，文化始从官府下移，有私人开始根据过去史官记载以及传闻之事加工，写成专书。在这样的历史背景下，诞生了汉文学史上的第一部史传文学作品——《左传》。

《左传》以其补充、丰富了《春秋》的内容而彪炳史册。这部代表先秦史学和文学最高成就的力作在记录鲁国一国史实之余还兼记各国历史；不但记述政治大事，还广泛涉及社会各个领域的“小事”；不囿于春秋史实，大量引征古代史实，尤其在记史方法上以有系统、有组织地编纂史书，颠覆了《春秋》流水账式的记叙旧模，对后世的史学特别是对确立编年体史书产生了很大影响。从史学的沿革而言，《左传》是继《尚书》、《春秋》之后，开《史记》、《汉书》之先河的重要典籍。尤其《左传》文史结合的体裁风格形成传统，对后世的《战国策》《史记》的写作风格产生了很大的影响。无怪乎《经学通论·春秋》一书盛赞说："左氏叙事之工，文采之富，即以史论，亦当在司马迁、班固之上，不必依傍经书，可以独有千古。"

到了汉代，史家司马迁的呕心沥血之作《史记》堪称史传文学的集大成者。这部负有"史家之绝唱，无韵之离骚"盛誉的纪传体通史是在继承先秦史传文学传统基础上，以一种有别于先秦史传以事为中心的编年体形式的具有创新意义的表述方式开辟出我国历史文学的新纪元，成为后世文学塑造典型人物形象的典范。继《史记》之后出现的另一部史传文学名著是东汉班固的《汉书》。这部堪称"包举一代"的纪传体断代史以详实的资料展现西汉社会生活及各色人物精神风貌见长。班固笔下描述的历史事件不乏绘声绘色，历史人物的刻画鲜明而传神，可谓栩栩如生。由此可见，《汉书》的艺术性并不比《史记》人物传记逊色。但从《汉书》开始史传作品呈现出文学性减弱而史学性加强的倾向是不争的事实。甚至后来的大多数史籍沿袭《汉书》的体例，注重史料的收集与史实的考辨，忽略了由精美的辞采与充沛的感情构筑的文学性，步入了历史著作必然的发展轨迹。但是，史传文学传统并未销声匿迹，而是在魏晋南北朝时期的杂史杂传中得到继承和发扬。这些杂史杂传的作者并不以修史为目的，而是热衷于向读者炫耀奇闻异事。为此，他们的作品淡化了史传的纪实性，仅存借史传的形式，大幅增强内容的虚构和夸饰，以其艺术特征而言已近乎小说了。对于这种发展趋势，我们借用俄罗斯汉学家李福清归纳中世纪文学体系的结论："在中世纪，尽管文章有严格的体裁规范，编年史一类历史散文还是逐渐地小说化起来，在它发展的后期赋予史诗性历史小说和历史故事以生命。这一情况在西欧没有发生，但是在俄罗斯有所表现：17世纪的历史故事替代了编年史；中国也是一样，编年史的叙事形式影响了第一部史诗性演义小说的出现（我们指的是《三国演义》）。”[1]对此，我们不仅向李福清敏锐的学术眼光致敬的同时也承认在中国文学史上历史小说的成功经典非罗贯中的传世之作《三国演义》莫属。这部以揭示三国时代的盛衰风云，探究封建时代政治哲学为宗旨的古代第一部长篇章回小说正如明人高儒在《百川书志》卷六中所言："据正史，采小说，征文辞，通好尚，非俗非虚，易观易入。非史氏苍古之文，去瞽传诙谐之气，陈叙百年，概括万事。"

其次，我们通过《左传》、《史记》和《三国演义》的内容解析，意在揭示这三部作品各自的文体性质及其特点。

被后世誉为"情韵并美，文彩照耀"的《左传》善长记述战事、刻画人物，重视记录辞令。全文言辞婉转，情理深入，描写入微，尤其声律堪比诗歌之美。这一点从晋人范宁评"春秋三传"的特色时称《左传》为"艳而富，其失也巫（指多叙鬼神之事）"可得佐证。

《左传》处理诸多头绪纷杂、变化多端的历史大事件可谓有条不紊，繁而不乱，其叙事能力的发展堪称惊艳。

从历史的角度说，《左传》是继承并发展了《春秋》的编年体。《左传》叙事起于鲁隐公元年，止于鲁哀公二十七年，最后附录鲁悼公四年事一条，是我国第一部叙事详细的完整的编年史著作。从人物传记的角度看，《左传》以写人为主，尽情地赞美和歌颂了如子产、晏婴等春秋时代的一些著名的政治家，也尽情地鞭挞了如晋灵公、楚灵王等暴君。且人物或善良、或正直、或阴险、或邪僻，都有鲜明的面目。从文学的角度看，《左传》写人写事，笔锋直指其本质，且不失细节性、形象性。譬如，僖公三十三年，晋国元帅先轸不满晋襄公听文

---

① 李福清［俄］著李明滨编选：《古典小说与传说》，北京，中华书局，2003年版，第277–278页。

嬴的话，释放俘获的秦国三帅：

> 先轸朝，问秦囚。公曰："夫人请之，吾舍之矣。"先轸怒曰："武夫力而拘诸原，妇人暂而免诸国。堕军实而长寇仇，亡无日矣。"不顾而唾。

这段文字生动表现了先轸的深谋远虑，也表现出他性情的暴烈。再譬如，成公十六年晋楚鄢陵之战之一节，《左传》写到：

> 楚子登巢车以望晋军。子重使太宰伯州犁侍于王后。王曰："驰而左右何也？"曰："召军吏也。""皆聚于中军矣。"曰："合谋也。""张幕也。"曰："虔卜于先君也。""彻幕矣。"曰："将发命也。""甚嚣且尘上矣。"曰："将塞井夷灶而为行也。""皆乘矣，左右执兵而下矣。"曰："听誓也。""战乎？"曰："未可知也。""乘而左右皆下也。"曰："战祷也。"

这段精彩的文笔通过楚王登车远望中紧张严肃的对话将晋国军营中人马奔驰的景象展现得栩栩如生，足可窥见历代相传"相斫书"美誉之《左传》风采之一斑。

《左传》文辞简括，但笔意繁复，灵活生动地记写出复杂的社会生活，为后人作出了典范。它使人认识到历史著作应该有强烈的倾向性和文采，而且倾向性应该通过有文采的叙述表现出来，以感染读者。这一点在司马迁的《史记》中更加趋于完善。

司马迁在《史记》中，上自传说中的黄帝，下至当朝的汉武帝，总结了中国三千年发展的历史。其中，详细写的还是从战国之后的历史，尤其以汉初为突出。全书以人为纲结构布局，分为"本纪"、"表"、"书"、"世家"、"列传"，共有一百三十篇。"本纪"是按帝王的世序和年代记述政治上的一些重要事迹；"表"是并列历代帝王和侯国之间的一些大事；"书"是经济、文化等方面的专史论述；"世家"记叙了诸侯王国和辅汉室功臣；“列传”是一般人物的传记。因此，其最大的艺术成就在于它描写得栩栩如生的人物传记。从帝王将相到布衣百姓，从杰出的政治家、学者到刺客、游侠、倡优、占卜，从农民起义领袖到失败的历史人物，《史记》包括了各个阶级、各个阶层、各式各样的人物形象。《史记》开创了以描写历史人物并给他们立传为主要内容的史传文学体裁。

《史记》在人物形象的塑造上尤其性格的描绘和细节的刻画方面，进一步发展了《左传》的文采，在形象性和情节性上表现得更加明显。仅以脍炙人口的《项羽本纪》为例，足可显露司马迁超人的艺术才华。司马迁通过“巨鹿之战”、“鸿门宴”和“垓下之围”，塑造了令人难忘的楚霸王项羽的形象。“巨鹿之战” 通过毅然杀观望不前的宋义，渡河决战，形象传神地烘托出项羽的勇敢和决断：

“当是时，楚兵冠诸侯。诸侯军救巨鹿下者十余壁，莫敢纵兵，及楚击秦，诸侯军皆从壁上观。楚战士无不一以当十，楚兵呼声动天，诸侯军无不人人惴恐。于是，已破秦军，项羽召见诸侯将。入辕门，无不膝行而前，莫敢仰视。项羽由是始为诸侯上将军，诸侯皆属焉。”

世人皆知的“鸿门宴”则以细致的情节刻画出项羽不暗算自己敌手的磊落气概。其紧张的场面“历历如目睹，无毫发渗漉，非十分笔力，模写不出。”“垓下之围”是项羽生命最后的谢幕。但是，司马迁把这幕“英雄末路”表现得以情感人之极，堪称绝妙之笔。他先细致描写了项羽率所剩二十八骑，还能“溃围、斩将、刈旗”、“快战”汉军的绝世豪勇，再加以对话以静制动，衬托出凄怆、悲壮的情感气氛。当乌江亭长撑船劝渡，说：

“江东虽小，地方千里，众数十万人，亦足王也。”项王笑曰：“天之亡我，我何渡为！且籍与江东子弟八千人渡江而西，今无一人还。纵江东父兄怜而王我，我何面目见之？

纵彼不言，籍独不愧于心乎？”乃谓亭长曰：“吾知公长者，吾骑词马五岁，所当无敌，尝一日行千里，不忍杀之，以赐公。”乃令骑皆下马步行，持短兵接战。

从这段字里行间饱满悲壮之情的描述中，我们非常鲜明地感知创作者个人强烈的主观感情倾向。《春秋》“寓褒贬”的精神在《史记》中，在司马迁的笔下，不是表现为以统治阶级的伦理纲常观念为准则的暗示性的文字，而是通过一个个立体的形象表现出来的。司马迁在《史记》中，不是单纯地根据统治阶级的道德伦理观念，而是根据自己的原则，根据历史人物在当时历史条件下所起的作用来评价他们。因此，在他笔下的人物都表现出鲜明的倾向性。他歌颂了历史上统治阶级中某些人物的优秀品质，如《廉颇蔺相如列传》、《李将军列传》等。对历史人物的恶行劣迹予以无情的揭露和批判，如《酷吏列传》、《叔孙通列传》等。甚至，在语言风格上，与形象性相协调，《史记》务求平易简洁，不求艰深。它引用战国以前的古书时，把古奥的语言都译成当时浅近的口语体。

《史记》中的传记，结构严整，独具匠心，巧妙地组织安排了一些最能表现人物性格特征的故事情节，且语言浅近易懂，“颇近稗官”。但是，《史记》是历史著作，而不是小说。从创作观念而论，《史记》有强烈的历史观。司马迁撰写《史记》的目的就是要“究天人之际，通古今之变，成一家之言”，即研究自然和社会的关系、历史的演变和发展。并且要“原始察终，见盛观衰”，注重历史事实的因果关系。因此，他写人物时，都必须根据历史事实，予以实录。它所根据的历史事实有的是文献记载、有的可能是传闻。传说的故事在流传当中可能发生改变和加工，但是，司马迁在根据那些传说记录时，除了在生活细节描写上做些想象的补充外，却不能再增添虚构的成分。仅以写汉高祖刘邦为例，足能说明他历史的实录精神。司马迁写《史记》之时，封建统治者大讲阴阳五行之学，对刘氏的统治政权加以神秘化、神圣化。在这样的时风下，民间流传着很多有关刘邦的神异传说。因此，司马迁在《史记》中也写了几笔刘邦的神异之处。但通观全文，太史公仍然本着信史实录的精神，通过实笔记述刘邦的一些无赖行为、奸诈性格，立体刻画一个有血有肉的活人，以还原其历史的本来面目。由此可推论，史传文学集大成的《史记》在创作观念、价值取向和创作手法上与文人热衷的历史小说有着本质的区别。

被称为“历史演义之祖”的《三国志演义》绘制了一幅三国时代政治风云的彩色画卷，凝聚中国传统政治智慧的结晶，总结出了中国自有阶级社会以来至明代成书时的政治、军事、外交各方面的斗争经验，被后世推崇为中国政治、军事、外交斗争的“百科全书”，其无穷的叙事魅力和无尽的社会影响力延续至今未绝。

《三国演义》在创作素材、结构体制和叙事方式以及注重实录，追求宏幅的创作精神等诸方面从史传文学中吸收了丰富的滋养。罗贯中以史为依托，从二十六史中的上乘之作陈寿的《三国志》和文字上两倍于陈寿《三国志》的裴松之注解中吸收了大量史料和丰富的细节。

在叙事上，《三国演义》继承和发展了史传文学的传统。以战争描写为例，其详写战争的酝酿与准备，略写战争的过程显然继承了《左传》的写法，而在突出智谋的较量和全景战斗场面的描绘方面又超过了《左传》。在人物描写方面，《三国演义》继承了《史记》开创的纪传体塑造形象的经验，在编年的框架中，用再造性想象描绘历史人物和历史事件，通过生动的情节和细节描写，再现鲜明活脱的人物形象。但是，《三国演义》是历史小说，而不是历史。与史传文学相比较，它有着本质的不同。

作者取舍的价值取向发生了变化。史传以“史”为重，是历史的价值观去对待历史上的人和事。而《三国演义》的作者却是以文学的价值观去对待历史上的人和事。譬如，决定曹操称霸中原的官渡之战，从历史的角度看，对当时历史局面的分合、推移发生的作用之大，足可以大书特书。但是，在《三国演义》中，官渡之战写得人物缺少神采，情节不够惊险，给人的印象非常淡漠。而同一年发生的关羽降曹和千里寻主的故事不仅在篇幅上比官渡之战还多，且写得细致精彩。在《三国志平话》中，千里走单骑只是“独行千里寻先主”一句话。而在《三国演义》中，用四个章回详细描写“降汉不降曹”、“秉烛待旦”、“挂印封金”、“千里寻主”、“过五关斩六将”等精彩故事，树立起关羽“义绝”的形象。显然，在罗贯中的价值取向里，关羽的风貌和去从曹操与否的价值远高于决定曹操、袁绍两个北方最大军事集团成败命运的官渡之战。价值观念的变化也表现在记述内容的简繁不同的处理上。譬如，同是战争描写，由于诸葛亮、周瑜、曹操三方会战为作者提供了广阔的创作空间，赤壁之战占了全书的八个章回。而其中，只有两个章回写了“三江口周瑜纵火”、“诸葛亮智算华容”等正面攻击和沿路埋伏。其它六个章回都是斗智和计谋的展示。有为舆论和心理准备的“智战群儒”和“智激周瑜”；有离间对方的“蒋干中计”；有军需准备的“草船借箭”；有巧用对方弱点的“连环计”；有诱惑对方的“苦肉计”；有补救天时的“借东风”。真可谓“文贵于曲”。这些超常规的文学想象、精彩绝伦的艺术构思，已经远离了史传的“微言大义”。

作者的创作观念和手法发生了根本性的变化。《三国演义》作者与史传作者根本的不同在于他对史事进行高度审美化的艺术加工。即作者以自己的审美取向，改编史事，虚构情节。譬如，上述赤壁大战的描写就已经做了大幅度的虚构。在《三国演义》中，罗贯中对客观史料进行取舍剪裁、提纯改造，对司马迁等史学大家而言是最不能容忍的事情。经过了人为的编辑和虚构，史事也就失去了根本的“实”，滑向了文学的“虚”。譬如，裴注中有吕布失败后，关羽曾欲娶貂禅的记载，又有元杂剧《关公月下斩貂禅》相印证。罗贯中为了这位天神义公的完美道德形象，断然舍弃此段史著记载。作者对裴注中曹操杀吕伯奢全家的三种记载进行为我所用的筛选之后，又添枝加叶地把它改写成一个恩将仇报，一误再误的恶性凶杀事件，从而突出曹操“奸绝”形象。罗贯中在创作中还编造一些细枝末节，如猎户刘安杀妻献肉的情节夸张刘备受民爱戴的程度；用寻妓纳妾的情节暴露曹操的荒淫无道，把自己的感情倾向显露得淋漓尽致。那些，丰富故事生活原汁的如“吴国国太佛寺看新郎”等大篇幅的纯虚构情节更是以戏剧化的创作手法证明了《三国演义》的文体属于小说，不是历史。

人物形象有本质的区别。史传文学写的是历史人物，有生活的真实性。而《三国演义》中的人，有了更高度的艺术的真实性。也就是说，史传的人物是实有其人，而历史小说的人物是可能有的人物或应该有的人物。对此我们可借用古希腊最伟大的哲学家亚里士多德在《诗学》第九章中所述一句来加以佐证：“诗人的职责不在描述已发生的事，而在描述可能发生的事，及按照可然律或必然律是可能的事。”《三国演义》写了四百多个人物，其中的主要角色均可称为个性鲜明，生动立体的不朽典型。而其长篇巨制的大容量，又可以对人物进行反复的渲染和强化，刻画形象较史传更为灵活自如。毛宗岗《读三国志法》称：“吾以为《三国》有三奇，可称三绝：诸葛孔明一绝也，关云长一绝也，曹操亦一绝也。”诸葛亮是贯穿整部《三国演义》的最重要的人物。罗贯中发挥自己的艺术想象，把诸葛亮塑造成“智绝”的形象。为此，他把历史上轻描淡写的一句“刘备隆中请孔明”，用两个章回的篇幅，极度渲染成世人皆知的“三顾茅庐”，烘托诸葛亮“万古云霄一羽毛”般的高扬和隐逸。但作者注重的还是诸葛亮的济世苦心。《三国演义》中，诸葛亮“受任于败军之际，奉命于危难之间”，施展神机妙算，借赤壁战机，掩有荆益，平定南蛮，其后又实行联吴伐魏的政策以平稳危局，又六出祁山出奇制胜。罗贯中笔下的诸葛亮不仅是“鞠躬尽瘁，死而后已”的千古良相，更是千秋共仰的智慧的化身。尽以“草船借箭”为例，诸葛亮乘着重雾迷江之机，擂鼓开船直逼曹军水寨，以草束收回曹军乱射来的十余万枝箭，连读者都想跟老实人鲁肃一起赞他“神人也”。再听到诸葛亮说明此计是三日前就算定今日大雾而制定，并认为“为将而不通天文、不识地理、不知奇门、不晓阴阳、不看阵图、不明兵势、是庸才也”的一番评论后我们只能有“自愧不如”的惊异感和敬仰感了。正是这种超强的审美穿透力使后人明知诸葛亮披发赤脚，七星剑招风的荒诞不羁，也愿意盼望诸葛亮的存在，也愿意相信诸葛亮的存在。也正是这种审美的穿透力使得文学大家鲁迅先生也发出“状诸葛孔明之智而近妖”的慨叹。

叙事结构发生了巨大变化。与史传逐年的直线性记述不同，《三国演义》在叙事时间和历史时间的跨度和比例上，疏密张弛，节奏不相同。《三国演义》的叙事以汉末群雄逐鹿，三国鼎立为主干。叙事始于汉灵帝建宁元年，终于晋武帝太康元年，时间跨度为一百一十二年。其中，首回和末回之间的时间跨度最大，叙事密度也最小，分别占去历史时间十六年和十五年。作者表达了汉室之衰起自桓灵之交宦官专权的观点，同时也交代了三国诸雄的最初出身。从黄巾起义到蜀汉亡国、晋武帝篡位的八十一年占去一百一十八回，平均每年几乎占有一回半的篇幅。其中，王允以貂禅施连环计诛灭董卓、曹操、吕布、袁术之间的攻伐、马超攻曹，刘备入川、诸葛亮征南蛮、出祁山以及钟会、邓艾灭蜀等，都分别以一年的历史时间占有三、四回的篇幅。而建安十二、十三年的刘备访贤和赤壁之战共占十九回的篇幅，居全书叙事密度之首。而建安五年的曹操破刘备，降关羽以及官渡之战占去八个章回。建安二十四年的刘备取汉中，关羽取襄阳以致败亡的事情也占了八个章回。从以上的叙事时间和历史时间的对比度中，可发现罗贯中对历史人物事件的选择和评价遵循的不是其历史价值，而是人物事件的美学价值。罗贯中不仅利用调整叙事时间与历史时间的比例来表达对人物与事件的评论，还利用穿插剪接、组合的时空错位表露自己的主观情绪。譬如，“横槊赋诗”，作者把不知何年何月一次宴会上写的《短歌行》移植到赤壁大战前夜，让曹操在文武百官参加的宴会上临江朗诵，以表现曹操的志得意满和欲平定天下的骄横不可一世。再譬如，魏延的人品行踪，作者是用断断续续，前后呼应的剪接来表现的。史籍对魏延入蜀之前的行踪并无明文，只有一句“以部属随先主入蜀”。而在《三国演义》第四十一回中，作者虚构出魏延起事迎刘备入城不果，自投长沙太守韩玄的情节。其隐伏的线索直到第五十三回，魏延再度出现，杀韩玄，献长沙于刘备，被诸葛亮评定为“脑后有反骨”，要斩之以绝祸患。这也为魏延其后的行为定了基调，成为魏延线索承前启后的扭结。可见，作者以人物的性格行事做为其内在结构的纽带来接续贯通整体结构。由此观出，《三国演义》在布局穿插、详略虚实上都贯穿着创作者的“匠心”，透显出创作者的主观能动性，正所谓内容上以正史吸附小说家的想象，以小说家的想象生发和升华了正史的精魂。

再次，我们通过对史传文学与历史小说的内在关联和本质区别做一番归纳总结，以达到明晰本文所提出的“文体转化”概念的目的。

（一）本文基于史传文学与历史小说之间的源生关系，归纳其不同的文体特征为史传“以事为体，文为用”，而历史小说则是“以文为体，事为用”。

论及史传文学与历史小说的本质区别，我们不能绕开古典小说评点名家金圣叹先生“以文运事，因文生事”的智慧评论。此句被后世论者引为经典，解释其要义为：“历史著作是着眼于‘事’（历史上的实事），‘文’是服务于记‘事’。这叫‘以文运事’。小说则不同。小说是着眼于‘文’（艺术形象），而‘事’（故事情节）则是根据整体艺术形象的需要创造出来的。这叫‘因文生事’。所谓‘生’者，就是虚构、创造的意思。”由此推论，学界认定金氏这句评语旨在辨析《史记》和《水浒》，即历史叙事和小说叙事的文体本质，并点明其区别就在于能否容纳虚构上。这一论断早有定论之故，本文无需赘言。这里需要补充的是“以文运事，因文生事”并不仅仅是从创作的角度区别了历史叙事和小说叙事的文体特质，也有揭示其内在关联的潜层含义。实例为证。

“以文运事，因文生事”首次出现在金圣叹所著《读第五才子书法》中。原文如下：“其实《史记》是以文运事，《水浒》是因文生事。以文运事，是先有事生成如此，却要算计出一篇文字来，虽是史公高才，也毕竟是吃苦事。因文生事则不然，只是顺着笔性去，削高补低，都由我。”而《水浒》第九回写林冲得知高俅陷害阴谋之情节，金圣叹评点曰：“为阁子背后听说话，只得生出李小二；为要李小二阁子背后听说话，只得造出先日搭救一段事情，作文真是苦事。”此类阐释性评点在其《水浒》评点文中出现颇多。可鉴，审美悟性甚为高明的金圣叹所道出的太史公“以文运事”之“苦”与施耐庵“因文生事”之“苦”，虽然各自苦恼的对象不同，但苦在作品的文心用意上可谓相同。由此理解，“以文运事”是指作者将现有之事件组织排比以完成一种叙事话语。而“因文生事”则揭示作者结合时间的连续性与事件的因果性，依照文性自身存在的张力或惯性不断创设构想适切情节来完成叙事话语。因此“叙事”是史传文学与历史小说所共同拥有的元素。借助新历史主义的代表人物海登·怀特的观点，就是“历史学家的情节编织与文学家的情节创造并没有什么两样，……历史叙事的情节化世界与历史实在世界之间的关系是比喻关系；历史叙事作品作为语言系统有很大的自主性；历史学家与读者之间具有身份的一致性，在他们的“共谋”之下，一个历史叙事话语得以产生。”

所谓叙事情节的编织与创造必牵引出我们所关注的“虚构—想象”问题。小说叙事而言，想象是其根本所在。甚至现代有学者分析文学本体用符号学、信息学的观点，提出写作是作者“内省的符号化过程，亦即指示自身的一种信息”，更加凸显了想象对写作的意义。对此，无需赘言。这里我们要偏重解读的是历史叙事也同样凭仗人的“想象”。19世纪英国历史学家麦考莱尽管主张在写作历史时将“想象”限制在所发现的史料上，以免损害其真实性，但还是肯定了想象对历史写作的意义所在：“一个完美的历史学家必须具有足够的想象力，才能使他的叙述既生动又感人。”后来的二十世纪符号学的代表人物巴特更进一步强调了历史学中的想象，指出：“历史的话语，不按内容只按结构来看，本质上是意识形态的产物，或更准确些说，是想象的产物。”新历史主义的代表人物海德·怀特在《元史学：十九世纪欧洲的历史想象》前言中说：“在我看来，历史事实是构造出来的，固然，它是以对文献和其他类型的历史遗存的研究为基础的，但尽管如此，它还是构造出来的。……只要历史实体在定义上隶属于过去，对他们的描述就不会直接的（受控的）观察所证实或证伪。……这就促使我得出这样的结论，即历史知识永远是次级知识，也就是说，它以对可能的研究对象畸形假想性建构为基础，这就需要由想象过程来处理，这些想象过程与‘文学’的共同之处要甚于与任何科学的共同之处。”[①]而对于传记史学的史传作品而言则尤为如

① 海登·怀特［美］著：《元史学；十九世纪欧洲的历史想象》南京，译林出版社，2004年版，第6–7页。

此。世谓“传记无文不传”可是一语中的。美籍学者汪荣祖在其著《中西史传通说》中通过中西史传技法的比较，对与史学和文学的虚构与想象做了如下总结：“若作传者但凭想象臆造，生花妙笔何异于传奇之横兴波澜耶？夫‘传奇’与‘传记’之分际固不可不辨。或曰传记记‘实’，传奇言‘虚’。惟传奇未尝不可据实有之经验，益之以想象，创为‘虚有之实境’；而传记亦能据恍忽之经验、残阙之文献，付之想象，可成‘实有之虚境’。吾人唯求传奇能‘忠于人生’，传记能‘忠于其人’。忠于人生，不必真有其事；忠于其人，必真人真事。是则两者之异矣。史迁增饰辞藻，亦欲显其人、申其人之精神耳。故虽似传奇之代作喉舌，非欲虚构故事，但求‘伟其事，详其迹’而不失其真也。班固删削，虽较翔实，而马传之奇遂失。”[①]鉴于《史记》历史真实与艺术真实有机统一的特性，金圣叹本人也明确指出其不仅仅是“以文运事”，而且又具“因文生事”。[②]由此理解，金圣叹烛微发隐，用思细密的文章读法中，“运事”与“生事”并非决然相对，而是以其相辅相衬的内在的关联可以并存一体，借用文学家钱钟书的一句话来说，就是“不尽同而可相通”。对此，欧阳健也在其著《历史小说史》中评论说：“在不少人的意念里，把‘历史’和‘小说’的界限区分得非常严格，好像‘历史’一定是真实的，而‘小说’则与虚构必定有摆脱不了的干系。他们往往把‘史实’与‘虚构’的差别看得非常绝对，却不大去考虑它们之间是否存在着互通性。……在严格意义的‘正史’问世之前(“史”成为独立部门，始于晋代)，历史和小说实际上是共居于一体的。……在小说与史书之间又经历了‘同源同体’到

① 汪荣祖［美］著：《史传通说—中西史学之比较》，北京，中华书局，2003年版，第80-81页。

② 金圣叹［清］著：《金圣叹文集》，成都，巴蜀书社，2003年版。

‘同源异体’的演变过程。”[①]

总之，我们探讨史传文学与历史小说之间的渊源关系与本质特征时有必要遵循哲学大师黑格尔不仅要认识事物“异中之同”，更要认识“同中之异”的要求，不仅要正确认识它们之间一些基本的再现和表现手段的共同性，也要明确理解它们各自独立文体之间的本质区别。评点大家金圣叹从文章学的角度提出历史和文学的区分在于“以文运事和因文生事”。古典小说研究名家欧阳健从文体发生学的角度提出历史和小说之间存在“同源同体到同源异体”的发展关系。本文在学习前辈学者们智慧精华的基础上，试图从中国古典哲学的范畴去理解和归纳史传文学与历史小说的文体特质在于事与文之间不同的体用关系上，即史传“以事为体，文为用”，而历史小说则是“以文为体，事为用”。其中，“体”是最根本的、内在的，而“用”是“体”的外在表现，但是，它们之间没有绝对分明的界限，二者互相包含，可以互变。因此，把事与文、体和用这俩相对的概念刻板对立起来看待或简单划分，都易陷入思维弊端。

(2) 本文基于史传文学与历史小说文体之间的胎育关系，注重文学传统内部的变迁为旨归，提出“文体转化”概念。

欧阳健先生在其著《历史小说史》中归纳历史小说的“文体特征”为：“从根本上说，历史小说是一种特殊的小说文体，它首先是小说而不是历史书，但又与历史书有着密切的关系；要辨明历史小说的文体性，离不开对史书文体的密切关系。”[②]而石昌渝先生在其著《中国小说源流》中更加明确了史传文学与历史小说之间血脉相连的胎育关系：“史传文学为小

---

① 欧阳健著：《历史小说史》，杭州，浙江古籍出版社，2003年版，第3–4页。

② 欧阳健著：《历史小说史》，杭州，浙江古籍出版社，2003年版，第14页。

说文体的形成和发展提供了现成的经验。但同时也造成了小说对史传的长期依恋，阻滞了小说和小说观念的发展。中国的小说和史传在文体上没有一条决然的界线，它们的区别仅在实录和虚构这个内质性的问题上。传统观念瞧不起小说，就在它视小说为无稽之言；而小说家却偏偏要与史传认宗叙谱，在叙述的时候总要标榜故事和人物是生活中实有，作品中毫无夸饰的成分。当小说宣布自己是虚构的，是‘真事隐去’，‘假语村言’时，小说才是彻底摆脱了附庸史传的自卑心理，正所谓‘史统散而小说兴’（绿天馆主人《古今小说叙》）。然而一些受传统观念影响的评论家又偏偏不相信作者的‘假语村言’的宣言，挖空心思去索隐探幽，不找到小说影射的真人真事绝不罢休。史传在文体上孕育了小说，换句话说，小说来源于史传，但是史传在精神上阻滞了小说的发展。小说克服了‘史传’的强大阻力之后才走上康庄大道。”①

可鉴，历史小说是在发扬史传的文学性为前提，经过历史事实的解释化，历史叙事的趣事化，历史时间的空间化，历史学科的文学化过程，逐渐趋向独立的一种特别文体。历史小说在克服“‘史传’的强大阻力”过程中，以“为文计，不为事计”的创作态度为指引，不再排斥甚至强调“造谎”、“捏造”等创作手法及其效用，高调肯定文学审美创作主体——“我”在“因文生事”中一切构思和运作的主导地位，从而在众多文学体裁类型中逐渐获得了独立文体的明确席位。由此可断，从文体发生学而论，史传文学无疑是历史小说文体不是唯一也是最重要的源头。历史小说文体的独立不属于独创，而是从原有的史传文体中转化发展而来的。鉴于这层亲密关系，本文提出“文体转化”概念，以用来指称蒙古史传文学迈向历史小说的

① 石昌渝著:《中国小说源流史》，北京，三联书店出版，1994年版，第81页。

发展过程。

公元13世纪，蒙古在漠北兴起，并用畏兀儿字母书写蒙古语，形成了南宋使臣赵珙所说的“惊蛇屈蚓，有如天书符篆书”般的畏兀儿蒙古文。于是，鼠儿年（1240庚子）七月（也有1228戊子、1252壬子、1264甲子等说），大聚会，在客鲁涟河畔的行宫里，产生了一部看做“祖传家训”的《蒙古秘史》。这部世代视为“事关外禁，非令外人传写”的皇家秘籍以人物为中心，以时间和叙事为辅助，将历史的真实和文学的典型描写相结合，以文和史有机统于一身的史传风采成为后世膜拜的经典。对此，可借引国际蒙古学协会日本籍主席小泽重男教授的赞语加以佐证：“《蒙古秘史》是蒙古人自己撰写的第一部成吉思汗传。所以，才有波斯人著述的《史集》、伊朗人的《世界征服者史》、瑞典人的《多桑蒙古史》、法国的《蒙古帝国史》、德国和日本人的《成吉思汗》、俄罗斯的《蒙古人》、英国的《全人类的皇帝》、美国的《人类的帝王——成吉思汗》、意大利的《蒙古行记》等一系列成吉思汗传记。概括说，《秘史》是蒙古史《金册》、《皇元圣武亲征录》的祖本、中国《元史》的母本，《秘史》是萨冈彻辰《蒙古源流》、岁桑丹津《黄金史》、《黄金史纲》、《大黄册》；拉西彭楚克的《水晶鉴》、《元史译文证补》、《蒙古史料校注四种》及所有蒙古史的底本，均为波斯蒙古学学者拉施特《史集》、伊朗志费尼《世界征服者史》、冯承均译瑞典人《多桑蒙古史》等世界蒙古史的蓝本。”

公元19世纪，成吉思汗的嫡系后裔，卓索图盟土默特右旗文人尹湛纳希在仕途幻梦破灭之际，恃凭“盖世之才”[①]，拿起墨笔，以满腔的民族自豪感创作出了一部歌颂成吉思汗丰功伟

① 引自喀喇沁郡王旺都特那木济勒著《如许斋公余集》中《怀朝邑润亭》一诗。注：尹湛纳希字润亭。

绩的史诗性文学巨著《大元盛世青史演义》（简称《青史演义》）。这部蒙古文学史上的第一部长篇历史演义小说以序言和正文共计69个章回的宏大篇幅，字字珠玑，浓缩了作者重构蒙古族文学与文化精神的自觉意识和对民族振兴，社会进步的迫切渴望以及反对民族压迫和民族歧视，追求民族平等的近代启蒙思想。《青史演义》有别于《蒙古秘史》的文体风采，可借亚里斯多德的经典之语概括之："诗人的职责不在描述已发生的事，而在描述可能发生的事，即按照可然律或必然律是可能的事。诗人与历史家的差别不在诗人用韵文而历史家用散文……真正的差别在于历史家描述已发生的事，而诗人描述可能发生的事。"

众所周知，历史发展的普遍规律并不因民族的不同而不同。就史传传统到历史小说的文体转化而言，蒙古文学史的发展历程与汉族文学史的发展境遇并无二致。蒙古族近代著名文学家尹湛纳希的传世之作历史小说《青史演义》突破了蒙古文学史从13世纪的《蒙古秘史》延续至18世纪的史传传统，以第一部长篇巨著的身份开创了蒙古文学史小说文体的先河。我们知道，在文学研究中，文体不是一个简单的技巧问题，而是一部作品的话语体式，是一个民族的文化表征。文体能反映出作者把握与表现生活的艺术方式和对文化传统的理解方式。文体的转化并不能自然而然发生，而其实质是对传统进行的选择和重构。国内著名的尹湛纳希研究学者扎拉嘎先生在其《比较文学：文学平行本质的比较研究——清代蒙汉文学关系论稿》一书中高度评价《青史演义》的作者尹湛纳希的文学创作是"蒙古文学的重构活动"，是"重构蒙古文化精神的理论探索"，并在解读其蒙汉文化交融的创作实践时说："某一个民族的的作家，在接受另一个民族的文学影响时，也只有将这影响与本民族的文化传统结合在一起，只有从本民族的社会现实出发，才能够将这影响真正转化为对本民族文学发展的推动力，成为重构本民族文化精神的因子。”①

所谓“重构”，顾名思义，是指文化的重新构建，即对于已有某个文化现象的再加工，再创造。也是人们对于已有的文化现象再次认知。这个始见于罗曼·英伽登的现象学文学理论批评中的概念被引入人类学范畴，指称文化的“再阐释”概念，成为文化变迁的重要标志。对此，不同的学者喜用不同的措辞。20世纪前半期美国人类学的领军人物阿弗烈·克鲁伯喜用“重构”（reorganization），而美国人类学家梅尔维尔·赫斯科维茨则用“再阐释”（reinterpretation）一词。文化大师胡适称为“价值重估”（transvaluation of values）而台湾著名历史学者林毓生则用“创造性转化”说法。但对“再阐释”概念的解析，本文仍沿用梅尔维尔·赫斯科维茨在其《文化动力》一书中的解释：“再阐释标志着文化变迁的所有方面。它是把新的因素赋予到原有的旧意义上，或是新的价值改变了旧形式的文化意义发生过程。”对此，叶舒宪先生进一步解释说：“再阐释就意味着文化他者的视野在本土文化中的应用或是赋予本土文化以新的资源价值。”②本文鉴于蒙古文学史体裁类型发展实际，受林毓生“文化传统的创造性转化”概念启发，提出蒙古文学“文体转化”概念。

我们研究的视野一旦碰触少数民族的文学、文化作品，思维活动便自然地进入到普遍与特殊、个性与共性的二元界域，论述的话语必然顾及本民族的文化语境和中国多民族的文化语境，比较的眼光必然在他者和我者、主位和客位的平衡中努力诉求学理的普世性和学术的客观性。这也是我们生存生活的现

---

① 扎拉嘎著：《比较文学：文学平行本质的比较研究——清代蒙汉文学关系论稿》，呼和浩特，内蒙古教育出版社，2002年版，第184页、224页、200页。

② 叶舒宪著：《文学与人类学——知识全球化下的文学研究》，北京，社会科学文献出版社，2003年版，第15-16页。

实语境所决定的学术惯性。本文也遵循惯例将所要涉及的研究思路、课题概况和术语概念提前导而论之，亮明套路，以图方便于方家批评指正。篇幅所限，本文前戏至此而转入主题，逐一解析蒙古文学史传传统的形成及其发展脉络。

第一章　近代蒙古文学社会语境解读

历史的巨轮驰入近代，在大清朝一统天下的“庇荫”中过上太平生活的蒙古族文人学者摆脱了17世纪承载过多情感纠结的史学传统，开始关注当下的人情世故，用新的眼光审视祖先昨日的丰功伟绩，为民族文坛带来了繁荣发展的新气象。近代蒙古文学不仅诞生了本文的论述对象——蒙古族首部历史演义小说《青史演义》，更是涌现出了《一层楼》、《泣红亭》、《红云泪》和《新译〈红楼梦〉及其回批》等多部长篇言情小说，以蒙满汉藏多种民族文化碰撞交融的新视野展现出与已往蒙古民族单一文化生存不同的表达方式和审美诉求。

撑起近代蒙古族作家文学一片天的骨干力量以其生活的地域为界可分为东部蒙古和西部蒙古两个阵营。东部蒙古作家阵营由清代卓索图盟土默特右旗的文学评论家哈斯宝及尹湛纳希家族兄弟四人为代表，而西部蒙古作家阵营由喀尔喀蒙古的游僧丹津拉布杰、鄂尔多斯郡王旗公尼召活佛伊希·丹金旺吉拉和鄂尔多斯乌审旗文人贺希格巴图为代表。以作品而论，东部蒙古作家阵营以长篇小说和格律诗为主，而西部蒙古族作家阵营以诗歌为主；以生活的文化氛围论，东部阵营的蒙古族作家主要从蒙汉两种民族文化碰撞交融的氛围中汲取养分，而西部阵营的蒙古族作家则生活在蒙古文化和藏传佛教文化并行不悖的浓郁氛围中。以对蒙古族传统文学的影响而论，西部阵营蒙古族作家的诗歌创作冲破了寺庙文学的禁锢，积极从底蕴丰厚的蒙古族民间文化中汲取养分，显示出文学审美由佛向人，由虚向实的文化意识新趋向。而东部阵营的蒙古族作家在蒙汉两种文化的碰撞与交融中完成了审美意识由佛向儒、题材内容由历史向现实的巨大转变，以史传文学传统模式的创造性转化宣告了作家文学的繁荣成熟。

众所周知，文学的变迁是文化变迁的反映，而文化的变迁则源自于社会的变迁。因此，探求近代蒙古族作家文学繁荣的背景及史传传统转化为小说文体的内因，我们研究的视角不能只囿于纯文学的影响关系界框，而有必要去聚焦近代蒙古族所生存生活的社会宏观语境。美国叙事学研究学者罗斯·钱伯斯在其著《故事与环境：小说权力中的叙述诱惑》中从后结构主义的立场批评当下炙热的叙事学研究时说："叙事作品的语境——没有认识到叙事是一个社会存在，是一种影响人际关系并且由此获取意义的行为；叙事之所以成为叙事，依赖于一种隐含的社会契约关系。这种契约关系式的叙事作品与社会之间具有一种交换性质，而交换就意味着存在于社会的欲望、目的和各种制约力量之间的综合关系。"[①]

本文鉴于叙事作品与外在于它的社会、人际关系之间的不可分性，将叙述的视野扩充至近代蒙古族作家生存生活的社会语境，从跨文化的空间语境和跨文化的生存语境两个层面去解读近代蒙古族在人口结构、经济结构和文化结构方面所经历的巨大变迁。因为我们坚信，近代蒙古族作家只有经过前理解式的文化氛围的熏陶，在足够雄厚的蒙汉文化交融的文化底蕴中才能拥有理解和接受汉族文化、文学作品的胸襟，才能练就批评和选择他文化的眼光，吸其精华，去其糟粕，为我所用，融汇贯通于自己的作品中。

---

① 谭君强著：《叙事理论与审美文化》，北京，中国社会科学出版社，2002年版，第228页。

第一节 近代蒙古文学宏观社会语境

一

明代起退居溯漠的蒙古族自隶属清朝治域，步入近代的门槛时，由于塞外移民潮流和移垦设治政策，从政治身份、经济命脉、社会结构、文化类型各方面均经历了前所未有的巨大变迁。从其最基本的生存基础而论，蒙古族世代繁衍生息的地理空间打破了已往蒙古民族一体的格局，由农耕的汉民和游牧的蒙民共享同一片土地资源。由此打破了蒙古草原人口的自然构成和社会构成的传统定势，以不同的生存需求不仅改变了塞外朔方的民族构成，更使蒙古民族人口的分布和流动发生了巨大变化。一言以概之，自清朝起，蒙古民族逐渐融入跨文化的空间语境中，面临着重新审视和调适自己生存方式及命运走势的严峻现实。

创作出《青史演义》、《一层楼》、《泣红亭》和《红云泪》以及《新译〈红楼梦〉及其回批》等以蒙汉两种文化的交融为显著特色的东部阵营的蒙古族作家如哈斯宝（生于乾隆至嘉庆之际，卒于道光至光绪之间）、尹湛纳希（1837—1892年）以及开创蒙古文格律诗派的古拉兰萨（1823—1851年）、贡纳楚克（1833—1866年）、嵩威丹忠（1834—1898年）等均集中生活于清代卓索图盟土默特右旗。这种文学的微观巧合从社会的宏观角度看却有着不可避免的必然性。

清代卓索图盟的跨文化的空间语境由农耕与放牧两种经济文化并行的地理空间和蒙汉两个民族共存的人口结构组成。

原本为蒙古游牧地的卓索图盟地处内蒙古东南部，南接长城，通过古北口、喜峰口与京畿之地紧连。卓盟所属承德、丰宁、滦平、隆化、围场等五县为旗地，北部的平泉、建昌、朝阳、赤峰各县为蒙地。自17世纪起席卷内蒙古全境的移民潮最先是从紧缘长城，出入交通便利的归化城土默特、伊克昭盟南缘、察哈尔南部及卓索图盟开始起步的。清初，由于入主中原的满洲贵族在华北大量“圈地”，使得大量失去家园，被迫流落到塞外的农民首先涌入与京师相通的卓索图盟地区。自康熙至乾隆年间，前往卓盟各旗的移民人数大量增加。康熙46年巡幸塞外的康熙帝亲眼看到喀喇沁三旗各处皆有山东人或行商或力田，致数十万之多。1747年（乾隆十二年），八沟以北及塔子沟通判所辖地方已有汉民垦户二三十万之多。1752年（乾隆十七年），卓盟喀喇沁旗83.3%的汉人佃户均属于被逐出家园的直隶人。再通过比较《承德府志》所记载的该府1782年（乾隆四十七年）、1830年（道光十年）两年的人口数量即可看出这一地区移民增长的趋势。

1782—1830年热河人口增长情况

地名	1782年（乾隆四十七年）		1830年（道光十年）	
	户数	口数	户数	口数
承德府	8979	41496	16339	110171
平泉县	29315	154308	20449	158055
滦平县	5230	106630	6914	45769
丰宁县	20871	72079	22198	115973
建昌县	23730	99093	31996	163875
赤峰县	6324	22378	14996	112604
朝阳县	15356	61220	31751	77432
总　计	109805	557204	144643	783879

资料来源：海忠：《承德府志》，卷23，《田赋·户口》[①]

① 闫天灵著：《汉族移民与近代内蒙古社会变迁研究》，北京，民族出版社，2004年第一版。

根据图表所示，到了哈斯宝、尹湛纳希等东部阵营的蒙古族作家起步人生的19世纪三十年代，卓索图盟及昭乌达盟南部的汉族人口已超过78万人。但是，值得注意的是，从1782—1830年这48年当中，热河旗地人口增长放慢，而蒙地人口仍在加快增长。人口增长93.7%的建昌、赤峰、朝阳三县比只增长14.8%的承德府及平泉、滦平、丰宁三县足足高出近80个百分点。特别是赤峰县，增幅高达403%。这说明，到了乾隆中叶，热河旗地的移民过程已基本结束，人口增长转入以自然增长为主，而在北部蒙地，移民仍在大量增加。

随着汉族移民数量的猛增，卓索图盟的蒙地开垦规模逐年扩大。根据1748年（乾隆十三年）清廷对卓索图盟租给汉民耕种的地亩所进行的调查，土默特右旗为1643顷30亩、喀喇沁左旗为400顷80亩，而仅喀喇沁中旗一旗已有汉佃103屯，42924口，农垦地亩达431顷80亩。如此发展规模，到了嘉道年间，卓盟五旗已完成了由牧业向农区及半农区的转变。即使是开垦最晚的喀喇沁右旗最迟在嘉庆年间也基本成为农业区。甚至出现了在蒙古人中分配以农耕为主的生计地的现象。1807年（嘉庆十二年）热河都统提出要从喀喇沁、土默特等蒙古原来租给民人的地亩中撤出十分之五给蒙古自行耕种。这说明在卓索图盟，汉族人口已趋于饱和，出现了“开垦地亩较多，牧场较少”的局面，形成了蒙汉杂处、半农半牧的经济模式。

随着塞外人口结构、民族构成的巨大变化，蒙古原有的蒙旗制度不能有效地遏制和管辖大量的流民和自耕农，清廷自雍正元年（1723年）开始陆续在蒙地设置州县予以管理。卓索图盟自1778年（乾隆四十三年）进入设治州县的高潮。这一年，清廷把该地所有的理事厅改为抚民性质的府、州、县建置。热河厅改为承德府，八沟厅改为平泉州，喀喇和屯、四旗、乌兰哈达、塔子沟、三座塔5厅改为滦平县、丰宁县、赤峰县、建昌县和朝阳县。州县的建立，标志着汉族移民有了相对独立的发展空间，增强了对迁入蒙地的预期。自此，移民渐聚而设州县、州县设立而促移民，“热河迤北一带，系蒙古游牧处所，乾隆四十三年改州县后，民人渐集多。”尹湛纳希的家乡朝阳县（土默特右旗）也因处锦州和赤峰之间，地理位置优越，商况繁盛，设治以后，很快发展成为不小的城镇。涌入该地的移民，据《朝阳县志》记载：“初来之汉族，多为鲁人，中以濒海各县之民居多数，直人甚少。”这些因为内地大饥荒，顺着朝廷“借地养民”政策，从远距离的山东涌入卓索图盟的逃难者们在移入地的定居化水平却极高。这些外来移民随着定住、营生和繁衍步骤的逐步深入，对移入地的认同感和归属感也逐步加强，最后完全融入了新的“家乡”。

众所周知，移民不仅仅是人口的迁移，更是文化的迁移。汉族移民的融入，不仅仅是人口繁多，农地增扩，更重要的是这些文化程度不高的贫苦农民在“本地化”的过程中需求符合他们口味的文化娱乐生活，以致来自汉文化圈的新的审美意趣在蒙古族民众的精神文化领域广泛地渗透扩展。加之卓索图盟京师屏藩的地理位置，具备了能够与内地频繁交流互动的天然优势，也刺激了这一地区对中原历史、文化的需求，也培养了一批精通蒙、满、汉语言，知识渊博的文人贤者和专心致力于推动蒙汉文化交流的优秀知识分子。据新一代喀喇沁右旗郡王旺都特那木济勒所著《如许斋公余集》记载，其父喀喇沁右旗扎萨克多罗杜凌郡王色伯克多尔济每年进京当差归来，要带回上千卷图书。在尹湛纳希等蒙古作家生活的时代，大量汉族文学作品，如《三国演义》、《封神演义》、《隋唐演义》、《西汉演义》、《水浒》、《西游记》、《金瓶梅》等经过翻译，在蒙古民众中广泛流传。对此，尹湛纳希本人也在《青史演义·纲要》中曾感慨到：“只有别具一格的传奇故事一类的史书才能广泛传布，使人爱不释手，争相诵读。这是因为它有引人入胜之处。”1876—1877年，尹湛纳希的另一部长篇言情小说《泣红亭》完稿，即刻自由流传，争相传抄，得到人们的喜爱。由此推断，接近民间生活与民间欣赏趣味，内容丰富、情节生动，娱乐色彩浓厚的小说文体正迎合了漠南蒙古地区文学接受群体的审美期待和接受屏幕，对漠南蒙古地区的接受群体和创作群体都产生了很大的影响。从普通读者（听众）而言，对历史小说、言情小说等都有了先结构式的了解。从致力于文学创作的文人学者来说，汉文小说无疑给他们提供了体裁文体、观念手法各方面的创作示范，也为他们能够创作出表现新事物、传播新思想、塑造新形象的新作品，提供了很好的参照系。

总之，半农半牧的经济文化类型、蒙汉民杂居共生的生存形态从根本上改变了蒙地社会的内部结构，构成了漠南蒙古蒙汉文化碰撞交融的跨文化的空间语境。这种多元的社会空间语境，就其实质而言是蒙汉两个民族的关系由远距离交流转变为近距离互动所形成的蒙汉两种文化的互动场。正是这种跨文化的、互动的"文化场"为东部阵营的蒙古作家异军突起，以历史小说和长篇言情小说完成蒙古族传统文学的创造性转化提供了可能性前提。

二

从文化场的角度思考文学，意味着从一个空间结构和关系结构中考察文学意义的生产。因此，阐释近代蒙古族作家文学繁荣发展的社会宏观语境，除了上述的跨文化的空间语境，更紧要是这些作家置身其中的跨文化的生存语境。笔者所谓生存语境是针对关系结构而言的，包括生计关系、民族关系和文化关系。

大量外来移民的涌入和定居促使卓索图盟的原住民和新居民在生存空间上不断扩散，使得他们社会交往的对象和范围不断扩大。由此，他们更需要在碰撞交融中调适各自的生存方式以适应和巩固这种崭新的关系结构。

从生计关系而言，关键问题在于原住民和新居民对生存场所不同的需求上，而其焦点自然是承载、抚养他们的土地。来自不同经济类型的人们给同一片土地赋予了截然不同的两种诉求。汉族移民要耕地，以农垦为生计，而蒙古牧民要牧场，以畜牧为生计。但在卓盟或者东部蒙古地区，这种不同的生计矛盾并不是简单地水火相对的。

最初的移民基于农业的较高产出率和相对的稳定性，确实为蒙古族的财富积累和生活改善带来了实惠。自顺治朝起就有内地农业人口逐渐向北迁徙流动，成为东部蒙古地区农业发展所必要的劳动力。直到康熙朝，“山东民人往来口外垦地者多至十余万。”到了雍正朝和乾隆朝，推行“借地养民“的权宜之策，垦民骤增，“搬移眷属”，“盖房屋居住”，互相援引，“一年成聚，二年成邑”，以致“内地民人以口外种地为恒产，蒙古亦资地租为赡养。”甚至《朝阳县志》把汉人移居、蒙地自放的时期称之为“蒙古全盛时期”：“洎乎内地贫民，逐渐来此，于是租地垦耕，种烟种瓜以为孝敬。树艺五谷，以纳租台吉。斯时之为台吉者，牲畜日蕃，进项日增，一呼众诺，既富且贵，巍巍乎泰岱而外，唯我独尊。”

但是，农耕对游牧的“纯补充”作用是有限的。一旦出现“游牧地窄，至失本业”的情形，蒙民就会产生抵触心理，要求停止移民甚至撵逐业已定居的汉民。如，开垦较早的土默特右旗一带在雍正年间就发生了土默特贝子要求将“旗内佃种之百姓均逐，不准居住”的事件。乾隆、嘉庆时期也有此类事情发生，但已是势穷力蹙，回天无力了。

随着移民垦殖的深入、蒙地由牧向农的转型以及清廷通过旗县二元体制掌控了土地的支配权和所有权，使得牧无草场，垦无地亩的原住蒙民迫于无奈只能提出“撤亩还地”的诉求。甚至，因绝生计来源，不得已“避垦”而向北方未开垦的草地及外蒙和沙漠沿边处迁移，成为蒙古移民者不在少数。到了清末，素赖畜牧为生的蒙古人更是丧失了立命之本，丧失了立脚之地，走上了农业性移民的道路。如，1891年（光绪十七年），扎萨克图旗放垦洮儿河夹心荒地42000余垧，数年间垦民由最初的60多户，猛增到1260户，这些移民的大多数是来自卓索图盟土默特和喀喇沁旗的蒙古牧民。总之，以农为本的汉族移民涌出塞外，安家落户，给东部蒙古地区的经济结构和社会生活带来的深刻变动从原住蒙古牧民生计命运的起伏中可见一斑。

从民族关系而论，关键的问题在于蒙汉两个族体的成员如何相处，而焦点集中在外来移民的“本地化”及原住蒙古人的“容忍度”上。因为“自然环境的影响和游牧的生活方式使这草原上的居民在文化面上所表现出来的都与农耕社会有显著的不同。因此，这两个社会，在文化思想、习俗传统上，都产生了相当的差距。”而且塞外草原全系蒙旗领地，是蒙古牧民的重要的生产资料。由此，汉族移民的出塞落户，对移入区资源的分占与分享势必关涉到当地的人地关系及实质性的利益问题。

众所周知，清朝初期时“严禁蒙汉相互容留、杂居，甚至要蒙古部落内所有的汉人、汉人村内所有蒙民各将彼此附近的地亩照数调换，分别集中居住，不许混杂。”但是，事实证明，清廷的禁令从未能制止汉族移民为生计糊口而奔向塞外的脚步。《朝阳县志》：“至乾隆初，复遣直鲁贫民于此，借地安民，民户始各构房屋以居，自为村落，亲友时相往来，而蒙民风俗遂各异焉。”显然，这一时期的蒙地仍然是一元化的蒙古游牧社会制度。

汉族移民起初融入蒙地社会经历了“依蒙旗，习蒙语、行蒙俗、垦蒙荒、为蒙奴、入蒙籍、娶蒙妇、为蒙僧”的“蒙古化”过程。在卓索图盟一带，称这些加入蒙古籍的移民为“随蒙古”。加入蒙古籍的移民变成蒙旗属下的阿拉巴图、沙比那尔，便以族内成员的资格，合法地分享蒙地资源，直接消除了由族际差别可能引起的民族隔阂与民族歧视。这一时期，原住蒙民是处于主导地位，掌握着土地的利用优势，而迫于生计投身塞外的汉族移民则处于客居的依附地位，高度仰赖于拥有土地资源的蒙古族，自愿服从于蒙古族的制度安排。但是，随着汉族移民的增多，逐渐形成了汉族自己的交往圈，开始减弱对蒙古社会的依赖。加之，蒙古民族受藏传佛教影响人口锐减、农业规模的扩大致蒙地完全转型为农区，使得原住的蒙民逐渐失去了土地利用优势，最终导致蒙汉两种社会成员的身份竟发生了调换。如，清代中叶，热河地区“汉族完全是佃户，纳租于蒙古，而蒙古是地主，但汉族勤俭而能谋生产……今则佃户变为地主，所给蒙古纳的租钱，值此钱法变毛，已成寥寥无几之数。”卓索图盟“至蒙民所吃之租，均为数无几，而向外（汉族地主——笔者注）交租者，尤居多数。”到了十九世纪末，“想从事耕种的克什克腾人已是向汉人购买土地了，而且每亩要付一两银子。因此，以三两银子卖出的一顷地，蒙古人现在要付给汉人一百两银子。”原来作为受雇者和承租者的汉民后来竟升格为雇主和出租者，彻底颠覆了蒙地蒙古族对土地的统占地位以及支配权和收益权。

但是，蒙汉两个族体之间的这种关及生存的利益冲突并未激化成水火不相容的对立矛盾，而是消解在蒙汉通婚，“合村蒙民俱系亲友”，“情愿将两造和睦，不失一村和好”的亲近氛围中。

众所周知，清廷初期对蒙古施行封禁政策，“不准内地民众携眷进入蒙古地区，不得在蒙地盖屋造房，不得定居、娶蒙古妇女为妻、取蒙古名字、入蒙古籍。”但是，随着蒙禁政策的松弛，汉族移民大举落户塞外即成事实，“蒙汉杂处，观感日深，由酬酢而渐通婚姻，因语言而兼习文字。”再加之汉族北上由暗变明，畅通无阻之后，清廷竟对蒙汉通婚也改禁为奖，“凡蒙汉通婚者，均由该管官酌给花红，以示旌奖。”由此，在东部蒙古地区，蒙汉通婚，互为至亲已成为族际交往的自然事态。据此断言，蒙汉通婚不仅扩大了蒙汉混杂交融的居住空间，更是以“骨肉相连”的亲属关系夯实了蒙汉两个民族的亲近心理。

自然形成的族际婚姻体现的是不同民族之间交往的深度，而自然形成的蒙汉合村体现的更是不同民族之间结合的亲密度。东部蒙古地区的这种民族构成、民族关系的重要变动彻底改变了蒙古游牧社会的单一构成，使农业及与农业相伴随的中原文化在漠南地区取得了与游牧经济及游牧文化相对等的地位，最终催熟了蒙汉杂居、旗县并立、农牧交错的多元化社会在塞外的形成。

从文化关系而论，关键在于蒙汉两种民族文化如何碰撞交融的问题，而焦点则集中在民族文化的发展趋势上。众所周知，在多元化的社会中，保持各种文化构成的平衡是从古至今人类所面临的难题之一，也是美好的愿望之一。生活在近代东部蒙古地区的文人作家们也毫无例外，身临其境，在蒙汉两种文化碰撞交融的浓郁氛围中深深思考着本民族文化的命运走势。他们对跨文化的生存语境中民族文化的发展失衡表现出高度的警觉。

东部蒙古地区自蒙汉杂居形成多元化的社会，蒙古族传统文化从生产方式、居住样式、风俗、语言、服饰、饮食等全方位发生了深刻的变迁，甚至呈现出民族语言和民族特征日益消失、族群认同意识日益弱化淡漠的趋势。这些蒙古民众“旧以游牧为生涯，穹庐毳幕，习尚回殊。自满汉人居其地，其俗遂变，妇女多效旗装，操汉语亦圆熟，现在居室者十之四五，居幕者十之五六，婚姻丧葬大同小异。”随着汉族人口的增多及在数量上超过蒙古族，塞外语言的流向也发生了转折。“随着村民中汉族的比例越来越大，随着整个地区汉族文化的影响越来越强，学习语言的趋势从汉族学蒙古语逐渐转变为蒙古族学汉语。”一些涌入汉族移民较早的蒙古地区甚至出现了“五六十岁老人，蒙语尚皆熟练，在四十岁以下者，即能勉作蒙语，亦多简单而不纯熟。一般青年，则全操汉语”的现象。汉族文化的走强态势势必影响到蒙古民族的文化心理。对此，尹湛纳希曾在《青史演义·纲要》中写到：“我们卓索图盟的蒙古人可说是身居中原地区，不少人致力于汉文的学习。正因为如此，对于古代的故事和现代的法典都了如指掌；对于五千年以前的三皇五帝乃至夏、商、周、秦等国以及西汉、东汉、宋、齐、梁、陈、隋、唐、南宋、北宋、金、辽等国的历史也知道的一清二楚，但对于本民族蒙古人的历史却一窍不通。”甚至还诘问“我们蒙古人能有什么深奥了不起的地方！”这种民族文化虚无主义的蔓延趋势不仅引起了尹湛纳希等一批蒙古族优秀知识分子的警觉，更是成为他们奋笔疾书，以文学振兴民族的思想动力。

从具体的创作手法及对汉文化的借鉴态度上也可看出他们“勇于拿过来为我所用，借他人以自强”的思想轨迹。以民间文学为例，卓索图盟土默特左旗瑞应寺喇嘛恩和特古斯创作的系列长篇小说“五传”，虽然“基本情节源于汉族小说，但是，那既庞大而又简洁清晰的结构和脉络，那庄重、严肃、不事诙谐的故事内容和叙述方式，那对英雄的崇敬和以国家、群体利益为重的精神，包括那些一再出现的充满神秘感的斗法情节，以及同一主题经过反复结构故事而不断深化，从而形成小说群落形态，都深深印记着蒙古英雄史诗的胎记。”对此，俄罗斯学者李福清曾评论到：“从18世纪到20世纪，在现今中国的辽宁省和内蒙古一带显然还形成了一种特殊的口头叙事文学。当地将这种广泛流传的说书文学称之为“本生乌力格尔”，即“书面故事”。这种文学以翻译过来的汉文小说题材为内容。它是两种不同传统的奇妙结合：一种是源于汉族口头说书的远东章回小说传统；另一种是高度发展的纯属于蒙古人的史诗传统。拉着胡琴的说书人按照自己的需要对翻译过来的作品进行改编，突出描述草原蒙古人所喜爱的骏马和骑士，极力采用传统的史诗手法和民族曲调。这样，久而久之，两种原本不大相同的文化经过一个复杂的过程，终于结合在一起了。”以作家文学为例，卓索图盟土默特右旗的文学评论家哈斯宝面对着中原最伟大的文学家曹雪芹及其巨著《红楼梦》，用自己的原则进行节译，并表示：“我就是这样解说，这样批评的。如果作者原意如此，我便是作者后世的知音。如果作者原意实非如此，则摘译者是我，加批者是我，此书便是我的另一部《红楼梦》。未经我加批的全文则是作者自己的《红楼梦》”，表现出强烈的民族文化自信心。可以断言，正是这种以民族文化为本的坚定信念激活了尹湛纳希民族文化的主体意识，并贯穿在其一生的文学实践中。他能够以蒙古族史传文学为根基，积极借鉴汉族文学、文化的成果，创作出蒙古族第一部历史小说《青史演义》的确真实反映了漠南蒙古族知识精英们在文化思想上的崭新追求。

毫无疑问，跨文化的空间语境、蒙汉兼通的知识结构开阔了尹湛纳希等一批近代蒙古族优秀知识分子的文化视野和胸怀；跨文化的生存语境又使他们以强烈的民族文化反省意识和学习他人以自强的文化取向完成了呼唤民族意识的觉醒，警觉民族虚无主义泛滥的文化启蒙使命。

第二节　近代蒙古文学微观社会语境

一

蒙古文学发展至近代，小说文体从古老悠久的史传传统中转化独立，决非是偶然现象。首部历史演义小说《青史演义》的出现与其作者尹湛纳希生活的时代背景、地方文化氛围和独特的家庭熏陶有直接的关联。

尹湛纳希，乳名哈斯朝鲁，汉名宝瑛，字润昕，号衡山。1837年5月20日（道光十七年四月十六日）诞生于清代卓索图盟土默特右旗（今辽宁省北票市）一个被称为忠信府的蒙古贵族家庭。其家族属成吉思汗嫡系后裔，与当时土默特右旗札萨克贝子同宗，世袭四等台吉。尹湛纳希的父亲旺钦巴拉（1795–1847），汉名宝荆山，曾任土默特右旗协理台吉，辖管军务，又称将军协理。第一次鸦片战争期间，为防御英军北犯，清廷从哲理木、昭乌达和卓索图三盟调派蒙古兵至长城附近驻扎。旺钦巴拉也奉命应征，亲率领本旗蒙古兵赶赴战场。此番抵御外强，捍卫主权的英雄壮举为后辈带来的情感震动颇大。其长子古拉兰萨濡墨挥毫，用激情的诗文[1]记录了当时旌旗蔽日，群情踊跃的出征盛况以及班师凯旋的热闹场景：

英寇狂暴侵海边，
敕令我父扫狼烟。
壮士云集晓恩义，
旗丁纷聚谕忠贤。
赐宴中山[2]英业振，
飞渡凌河[3]感皇恩。
旌旗凌空蔽日月，
剑戟高举天地旋。
出师时值仲夏月，

① 荣苏和、赵永铣等编著：《蒙古文学史》第三卷，呼和浩特，内蒙古人民出版社，2000年版，第50–52页。

② 诗人所居忠信府后的高山。

③ 诗人所居忠信府前的大凌河。

不日安然得凯旋。
顺利平虏北还时，
叩迎父师共狂欢。

——《祝灭寇班师还》

狂虏逆天扰海边，
英武蒙军急入关。
鼠辈英寇投剑戟，
屈膝伏降我主前。
卸甲收械庆太平，
拔寨叠帐战马欢。
夜归家园拜父母，
阖家欢乐月团圆。

——《太平颂》

笔者不劳其烦地转录这两首诗文不仅意在表明忠信府门风侠义，秉性高洁，更是寓意其门第书香，才华横溢。旺钦巴拉本人嗜好藏书，文化修养颇高。府邸建有“多宝斋”、“绿波堂”等多间藏书房，广纳蒙、满、藏、汉等语种书籍。据尹湛纳希《青史演义·纲要》所述，历史小说《青史演义》前八回应属旺钦巴拉遗作。由此，赞称旺钦巴拉为当地名望甚高的文化人绝非妄言。旺钦巴拉膝下有子四人，即长子古拉兰萨、五子贡纳楚克、六子嵩威丹忠和七子尹湛纳希。旺钦巴拉家教甚严。尹湛纳希五岁尚幼时就已被要求背诵家谱，熟知祖先成吉思汗开创的丰功伟业。从尹湛纳希兄弟四人成年后的人生追求看，显然，这种蒙古人世代相传的即古老又实效的教育方式确实在他们幼小的心灵种下了爱族爱国的种子。客观地说，在旺钦巴拉在世时忠信府渡过了最繁荣风光的时期。随着旺钦巴拉的撒手人寰，本文的主人公尹湛纳希及其兄长们开始在政治、经济双重的磨难中经受生活的历练。他们在肉体和精神上所遭受的件件苦难在扎拉嘎先生的专著《尹湛纳希年谱》中已有详细记述之故，无需本文赘言。公元1891年（光绪十七年十月）尹湛纳希的家乡发生“学好”变乱。为了躲避这次劫难，忠信府人外逃至锦州过起青黄不接的艰难生活。次年，本文的主人公尹湛纳希未能逃过这次命运的劫数，最终病逝他乡，为自己怀才不遇的55年画上了无奈的句号。

从生活的时代背景看，尹湛纳希的一生恰逢近代中国外侮日甚，内患迭起的动荡时期。他亲身经历了近代中国由殖民主义、帝国主义侵略以及清王朝腐朽统治造成的空前的民族危机和社会危机。中国作为古代文明大国的光辉形象，从清代前朝逐渐暗淡，到了清朝道光二十年（1840年），鸦片战争的失利，最终导致这“天朝大国”沦为受他人强制的半殖民地半封建社会，成为帝国主义列强瓜分豆刨的对象。从这个意义上说，清代由盛而衰，不仅是一个封建王朝的衰败，而是标志着中国封建制度的没落。然而，面对亡国亡种的危机关头，满清政府以维护自己的统治作为最重要的政治任务：对外，只要敌人的入侵行为对自己的统治不是直接危及，都可以让步，全然不顾国家利益和民族尊严；对内，则施展封建统治者的淫威，对中国各族人民施行残酷的高压政策。常言道“哪里有压迫，哪里就会有反抗。”各族人民为反抗帝国主义侵略和封建专制统治而进行的斗争遍布中国大地，最终爆发了松动满清王朝统治根基的太平天国农民起义。这场伟大的起义以排山倒海之势遍及全国，不仅给腐朽的清王朝带来了威胁，也给陶醉于清朝“文治武功”、“乾嘉盛世”，从容地“自治其性情，自深于学问”的封建时代知识分子们带来了极大的震撼。当西方列强的侵略打破中国的闭关锁国状态，剧烈的社会动荡和社会变革冲跨了原有社会的稳态结构。世界近代文化的输入使中国传统儒家文化陷入价值危机，近代人文精神、民主意识和艺术自由观念与固有文学规范的冲突预示着中国文学体系的全面变革已不可避免。于是，龚自珍、魏源等开始了从古代步入近代的思想历程，在对腐朽社会的批判性反思和与近代世界开始接触后，萌生了最初的近代意识。龚自珍以揭露批判封建“衰世”本质和专制统治、呼唤精神解放和改革风雷的诗文开启一代文学新风。魏源为首的史家重新研究元代历史，试图从成吉思汗那里寻找反抗帝国主义侵略的精神力量。他们启导的经世文风，“师夷自强”的思想追求，标志着以反对帝国主义侵略和反对腐朽封建统治、救时自强为主题的近代文学大转型。

从生活的文化氛围看，尹湛纳希的家乡——漠南蒙古靠近我国蒙古族英雄史诗流传分布三大中心之一的扎鲁特——科尔沁史诗带，其传统文化底蕴非常雄厚。自1634年起，漠南蒙古隶属清朝统一管辖，直到十九世纪中叶，逐渐形成城镇规模。这一地区位属内地与东北往来要冲，经济以务农为主。蒙汉杂居的生存环境、京师屏藩的地理位置，具备了能够与内地频繁交流互动的天然优势，为文化事业的发展提供了良好的社会条件。到了近代，来自汉文化圈的新的审美意趣在蒙古族民众的精神文化领域广泛地渗透扩展。天然造就的蒙汉两种民族文化交流、交融的“文化场”，刺激了这一地区对中原历史、文化的需求，也培养了一批知识渊博，精通蒙、满、汉等多种语言的文人贤者以及专心致力于推动蒙汉文化交流的优秀知识分子。在尹湛纳希生活的清代，大量汉族文学作品如《三国演义》、《水浒传》、《西游记》、《金瓶梅》、《红楼梦》等长篇名著被翻译成为蒙古文，且如《今古奇观》等短篇小说集、《封神演义》、《东周列国志》、《隋唐演义》、《粉妆楼》、《英烈春秋》、《前七国》、《西汉演义》、《东汉演义》、《薛仁贵征东》、《薛丁山征西》、《罗通扫北》、《狄青平南》、《施公案》、《济公传》、《侠义传》等历史小说、英雄传奇小说和公案小说以及《二度梅》、《蝴蝶媒》、《全缘楼》、《薄命图》等言情小说也被翻译成为蒙古文。其中，有些小说曾经被多次翻译为蒙古文，如《三国演义》、《今古奇观》、《水浒传》等。尤其是其中的一些小说，在翻译过程中，依循译者的意愿进行了较大的增删和改写，如《水浒传》、《粉妆楼》、《薛仁贵征东》、《薛丁山征西》、《今古奇观》等。这些蒙古文翻译小说，一般以手抄本形式在蒙古地区广泛流传[①]，对蒙古民众的审美选择产生了巨大影响。对此，尹湛纳希也在《青史演义·纲要》中发表感慨到："只有别具一格的传奇故事一类的史书才能广泛传布，使人爱不释手，争相诵读。这是因为它有引人入胜之处。"重要的是，这些译著常常经过译者的增删而渗入了蒙古族的文化元素和审美趣味。以致到了清代中后期，在东南蒙古地区，蒙古族历史悠久的民间说唱艺术与汉民族的文学艺术相交融，产生出新的说唱文学形式——本子故事。俄罗斯汉学家李福清敏锐地观察到了这一文学的新动向："从18世纪到20世纪，在现今中国的辽宁省和内蒙古一带显然还形成了一种特殊的口头叙事文学。当地将这种广泛流传的说书文学称之为'本生乌力格尔'，即'书面故事'。这种文学以翻译过来的汉文小说题材为内容。它是两种不同传统的奇妙结合：一种是源于汉族口头说书的远东章回小说传统；另一种是高度发展的纯属于蒙古人的史诗传统。拉着胡琴的说书人按照自己的需要对翻译过来的作品进行改编，突出描述草原蒙古人所喜爱的骏马和骑士，极力采用传统的史诗手法和民族曲调。这样，久而久之，两种原本不大相同的文化经过一个复杂的过程，终于结合在一起了。"

本子故事是蒙古地区自古盛行的胡尔齐故事的一种。所谓胡尔齐故事是指拉胡琴的艺人自拉自唱自说的故事。传统胡尔齐故事的内容来源于蒙古族古老而丰富的英雄史诗（包括莽古

① 扎拉嘎著：《比较文学：文学平行本质的比较研究——清代蒙汉文学关系论稿》，呼和浩特，内蒙古教育出版社，2002年版，第1页。

斯故事)。自十九世纪上半叶起,在蒙汉文化交汇广、交融深的卓索图盟等东南蒙古地区开始流行说唱本子故事,并刺激带动了蒙古族文人书生翻译或创作故事本子新作。这里需要说明的是,所谓"本子故事"是指艺人口头说唱的故事,属于民间文学范畴,而"故事本子"是指由文人书写在纸张上的故事,属于书面文学范畴。蒙古故事本子主要来源可分为二:其一,汉文小说的蒙古文译本及改写本,如《封神演义》、《水浒传》等;其二,产生于蒙古地区的以描写中原内地战争为主要内容的作品,如《寒风传》、《五传》等。

系列长篇小说"五传"是最具代表性的本子故事。传说,是清代卓索图盟土默特左旗(今辽宁省阜新蒙古族自治县)瑞应寺喇嘛恩和特古斯创作了这些本子新作。"五传"包括《苦喜传》六十回、《全家福》六十回、《尚尧传》九十回,《偰僻传》一百二十回,《羌胡传》一百九十九回。这些作品的主要材料来源于清代中原地区盛行的小说和评书《说唐前传》、《说唐后传》、《说唐三传》以及《封神演义》、《三侠五义》和《隋唐演义》等诸多历史演义小说和公案小说。这些深受蒙古民众喜爱的本子故事和故事本子了"那既庞大而又简洁清晰的结构和脉络,那庄重、严肃、不事诙谐的故事内容和叙述方式,那对英雄的崇敬和以国家、群体利益为重的精神,包括那些一再出现的充满神秘感的斗法情节,以及同一主题经过反复结构故事而不断深化,从而形成小说群落形态,都深深印记着蒙古英雄史诗的胎记。"[1]

述论至此,我们自然要提出本子故事与尹湛纳希有何关系、与《青史演义》又有何区别的问题。至于他们之间的关系问题,我们至今也未能找到证明这些本子故事和故事本子的创

① 张炯等主编:《中华文学通史》第五卷,北京,华艺出版社,1997年版,第659页。

作与尹湛纳希小说创作之间关系的直接证据。但是，从尹湛纳希创作的长篇小说《泣红亭》的某些细节描绘[①]中可找到证明尹湛纳希非常熟悉家乡说唱本子故事盛况的间接证据。而且从时间上判断，尹湛纳希着手创作《青史演义》并写至第十回恰是1867年，而《泣红亭》完稿于1877年，均值本子故事的兴盛繁荣期。甚至，从《青史演义》个别章回中所采用的说唱押韵的形式我们很难说其与家乡艺人讲唱本子故事的形式风格不无关系。自然，这只是问题的微观方面。而从宏观关系而言，必然涉及到蒙古民族悠久的口传文学史诗传统的恒久魅力和强大生命力问题及近代作家尹湛纳希的文化传承的问题。而这也正是本文要解决的重要问题。篇幅所限，不予展述。至于，《青史演义》与《五传》等故事本子之间的区别问题，本文认为，二者在文化视角、创作出发点及在蒙古文学发展史上的地位和功能上均存在不同。《五传》等故事本子新作属于蒙古文人模仿汉文小说译本所创作的中原故事。从小说的时间、地点、人物三大要素而言，并非根植于蒙古本土的蒙古人自己的现实生活和所思所想。从文化视角而言，是属于外观于“他”的仿作故事。而《青史演义》是植根于蒙古民族深厚的历史文化传统，以蒙古民族的过去、现在为题材，融入作者个人及其生活时代现实诉求的创作作品。从文化视角而言，是属于内视于“我”的原创作品。在近代蒙古文学的发展史上，故事本子新作具有蒙汉两种文化交流初期的过渡性地位，而《青史演义》是宣告小说文体成熟独立的标志性作品。我们用影响理论解析近代蒙古族的书面文学，可清晰地梳理出从译作到仿作再到创作的三个较为完整的发展环节。从模仿汉文小说译本到创作中原故事的发展过程中，本子故事的兴盛环节恰恰完成的是从翻译汉文

---

① 尹湛纳希（清）著：《泣红亭》，呼和浩特，内蒙古人民出版社，2009年版，第178页。

小说向创作以本民族现实生活为题材的独立小说过渡的重要中介任务，其在蒙古文学史上的理论意义和现实贡献实不可没。当然，文化发展传承的延续性不容许我们在这些文学作品之间划出决然的分界线，只能说文学、文化的发展也是后浪推前浪的不断进取中在每一个阶段、每一个时期的至高点上成就了各自的辉煌。

本子故事的创作，不仅很好地注解了近代蒙古书面文学与民间口传文学之间的亲缘关系，也体现出蒙古文学对汉文学的吸收和改造能力。创作者们的创作态度以蒙古族固有审美情趣为宗，不仅迎合了当时对内地历史文化有兴趣而缺乏深层沟通的蒙古族读者的实际欣赏水平，更是衬托出创作者在多元文化交融的环境中注重民族文化主体性的思维定式和创作能动性。而这一点在土默特右旗另一位与尹湛纳希齐名的治学大家哈斯宝的文学评论和翻译活动中表现得淋漓尽致。有关这个人的生平及与尹湛纳希之间的忘年交情，扎拉嘎先生在其力作《尹湛纳希评传》中已做过推论。哈斯宝先后翻译或改译了《今古奇观》、《唐宫逸史》、《唐宫逸史补》、《镇抚事宜》等汉文作品。但其最重要的业绩在于十九世纪中叶隆重推出的代表作《新译红楼梦》。在这本四十回的《红楼梦》节译本中，哈斯宝用回后批语以及《序》、《读法》、《总录》等形式记录了自己独到的文化见解，昭显当时受内地思想文化影响的蒙古族文化精英们的思想新追求和审美新趣味的清晰轨迹，为蒙古族文学文艺评论做出了巨大贡献。更重要的是，哈斯宝以对本民族传统文化的炙热情怀和坚定信心为基础，大胆借鉴汉民族的先进文化思想以促进本民族文化的发展，为后辈学人灌输了以民族文化为本、为宗的学术原则和文化信念。即使面对汉文小说经典巨著的《红楼梦》及其作者最伟大的文学家曹雪芹，哈斯宝也用铿锵有力的语句宣告了自己强大的文化信念："我就是这样解说，这样批评的。如果作者原意如此，我便是作者后世的知音。如果作者原意实非如此，则摘译者是我，加批者是我，此书便是我的另一部《红楼梦》。未经我加批的全文则是作者自己的《红楼梦》。”[①]哈斯宝等一批学者的这种面对“他者”的异族文化勇于拿过来为我所用的开明精神在后继者们的思想意识上打下了深刻的烙印，成为近代蒙古文学发展的推动力，激活了尹湛纳希民族文化的主体意识，并付诸实践，贯穿其文学生涯的始终。就以《青史演义》为例，尹湛纳希始终贯穿以蒙古史传传统为根基，积极借鉴汉族文学、文化成果为我所用的创作理念，的确是以前人的教谕为鉴，予以后天积极实践的结果，也是在多元文化氛围中生存生活的漠南蒙古族文化心理的真实写照。

毫无疑问，多元的文化氛围以及蒙汉兼通的知识结构开阔了尹湛纳希等一批蒙古族优秀知识分子的文化视野，使他们在两种文化的碰撞、交融中磨练出开明、客观的文化心态。他们正视内地思想文化的积极影响，并在自己的文学实践中积极吸收汉族文学的思想营养和创作经验。漠南蒙古文化精英们这种学习他人以自强的独特的文化现象，实质上是民族文化发展所必需的文化反省意识的具体表现。同时，对民族文学的发展而言，漠南蒙古地区文学接受群体的审美期待和接受屏幕也对文体的转化和文学体系的完善产生了促进作用。汉族作家文学作品尤其是历史小说的大量流入，对漠南蒙古地区的接受群体和创作群体都产生了很大的影响。就以受众基础而言，漠南蒙古普通读者（听众）已对历史小说、言情小说都有了先结构式的了解。而对文人学者来说，汉文小说无疑给这些具备文学创作能力的群体提供了体裁样式、观念手法各方面的成熟范例，为他们能够创作新作品提供了很好的参照系，为他们表现新事

① 扎拉嘎著：《比较文学：文学平行本质的比较研究——清代蒙汉文学关系论稿》，呼和浩特，内蒙古教育出版社，2002年版，第263页。

物、传播新思想、塑造新形象做好了良好的铺垫。

二

从生活的家庭背景看，尹湛纳希之所以成长为近代著名的文学家和思想家，离不开忠信府这个在近代蒙古族文学发展史上占有重要地位的启蒙学校对他的培养和熏陶。尹湛纳希博学多能的父亲旺钦巴拉不仅为儿孙积攒了终身受用的大量蒙汉藏满文史料书籍，更重要的是他在公务之余，从道光二十年开始着手创作《青史演义》至前八回，在某种意义上为尹湛纳希后来的人生规划打下了基础，指明了方向。[①]尹湛纳希文化气息非常浓郁的家庭中，长兄古拉兰萨、五兄贡纳楚克和六兄嵩威丹忠都是蒙古族近代文学史上的著名诗人。他们凭借深厚的汉学造诣，融合蒙古族传统诗歌与汉族律诗的创作方法，独创了在蒙古文学史上自成一派的蒙古文律诗新体裁，为蒙汉两个民族的文化交流做出了卓越贡献。更值得一书的是，他们的作品不仅题材广泛，而且在思想内涵上以强烈的现实批判性，揭开了蒙古族文学近代篇的序幕。他们传诵至今的大量诗稿中，有《祝灭寇班师还》等反抗外强入侵的爱国主义诗篇；有以宣泄个人抑郁不得志的寂寞情怀以及无奈于社会现实无法施展抱负的郁闷心情为题的诗篇；也有通过对个性压抑的控诉来揭露封建制度扼杀人性本质的诗篇。丰富深邃的文化修为和造诣不仅培养了他们一颗对美好事物敏感的心，更是练就了他们辨别美和丑的锐利眼光。尹湛纳希的五兄贡纳楚克深陷封建家庭利益矛盾的漩涡，饱受肉体和精神双重折磨。一首首注满泪血的诗文是来自他灵魂深处的挣扎和呐喊，是对封建社会扼杀人性的

---

① 尹湛纳希在《青史演义·纲要之二》中写到：我的先父，王爷的协理旺钦巴拉执笔撰写《大元盛世青史演义》，刚刚写了八章共四册，道光二十年英寇入侵，先父奉命带兵守边，所著青史因而搁置。

最有力的控诉。这对经常在一起谈古论今，在思想上多有共鸣的尹湛纳希带来剧烈的触动，更使他彻骨地感悟到封建制度掩盖下的婚姻、家庭的扭曲和变态。长兄古拉兰萨，作为从旺钦巴拉到尹湛纳希之间的过渡性人物，对腐朽事物的厌恶以及对现实的敏感，与父辈相比要强烈得多，对耳濡目染的尹湛纳希产生的影响更大。古拉兰萨经历三个春秋专心翻译那赞颂梁山好汉"大碗喝酒，大块吃肉，天不怕，地不怕，敢把皇帝拉下马"的《水浒传》[①]，并赋诗作文品评其中的"忠"与"奸"，可从侧面衬托出他对现实社会与现行政治的不满甚至质疑的内心纠结。但与当时逃避现实以浮躁诗文麻痹自己的庸俗书生不同，古拉兰萨具有强烈的批判意识，以正直的心态直面社会现实的黑暗面，尤其对当时蒙古贵族之腐朽和宗教上层之黑暗表示强烈的不满，并不断用诗文予以讽刺和揭露。如，一首题为《魑魅魍魉》的诗文中，诗人冷眼观看一群上层贵族那颜福晋以及喇嘛和尚们在求雨场所的百般丑态，厌恶至极，不仅揭露"蒙蔽全蒙古的喇嘛们迷恋姑娘媳妇，管理百姓的诺颜王爷沉溺歌海舞场"的社会现实，更是痛骂他们是"丑相恶鬼"、"粉面魔妖"，在众目睽睽之下"脂粉丑类相聚一处""学粪蛆在烈日下造孽难言"。

可鉴，步入成年的尹湛纳希倾力讴歌英雄伟业，赞美美好事物，爱憎分明的笔锋直指蒙古民族的生存危机，用记录自己心路历程的现实主义作品批判和揭露封建主义思想专制与长兄古拉兰萨的思想境界是不无联系的。

自十七岁始，尹湛纳希为婚姻大事频繁前往喀喇沁王府。喀喇沁王色伯克多尔济是亲王品级的多罗杜棱郡王，掌管京师屏藩卓索图盟，倍受清廷的器重和恩宠。这位炙手可热的贵族

---

① 参见古拉兰萨诗：《译水浒》，引自荣苏和、赵永铣等编著：《蒙古文学史》第三卷，呼和浩特，内蒙古人民出版社，2000年版，第54页。

王爷尽管看中四等台吉尹湛纳希出众的天赋和才华，但出于家世利益考虑，迟迟对这桩门第悬殊的婚姻不下定论。而自视清高的尹湛纳希之所以接受并认真对待这门明显具有屈辱性质的婚姻也有其私心图谋。其一，家族的现实利益使然。自旺钦巴拉和古拉兰萨去世之后，忠信府难掩其衰颓趋势。挽救家族衰败命运的最现实途径甚至是唯一的救命稻草就是尹湛纳希与色伯克多尔济女儿之间的婚姻。可见，寄托着过多期望的这桩为婚姻而恋爱的悲剧是由尹湛纳希的家长们拉开序幕的。其二，个人的远大抱负使然。仍然恪守父兄志向的尹湛纳希自己也想在仕途上施展才干，为心中的理想政治作一番努力。而他区区一个四等台吉出身以及家中最小儿子的辈分要想凭着才干在当时的社会闯出一条出路比登天还难。若想实现自己在仕途上大显身手的远大抱负，只有凭借色伯克多尔济的势力，借力打力以达目的一条路可走。但是，色伯克多尔济女儿的过早病逝彻底打碎了尹湛纳希重新兴旺家族的美好使命和实现自己政治抱负的仕途幻梦。于是，1862年起，尹湛纳希依据亲历的婚姻变故和切身的情感体验，开始尝试创作言情小说。传诵至今的《红云泪》、《一层楼》及其续篇《泣红亭》等思想价值颇高的长篇小说虽然在形式上模仿了内地才子佳人小说，但是，在内容上则取材于忠信府的往事，深深植根于作者所熟悉的漠南蒙古社会生活。这些小说遵循生活的本来面貌，通过描述一群追求个性解放的年轻人与封建家长之间不可调和的矛盾冲突，表达他们在封建专制制度的压抑甚至压迫下所遭受的人性苦难，大胆批判了封建婚姻制度违反人性的反动本质。众所周知，一部文学作品超越个人的痛苦和忧患来表现时代和普遍的痛苦和忧患时才具震撼人心的爆发力。正如别林斯基所言：“任何一个诗人也不能由于他自己和靠描写他自己而显得伟大，不论是描写他本身的痛苦或者描写他本身的幸福，任何伟大诗人之所以伟大是因为他们的痛苦和幸福的根子深深地伸进了社会和历史的土壤里，因为他是社会、时代、人类的器官和代表。”

要说家族命运、自身遭遇是拨动尹湛纳希灵魂深处敏感神经的诱因，那么在喀喇沁王府近距离观察到的那些蒙古上层贵族们靠祖先的阴德苟延残喘的病容丑态是激发其思想的火花，提升其人生境界的动因。这些手握生杀大权的王公贵族无所事事，整日除了宴饮作乐很少关心外面的事情，毫无进取精神可言。物质生活的富有丰足和精神生活的极度空虚使他们日益麻木不仁，腐朽没落。随着时代的发展，蒙古民族以浑身的蛮力和奔跑的骏马来征服世界的冷兵器时代已一去不复返。蒙古民族的文化振兴急需寻找新的契机，呼唤新的价值观念。但是，清廷在蒙古地区不仅推行蒙汉隔离政策，防止蒙古族接受内地先进文化，并大力倡导黄教，用各种方式阻碍文化教育的发展，以蒙昧蒙古民族。以至，当时的蒙古地区，仍以畋猎骑射为传统，轻视文化教育。黄教弥漫，更使蒙古民族完全丧失积极向上的奋斗精神。在这样的社会、政治背景下，漠南蒙古地区，在文化心理上泛出民族虚无主义的严重倾向。蒙古民族过去的辉煌与当下清朝统治下蒙古民族日渐衰落的社会现实之间的巨大反差，不得不促使尹湛纳希开始思考跻身于多民族的国家，置身在多种文化碰撞交流的激流险滩中的蒙古民族的未来问题，并急于用文笔去表达振奋民族文化精神的紧迫感和使命感。

当现实迫切需要一种新的审美理想时，人们往往从民族历史的过去辉煌中寻求寄托，从民族历史上值得骄傲的，并为现世所能接受的事迹中寻求慰藉。尹湛纳希也不例外。忠信府是蒙古族伟大民族英雄成吉思汗的嫡系后裔。这个家族的祖先自伟大的成吉思汗起，涌现出元世祖忽必烈、达延汗巴图孟克、俺答汗等撼动中国历史和蒙古族历史前进方向的重要人物。祖先的丰功伟绩是尹湛纳希一生中最引以为自豪的精神财富。尤其是，成吉思汗勇往直前的进取精神和统一蒙古高原的伟大壮举是激励他为民族做一番贡献的精神动力。而毕生的学养必然促使他深刻认识到成吉思汗英名对重构当下蒙古民族的文化精神，增强民族内部的凝聚力和反对清朝统治者民族歧视政策所潜藏的巨大影响力。至此，经过生活的磨练和传统文化的洗礼，尹湛纳希找到了实现自己人生价值的最佳途径——立志投身于著书立说，为民族英雄成吉思汗讴歌立传。无疑，追忆民族历史，放眼民族命运，记录蒙古民族近代化的进程，对尹湛纳希而言，真可谓“天时、地利、人和”均已具备，创作《青史演义》时机已成熟。

第二章　蒙古史传文学传统述略
（十三世纪——十八世纪）

第一节　蒙古族史传文学的创始篇——《蒙古秘史》

蒙古族作为古老的游牧民族，有着悠久的口承文化传统。早在公元七世纪时，蒙古人依然详细记忆并口口相传着蒙古部落祖先阿阑豁阿及其后裔诸部的奋斗业绩。这一点在十四世纪的波斯史学家拉施特的名著《史集》中得到了确证：“有许多支系和部落是阿阑豁阿的后裔。……所有［这些部落］全部有清晰的谱系树，因为蒙古人有保存祖先的系谱，教导出生的每一个孩子［知道］系谱的习惯。这样他们将有关系谱的话语做成氏族的财产。因此，他们中间没有人不知道自己的部落和起源。”[①]自然，蒙古民族口承文化传统的历史功能并不局限于传诵族谱这一项。从文学发展史的角度回顾，十三世纪之前仍未掌握书写文字的蒙古人已经拥有了非常雄厚的民间文学的积淀。他们创作、传诵的神话传说、英雄史诗、萨满教祭词咒

① 拉施特（波斯）编著，余大钧、周建奇译：《史集》第一卷第二分册，北京，商务印书馆，1983年版，第11页。

语、赞歌祝词、民间歌谣等种类繁多的文学形式均以无形的精神符码形象鲜活地记录了蒙古民族迈向文明的每一步历史足迹。踏入十三世纪门槛的蒙古人作为朔漠草原雄起的一股政治力量不仅开始主宰自己的历史命运，更是迫切地运用新创文字来记载和保存自己的文化命脉。他们发达的民间文学深厚的文化底蕴和丰富的艺术滋养早已为书面文学的诞生备足了水到渠成的天然条件。

众所周知，十二至十三世纪，以成吉思汗黄金家族为代表的游牧贵族阶级顺应历史的发展潮流，响应北方生灵的和平祈愿，终于结束了蒙古高原数百年的动荡战乱和部落纷争，以统一的蒙古汗国、独立的主体民族，登上了当时中国风生水起的政治舞台。显然，要想真实、形象地记述和品评这一时期蒙古高原正在经历的具有划时代意义的社会历史重大变迁，沿用过去简要的族谱记事、几段抒情的赞词颂歌以及古朴的神话传说和浪漫的英雄史诗是不能胜任的。时代急需一种新的叙事文体来鲜活地记录蒙古高原正在上演的一幕幕争权夺利的政治活剧、轮番上场的性格各异的众多历史人物以及跌宕起伏的战事历程以真实地传承给下一代。

1204年，勤于民族统一大业的成吉思汗命令刚刚降服的乃蛮人塔塔统阿“教太子诸王以畏兀字书国言”。至此，回鹘式蒙古文的创制为万事俱备的蒙古书面文学的诞生吹来了最急需的东风。很快，政事趋稳的蒙古民族在1240年收获了书面文学灿烂的果实——蒙古文学史上的第一部史传巨著《蒙古秘史》。尽管世人至今未曾谋面这部文史奇葩的原始版本，而仅仅依托明人火原洁、马沙亦黑在《永乐大典》中用汉字音写蒙古语的功劳得以传阅，但是，鉴于1240年之前的蒙古人使用的唯一文字是畏兀蒙古文之客观现实，笔者坚信被黄金家族珍视为“祖传家训”、“事关外禁”的“宫廷秘籍”——《蒙古秘史》最早的原始母本理应用古畏兀蒙古文撰写而成。

蒙古民族在其精力最旺盛、元气最充沛的时代，把内蕴的精力和元气转化为文字书写的《蒙古秘史》以人物传奇和民族崛起为宗旨，集社会变迁史、文化风俗史、宗教信仰史和审美精神史于一体，详细记述了蒙古人起源、发生、创世的艰难历程，为后世蒙古人提供了创世纪式的回忆、想象和纪录。全书内容主要记载了成吉思汗历代祖先的事迹和家谱档册，涵盖了当时政治、军事、经济、文化、教育、医疗等社会全貌。通篇共计12章282节，由以下三部分内容构成：一是成吉思汗先祖的谱系；二是成吉思汗本人一生的活动历史；三是窝阔台汗的活动历史。从文体而论，《蒙古秘史》基本以叙事为主，辅之以类型各异的抒情诗和叙事诗，是一部散韵相间，叙事与抒情并茂的史传文体巨著。因本文拟专章论述蒙古史传文学散韵结合的独特叙事风格之故，在此暂不详述其艺术功能。

蒙古民族和中华民族其他成员一样，在漫长的文化发展征途中也经历过一段文史不分的历史时期。因此，蒙古人的第一部书面作品《蒙古秘史》必然肩负着历史和文学双重的使命，完成了历史和文学共同的叙事重任。

从历史的角度看，《蒙古秘史》是开创蒙古史学的伟大作品。全书自始至终贯穿着历史的实录精神。尤其是，对统治者的描写评价，不隐恶、不溢美，始终保持着情感的客观性，真实地记录所有功过是非。即使是笔锋面对开创祚业的元勋，蒙古汗国最高的统治者成吉思汗之时，《蒙古秘史》也没有隐讳他的过错，甚至罪过。譬如，铁木真年少时，因挣抢小鱼、小鸟，用箭射死了自己的同父异母的兄弟别克帖儿，受到诃额伦母亲严厉的谴责；铁木真成年后，受帖卜腾格里的挑拨离间，误信自己的兄弟合撒儿要和他争罕位，连夜拿合撒儿问罪，幸亏诃额伦母亲及时赶到，怒斥其莽撞，又一幕骨肉相残的悲剧才得以避免。但是，铁木真仍暗地里背着母亲把合撒儿属下的百姓夺去大半，致使母亲“心内忧闷”，很快衰老了。即使是针对成吉思汗指定的罕位继承人，也很可能是编撰这部史籍的倡议者，执政当权的窝阔台合罕，《蒙古秘史》仍如实记载了他的功过自评：

“自我坐父亲大位之后，添了四件勾当：一件平了金国；一件立了站赤；一件无水处教穿了井；一件各城池内立探马赤镇守了。差了四件：一件既嗣大位，沉湎于酒；一件听信妇人言语，取斡赤斤叔叔百姓的女子；一件将有忠义的朵豁勒忽因私恨阴害了；一件将天生的野兽，恐走入兄弟之国，筑围墙拦住，致有怨言。”[①]并以此“四事”、“四过”为全书的结束语，奏响了史学实录精神的最强音。

正是鉴于《蒙古秘史》惊人的实录，黄金家族曾明文规定“实录，法不传外，则事迹亦不当示人。”把这部奇书做为黄金家族世代帝王“垂戒作鉴”的宫廷秘籍束之高阁，深藏不传。

《蒙古秘史》不仅是蒙古黄金家族的记事实录，也是蒙古文学史上传记作品的开山之作。从成吉思汗的远祖孛儿帖赤那携妻子豁埃马阑迁居不而罕合勒敦，生子巴塔赤罕开始，一直记述到成吉思汗归天，三子窝阔台继位称帝，对蒙古民族勃兴初期的重大事件，《蒙古秘史》都做了真实的记载。但是，综观全书，其主要结构框架是十二至十三世纪，蒙古民族共同体的缔造者，一代天骄成吉思汗率领蒙古部落，历经万苦，统一蒙古高原上“有毡帐的部众”，建立封建汗国的历史过程。共分十二卷的《蒙古秘史》从卷一第五十九节开始，直到卷十二的第二百六十八节，以绝对多的篇幅，重点记述了成吉思汗从诞生到逝世，叱咤风云的一生。可以说，《蒙古秘史》的主体部分就是一部为成吉思汗歌功颂德的个人传记。这一点我们也从《蒙古秘史》叙述有关窝阔台在位时期重大事件的简单扼要

---

① 额尔登泰、乌云达赉校勘：《蒙古秘史》，呼和浩特，内蒙古人民出版社，1980年版，第1055页。

的处理方式中得到佐证。蒙古国著名历史学家沙·比拉先生敏锐地从《蒙古秘史》的字里行间以及窝阔台努力遵循父亲遗训行事的细节中觉出端倪：《纽察·脱卜察安》当是一部记载乃父历史的史籍，至于儿子，则其历史仅限于表现乃父遗训的忠贞不贰；无论儿子有何建树，总归是在完成乃父的遗训，在实现乃父的“伟大业绩”而已[①]。

从文学的角度看，《蒙古秘史》是一部与汉族的《史记》、《左传》和《战国策》相媲美的史传文学巨著。正如俄国著名蒙古学家鲍·雅·符拉基米尔佐夫所说：“决不能把它看作是纯粹的史诗，也不应把它当作专门的叙事诗来对待……《秘史》的特征并不在于它是一部‘英雄史诗作品’，而在于它是一部浸透着叙事诗风格，充满着‘草原气息’的编年史。”“如果可以说在中世纪没有一个民族像蒙古人那样吸引史学家们的注意，那么也应该指出没有一个游牧民族保留下像《秘史》那样形象地详尽地刻画出现实生活的纪念作品。”[②]

《蒙古秘史》慑人的艺术魅力集中体现在形象性和抒情性两个方面。《蒙古秘史》的叙事部分详略均匀，古朴典雅。尤其人物对话生动传神，富于性格化。尤其在矛盾冲突的白热化或事态发展的高峰，作者的情感喷涌而出，任由性情自然发泄的叙事魅力传达给读者的震撼力非同一般。仅举一例为证：卷二第76至78节记述了铁木真、合撒儿二人联手射杀同胞兄弟别克帖儿的残忍事件。我们从得知这般不幸噩耗的诃额仑母亲怒不可遏，捶胸顿足斥责二子的细节中足可领略《蒙古秘史》抒情手法的无穷魅力：

铁木真、合撒儿回到家里。他母亲诃额仑见他两个孩儿的

① 沙·毕拉（蒙古）著陈宏法译：《蒙古史学史：十三世纪—十七世纪》，呼和浩特，内蒙古教育出版社，1988年版，第57页。

② 鲍·雅·符拉基米尔佐夫（俄）著：《蒙古社会制度史》，北京，中国社会科学出版社，1980年版，第15—16页。

颜色，心里觉了，呵斥道：

“祸害！
你冲出我的热肚皮出生时，
手里就握着一块黑血！
你活像咬断自己肋骨的凶狗一般，
向冲击山岩的猛兽一般，
像生吞活噬的蟒蛇一般，
像搏击身影的海青一般，
像怒不可遏的雄狮一般，
像噤声吞食的狗鱼一般，
像咬断驼羔后腿的公驼一般，
像暴风雨中窥视的野狼一般，
像把雏儿赶出巢穴吃掉的鸳鸯一般，
像返身护巢的豺狼一般，
像捕食的猛虎猎豹一般，
像胡冲乱撞的野兽一般，
你们……”①

这一连串一气呵成的排比句，将一位母亲震惊于儿子们所犯下的罪孽，怒火攻心，愤不欲生的情和景表现得淋漓尽致，给人以超强的情感冲击。

《蒙古秘史》的作者以形象、抒情的文学手法塑造了一个个鲜明生活的人物形象，为后世传为典范。譬如，成吉思汗在纳忽山消灭了自恃强大，目空一切的乃蛮部。对这一场具有重要历史意义的战役，在《元史》、拉施特《史集》、《多桑蒙古史》等各种有关蒙古历史的著作中都做了记载。但在记述手法上却采取了典型的正面记述事件的历史手法。在《元史》中写

① 巴雅尔标音：《蒙古秘史》卷二，呼和浩特，内蒙古人民出版社，1980年版，第150—156页。

到："是日，帝与乃蛮军大战至晡，禽杀太阳罕。诸部军一时皆溃，夜走绝险，坠崖死者不可胜计。"[①]唯有《蒙古秘史》用文学的手法，突出描写交战前乃蛮联军札木哈与乃蛮太阳罕的对话，用史诗般夸张的语言间接塑造了坚定的成吉思汗、勇力非凡的合撒儿、凶猛的四员大将以及胆小懦弱、胸无定见的太阳罕等鲜明的人物形象。转录一段感染力极强的原文权当上述论断之佐证：

当时札木哈正与乃蛮联合起兵，一同来到那里。太阳罕问札木哈说："他们怎么像狼追羊群一般一直追赶前来呢？那样追赶前来的是什么人？"札木哈说："那是我的'安答'铁木真用人肉喂养、用铁索拴着的四只狗，那追赶我们哨兵前来的就是他们。那四只狗，

有青铜一般的额头，
有凿子一般的利嘴，
有铁石一般的心肠。
拿着环刀当鞭子，
吃着朝露充饥，
骑着疾风行走。
在厮杀的日子，
他们吃的是人肉，
在交战的日子，
拿人肉当行粮。

如今挣脱了捆绑的铁索，他们还不乘兴垂涎而来吗？若问那四狗是谁？两个是者别、忽必来，两个是者勒篾、速别额台，就是他们四个人。"

太阳罕说："离开那些下等人远点吧。"说着就往后撤退，

① 宋濂（明）等撰：《元史·太祖本纪》，北京，中华书局出版，1976年版，第13页。

登山立阵。……

太阳罕问札木哈说："在他们的后边，那如贪食的饿鹰一般垂着流涎，张开尖嘴冲上前来的是谁?"札木哈说："那就是我的帖木真'安答'。

他的全身用生铜炼成，
就是用铁锥去扎，
也找不出空隙；
他的全身用精铁锻成，
就是用钢针去刺，
也找不出狭缝。

您看他像饿鹰一般垂着涎前来吗？这就是因为您曾说过，'乃蛮的战士如果看见蒙古人，连山羊羔的蹄皮也不许剩下'的缘故啊。您看着吧。"太阳罕说："好可怕！上山立住阵脚吧!"说着就上山立下了阵。

太阳罕又问札木哈说："那从后边气势凶猛前来的是谁?"札木哈说："诃额仑母亲把她的一个儿子用人肉养大：

身长足有三庹，
能吃三岁小牛；
身穿三层铠甲，
能拽三只犍牛。
把到弓箭的人整个咽下，
也噎不住他的喉咙；
把活着的人整个吞下，
也解不了他的饥饿。
发怒弯弓，
他射出的叉箭，
能翻过远山，
把十个人、二十个人一起射穿；
发怒张弓，

他射出的飞箭，

能越过旷野，

把搏斗的战士一贯射穿。

大拽弓能射九百庹，

小拽弓能射五百庹。

他就是与众不同、生如巨蟒的术赤合撒儿。”于是太阳罕说：“若是那样，就赶紧往高山上爬吧。”说罢，就又登山立阵……。[①]

《蒙古秘史》的作者尤其善用细节塑造形象。其卷四第140节记述了成吉思汗命别勒古台和不里孛阔角力，致死不里孛阔的紧张场面。不里孛阔是成吉思汗的叔伯叔父。他在成吉思汗家族和另一同宗的主儿勤家族的矛盾中站在主儿勤家族一边，再加之他是全国最负盛名的力士。所以成吉思汗兄弟欲利用角力比赛除掉他。当不里孛阔故意倒下时，作者写到：“别勒古台压不住他，就抓住他肩膀，骑上他的臀部。”这一细节说明，不里孛阔做龟背俯状，只是为了防御，根本不打算进攻。作者紧接着写到：“别勒古台回头看成吉思汗。可汗咬了咬自己的下嘴唇。别勒古台明白可汗的意思。”在成吉思汗的示意下，别勒古台“就骑在他身上，从两边交错地扼住他的颈项，向后扯，用膝盖按住，折断了他的脊骨。”这些细节说明，别勒古台是故意致死人命，且方式残忍。不里孛阔临死说的话，又起到了画龙点睛的妙用：“‘我本是不会被别勒古台所胜的！因为怕可汗，故意倒下，我在犹豫之间，丧了性命！’说完就死了。”最后作者又写了一句：“别勒古台把他的脊骨折断，拖了一下撇下走了。”作者不留痕迹描写的这些细节，不仅塑造了政治斗争中成吉思汗兄弟的凶残冷酷形象，更是在审

---

① 巴雅尔标音：《蒙古秘史》，卷七，呼和浩特，内蒙古人民出版社，1980年出版，第824—851页。

美效果上带给人以静制动，在平静中见波澜的强大震撼力。

《蒙古秘史》的作者不仅用形象性来表达自己的思想倾向，还善于用抒情的篇章塑造形象。当也速该被害，余下的孤儿寡母又倍受同宗泰亦赤兀惕种欺凌的情况下，《蒙古秘史》的作者并没有正面描述诃额仑母子有多艰难。而是用抒情性的韵文塑造了年轻的诃额仑夫人不畏艰苦，顽强生存，对未来充满希望的坚强母亲形象。引述《蒙古秘史》卷二第74节的内容为例：

诃额仑夫人生来是贤能的夫人，
养育她幼小的儿子们，
端正地戴上固古冠，
沿着斡难河上下奔走，
拣些杜梨山丁日夜糊口。
诃额仑夫人生来是有胆识的夫人，
养育她有福分的子儿们，
拿着杉木橛子，
沿着斡难河上下奔走，
剜红蒿野葱养育子嗣。①

就连成吉思汗的婚姻大事也受惠于韵文抒情的感人魅力。《蒙古秘史》第一卷第64节记述父亲也速该带着九岁的儿子铁木真前往斡勒忽纳兀惕部提亲，途中遭遇后来成为铁木真岳丈的翁吉剌部德薛禅。一眼相中“眼睛明亮，面上发光”的少年铁木真的德薛禅为了留住也速该急切表白了自己部落的优越感：

我们翁吉剌惕人自古就是
外甥们相貌堂堂，

---

① 巴雅尔标音：《蒙古秘史》卷二，呼和浩特，内蒙古人民出版社，1980年版，第131—134页。

女儿们姿色娇丽，
不与别人争国土。
让脸颊漂亮的姑娘，
坐在大轱辘车上，
驾着黑色的骆驼，
一颠一颠地跑到，
合罕你们的面前，
作为伴驾的合顿，
和合罕坐在一起。
我们不与别人争百姓，
让姿容秀美的姑娘，
坐在有座的车上，
驾着青色的骆驼，
一晃一晃地跑到，
至尊高位的身旁，
作为亲密的伴侣，
和合罕坐在一起。
我们翁吉剌惕人自古就是
妇人们都有围屏，
女儿们都有侍者，
外甥们相貌堂堂，
女儿们姿色娇丽。①

这段情景交融，立体呈现12世纪朔漠蒙古人婚俗中相亲、求婚、许婚、定亲全套流程的记述更令人叫绝之处在于见面伊始即求成心切的德薛禅出口成章，用一段如歌如诗般的韵文表白说动了原本“无心插柳”的也速该甘愿提亲并托付爱子，足

① 荣苏和、赵永铣等编著：《蒙古文学史》第一卷，呼和浩特，内蒙古人民出版社，2000年版，第196–197页。

以见证韵文艺术以情塑人、以情感人的高效率。

通观《蒙古秘史》全文，我们发现这些散发着浓郁民间文学气息的韵文与散文内容珠联璧合，不仅在艺术功能上增强了全书的可读性和欣赏性，且在文学理论层面上透漏出更丰富的文化信息。众所周知，《蒙古秘史》如今已发展成为一门独立的学科，从文学艺术、历史文献等个个角度研究的学术成果至今已是汗牛充栋，浩如烟海。这里，我们仅鉴于本文的论述需要突出阐明《蒙古秘史》以下三点要义。

其一，拥有雄厚的现实基础和历史基础的民间文学胎育了《蒙古秘史》的诞生，并在叙事风格上赋予这部十三世纪蒙古书面文学的标志性作品以鲜明的民族特色。

早在结绳记事时期，民间文学可谓是古代蒙古人唯一的文学形式。延至十三世纪之时，韵文如祝赞词、训谕诗、民歌，散文如神话、传说、史诗、故事等民间文学诸多基本文体已趋完备，且在俗如民间迎来送往、雅如部落间的政治外交等社会各领域均保持着高频的使用率。这一点在波斯史家拉施特的《史集》中得到佐证："在古代，蒙古人有用［口头形式］通过精彩的韵文和巧妙的比喻来传达大部分寄语的习惯。[①]"我们也从《蒙古秘史》所记载成吉思汗、汪罕等当时草原权贵之间的诸多口信中管窥见豹可见其一斑。这种被蒙古人称作"da'unbari'ulhu"（以声音相托）的口头寄语以其重要的内容和精妙的文采在书写文字未出现时期担负着文献史料的重任，并传承已久。据统计，《蒙古秘史》全书12卷三分之一为首音押韵的诗篇，每卷少则七篇，多则二十四篇，共计165篇韵文。这些保留至今的祝赞词、格言警句、训诫誓言、短歌民谣以及史诗性描写等民间文学内容说明，刚刚掌握书写文字，开始扮演

① 拉施特（波斯）著，余大钧、周建奇译：《史集》第一卷第二分册，北京，商务印书馆，1983年版，第117页。

史家角色的蒙古人绝无可能撇开生活基础如此深厚的民间文学而另辟蹊径开创新传统。正如美国学者威廉·A·哈维兰在《当代人类学》一书中指出的那样："人们从不借用全部可以得到的创新，他们要进行高度的选择，要让他们所选择的局限在适合他们文化的范围内。"《蒙古秘史》的作者用实践证明，民间文学与书面文学之间的培育关系并不是简单的移植和代替，不是民间文学多种文体的简单集合，而是对已往的口头文学体裁进行提炼，在选择、润色、调适的再创作过程中完成了从民间文学到书面文学的升华。

其二，从丰厚的游牧文化底蕴中孕育诞生的《蒙古秘史》以独特的记述题材和精神诉求开创了蒙古民族用文字构建历史知识体系的先河。

从表现题材而论，为成吉思汗"黄金家族"的杰出人物树碑立传为撰写初衷的《蒙古秘史》借助史与传有机结合的表述方式，为后世开创了通过一部家族史构建蒙古民族史的先河。

《蒙古秘史》开篇即从传说中的孛尔帖赤那开始梳理成吉思汗22世祖先们的建树功绩，再用绝对多的篇幅记述一代天骄成吉思汗的戎马一生，止笔于成吉思汗继任者当政的窝阔台汗颇为感慨的"四事""四过"上。可以说，整部《蒙古秘史》就是以成吉思汗一生为轴心，前述其祖先的奋斗境遇和经验教训，后记其继承者的成败得失和是非功过，全篇有机整合为一部统治家族完整的世系史。可以断言，为成吉思汗黄金家族树碑立传就是这部著作的书写初衷。如果说渡海而来的孛尔帖赤那和豁埃马阑勒夫妇还带着传说色彩而五箭训子的阿阑豁阿母亲仍带有半传说色彩的话，后述的孛端察儿、海都、屯必乃薛禅、俺巴孩、合不勒合罕、忽图剌合罕、把儿坛把阿秃儿、也速该巴阿秃儿、铁木真等人物的历史真实性却是毋容置疑的。正是在达成族谱书写初衷的过程中，真实的人物和事件逐渐取代了已往的传说和半传说，清晰的编年记事逐渐取代了模糊的口传记忆。而这一成就从文学理论层面而论是完成了民间口承文学向书面史传文学的转化，而从史学理论层面而论则是通过父系嫡传的血脉顺序、编年记事的时间顺序和天道授权的逻辑顺序完成了从家族谱系的延续性到民族历史传承性的升华，通过蒙古帝国统治家族的世系史奠定了整个蒙古史学史的基础。

从精神诉求而论，《蒙古秘史》以族群英雄为历史过程的载体，将历史进程与人的精神领域衔接，通过历史主体完整的精神风貌，彰显了人的思想、心理和性格在历史中的重要作用，为后世蒙古史学和文学铺垫了英雄主义历史观的基调。

众所周知，文、史不分原是人类各社会发展早期的共同现象。公元前1世纪，汉代司马迁以古代记事、编年史学为基础，以人物为核心，辅以时间和叙事，创立了集记事、记年和记人于一体，历史真实与文学典型相结合的史学新体裁——纪传体，为后世留下了辉煌壮丽的史传巨著《史记》。而处于十三世纪初年的蒙古人也同样经历了文史交融的史学初创时期。《蒙古秘史》的创作者们通过详实的记述事件、饱满的叙事情感和立体的人物形象来表现历史，为后世的蒙古人开创了史与文有机交融的史学传统。

尽管尚处于蒙古史学初创时期的《蒙古秘史》在体例的成熟度上很难与有本纪十二，列传七十，还有世家三十、表十、书八，共计一百三十篇，五十二万五千六百字，记载了从黄帝至汉武帝约三千年间史事的《史记》相比拟，但我们仍从生动瑰丽的文采、不隐不讳的实录史料及贯穿始终的历史主义态度上为这两部同属史传巨著的作品发出异曲同工之妙的感慨。精妙在于为蒙古帝国的缔造者树碑立传为重任的《蒙古秘史》和为“扶义俶傥，不令己失时，立功名于天下”者立传的《史记》都是从真实的历史实际出发，自觉地将历史人物置于严格的历史发展进程中进行叙述，通过形象生动的刻画以达到表现鲜活的人物历史、反映真实的事态过程的撰写目的。在中国历史上，《史记》一改已往以时间或事件为本位来记载人的历史活动的史著传统，首次以人为本位来记载历史，高度颂扬了作为主体的人在历史中的地位与作用。而如前所述，在蒙古民族史上，《蒙古秘史》一改已往民间口承文学以传说人物为本位灌输和传承文明薪火的文化传统，首次以"黄金家族"颇有建树的部落英雄、部落联盟首领为本位阐释和记述蒙古民族共同体形成的历史进程。但是，同样高扬人的主体作用的史学巨著，《史记》和《蒙古秘史》在创作者的精神诉求上却显示出迥然不同的风范。

《史记》是一部以道德评判为宗的充满伦理精神的著作。东汉史家班固曾指责司马迁为"是非颇谬于圣人：论大道则先黄老而后六经，序游侠则退处士而进奸雄，述货殖则崇势力而羞贫贱"。仅以《李斯列传》为例，司马迁对李斯辅助秦始皇统一六国的丰功伟绩及为一统秦国制定的一系列政策措施叙述得非常简略，而用大量的篇幅记述李斯热衷富贵，斤斤计较于个人得失的德行，把他狡诈自私的性格特征描绘得入木三分。在李斯的论赞中更是一针见血地揭露其"持爵禄之重，阿顺苟合，严威酷刑"的卑劣行径，称"人皆以斯极忠而被五刑死，察其本，乃与俗议异。"无怪乎，后世学者郭双成先生在《史记人物传记论稿》中说："司马迁在评价历史人物时，没有首先着眼于历史人物所采取的政治措施究竟是阻碍了还是推动了历史的发展，而是着眼于历史人物的性格和行为的缺陷与不足。由于过多地从历史人物个人道德品质方面来对历史人物所从事的事业做出论断，从而使司马迁在评价历史人物时陷入了片面性。"此话虽然有失偏激，但司马迁在创作过程中过分强调人的道德缺陷和行为过失，而相对地忽视了对他们历史作用的评价，在道德评价与历史评价的天秤上有失均衡却是显露无遗的。

《蒙古秘史》则是一部以颂扬功业为宗的充满英雄主义精

神的史著。撰修这部著作的史官们热衷于歌颂和宣扬成就大业的各代族群英雄，尤其以缔造蒙古帝国的成吉思汗为重，而疏于甚至不削于从道德层面上给这些草原政坛上呼风唤雨的能人强者做出对错善恶的主观评价。仅以成吉思汗最强劲的政治对手札木哈为例，《蒙古秘史》的创作者面对他最令人发指的残暴恶行也只是冷静客观的叙述其事实结果而避免做出主观道德的谴责。《蒙古秘史》卷四记载札木哈为报杀弟之仇聚集十三部三万大军与成吉思汗厮杀。待成吉思汗退守斡难河狭隘处后，札木哈得胜回军途中“将赤那思地面有的大王每，教七十锅都煮了，又砍断捏兀歹察合安的头，马尾上拖着去了。”至此，《蒙古秘史》的创作者未做任何道德评判和伦理谴责，平静地交代了这一恶行的直接后果是：“那里札木合回了后，兀鲁兀惕种的主儿扯歹与忙忽种的忽余勒答儿各引着他一族离了札木合太祖行来了。又晃豁坛种的蒙力克也引着他七个子来了。太祖因这些百姓来了，喜欢。着于斡难河边林里做筵席。”[①]显然，这场在蒙古族历史上著名的十三翼战役是以手握强势的札木哈残害宗族，落得众叛亲离的可悲下场和退居守势的成吉思汗广纳人心，得以壮大势力的虽败犹荣的结果告终的。《蒙古秘史》的创作者们就是以这般令人致敬的纯历史主义态度，通过冷静得近似冷酷的叙述以及鲜明的事实对照为后世留传了尽可能准确、客观的当时历史风貌。马克思曾经指出：“个人既然是国家职能和权力的承担者，那就应该按照他们的社会特质，而不应该按照他们的私人特质来考察他们。”虽然，十三世纪的草原历史家们的认识未必如此透彻，但是，他们刻制主观的道德评价并不意味着没有主观精神诉求。综观《蒙古秘史》全篇，我们对其创作者们在记述和刻画成吉思汗

① 额尔登泰乌云达赉校勘：《蒙古秘史》，呼和浩特，内蒙古人民出版社，1980年版，第964页。

及其黄金家族的政治对手方面吝啬笔墨的程度感到震惊。当时在朔漠草原的政坛上陪伴成吉思汗雄起的还有如王罕、札木哈等诸多历史人物。在历史逻辑上不愧为草原枭雄的这些政治人物在《蒙古秘史》中并未得到相应的记述和刻画。创作者们刻意突出成吉思汗一系的偏向性努力使得其他重要历史人物仅以填充事件参与者空缺的陪衬角色出现而几乎失去了作为竞争对手的一代霸主风采。这一现象，在表层意义上我们可从《蒙古秘史》作为黄金家族族谱的局限性加以解释，但从深层含意而论是因为这些旧势力的代表者们并未达到《蒙古秘史》撰写者所要歌颂的英雄标准。

《蒙古秘史》诞生之前，北方民族以海量盛产的英雄神话传说和中短篇幅不等的英雄史诗为游牧社会营造了浓烈的英雄崇拜情怀。而北方民族特有的这种情怀是从最初的反抗自然、战胜自然的“元宇宙英雄”崇拜逐渐向改善生活、推动社会进步的“文化英雄”崇拜递进，在思想的螺旋上升过程中形成集体的文化意识，积淀成为游牧民族传统文化的基本精神。在这种底蕴深厚的传统文化中强盛起来的蒙古人在十二世纪登上历史舞台开始左右朔漠草原的政治命运之时，亲身经历这场历史性大转折的草原历史学家们所面临的首要任务就是在此起彼伏的众多风云人物中准确选择推动这场社会大变革的政治英雄们，并通过他们的伟大事迹去探求蒙古社会的普遍价值和发展规律。因此，以封建主义的确立和蒙古帝国的建立为创作背景的《蒙古秘史》首要选择和歌颂的英雄是帝国的缔造者成吉思汗以及以成吉思汗为基准前溯后继选出来的“黄金家族”其他的杰出人物。《蒙古秘史》的佚名作者们倾注饱满的情感来细述这些部落首领或部落联盟首领们过人的本领、出众的智慧甚至是惨遭毒手的悲痛结局，用敬仰英雄、同情英雄的情绪谱写成吉思汗家族世代为终结北方草原的四分五裂，联合蒙古诸部于一统之制而上演的一幕幕悲喜剧。这些初掌史笔的草原史家们用倾向性的笔锋极力证明"黄金家族"代代相传的祖业就是顺应当时蒙古社会发展趋势的统一大业，推动和成就这番伟大事业的"黄金家族"辈出的首领们才是当时蒙古社会倾力歌颂的英雄，是十三世纪蒙古社会公认的价值观念的代表者，是朔漠草原游牧文化中值得称许为典范的伦理行为的表现者。

作为蒙古民族精力最旺盛、元气最充沛的时代追述自己的来源和纪录自己创世历程的思想结晶，《蒙古秘史》所彰显的从元宇宙英雄到文化英雄，从部落英雄到民族英雄步步上升的精神诉求，积淀成为后世史学、文学一脉相承的英雄主义精神血脉。经过了数世纪的沿袭直到十九世纪尹湛纳希创作出蒙古族第一部历史演义小说时我们依然感受到这种英雄主义精神诉求的强大号召力和感染力。

其三，《蒙古秘史》以书面文学之前蒙古文学集大成的文化容量和百科全书式的文化诉求为后世蒙古史学、文学的创作传递了包容开阔的叙事视野和文史并重的叙事思维。

《蒙古秘史》不仅记述蒙古本部落、本民族的历史沿袭，更是保存了中亚诸民族的社会变迁史、文化风俗史和宗教信仰史的大量资料，堪称游牧文化的百科全书。这种开阔包容的叙事视野与《春秋》、《史记》、《汉书》等延续不断的汉文"正史"典籍遵循中原汉族正统史脉的叙事视野相比存在显著的区别。对此，历史学家沙·毕拉曾对蒙、汉、藏及西欧史学进行多元多维度的细致比较后得出如是结论："由于《纽察·脱卜察安》具有上述一系列特点，结果就与欧洲中世纪典型的编年史以及东方编年史，包括汉文编年史和藏文编年史在内——有了差别。这部史籍证明，蒙古史学史从它诞生之日起，就由于它产生和发展于典型的游牧环境，不受任何外国史学史传统和学派的影响，而具有独特的民族性。迄今为止，《纽察·脱卜察安》依旧是唯一的由中央亚游牧民族编写的史著。由于这部史著的诞生，用文字形式记载蒙古游牧民族历史知识的方式最终形成了。"[①]显然，探究蒙汉两个民族史学视野的异同涉及游牧文化与农耕文化异同的宏大课题，已超出本文的负荷之故，点到为止，把论述的重点移向史传文学"文史并茂"的叙事思维在蒙汉两个民族后世的史学、文学中截然不同的发展命运。

从《春秋》、《左传》到《史记》，从起步阶段的单纯"记事"、"记言"的历史裁录到能够纵观古今，融铸史事而遵循一定的历史哲学构筑自己的史述体系，在这代代相传的修史工程中，汉族史家们的叙事思维和叙事能力得到了不断的提升和发展。尤其是，史传巨著《史记》娴熟的叙事能力被后世誉为"史家之绝唱，无韵之离骚"。太史公修撰《史记》一改已往政事纪要式叙述"尚简"的史书规范，在记述史实、刻画人物时更注重生活细节和个性特征，主观感情色彩极为浓烈。钱钟书先生曾在其力作《管锥编》中就司马迁在原素材基础上想象、发挥，"悬想事势"，渲染而就的文学叙事能力评论说："《史记》稍有增饰，盖行文时涉笔成趣。若遽谓其别有文献据依，足补《史记》之所未详，则刻舟求剑矣。"[②]但后继的东汉大史家班固所撰《汉书》以其谨严客观的史法与《史记》的强烈文学性形成鲜明对比。仔细比较便可发现，尽管《汉书》不少篇章是删削《史记》纪传而成，但班固手中的文斧主要是向《史记》的文学性砍去的。统观《汉书》，增加了平淡刻制、冷静翔实的史实照录，而缺少了《史记》"究天人之际，通古今之变"的激情和"物盛则衰，时极而转"的感慨。因此，后人从文学角度批评《汉书》说："孟坚所掇拾以成一代之书者，不过历朝之诏令，诸名臣之奏疏尔。"但从班固评太史公为"自刘向、杨雄博极群书，皆称迁

① 沙·毕拉（蒙古）著，陈宏法译：《蒙古史学史：十三世纪—十七世纪》，呼和浩特，内蒙古教育出版社，1988年版，第66页。

② 钱钟书著：《管锥编》第一册，北京，中华书局出版，1979年版，第350页。

有良史之材，服其状况序事理，辩而不华，质而不俚，其文直、其事核，不虚美、不隐恶，故谓之实录”的论语可鉴其恪守史法叙事规范的思维定式和著述章法。自《汉书》之后，无论是官方的正史修撰还是私家的别史著述均进入非常活跃繁荣的时期，但均未见太史公《史记》“涉笔成趣”的“文心”遗韵，倒是被班固推崇的“实录”精神一脉相传，成为中国史学的优良传统。因此，后世评说：“自汉而后，历代史臣，一规班氏”可谓一语中的。但由此形成的“史贵于文”的价值观和“实高于虚”的思维定式对后世的史学和文学均产生了深远的影响。虽然我们承认这种“实录”所体现的求实精神是一种极为崇高的史德，但从文学发展的角度而言，加重“史”和“实”的分量无疑在思维意识上限制文学“虚化”的追求，制约著作者创造源于生活而高于生活的“第二自然”的叙事能力的提升和发挥。对于中国文学的这一软肋，境外学者的评述大有“旁观者清”之效。捷克学者雅·普实克在其《中国文学中的现实和艺术》一文中做了如是评析：“在中国文人文学传统中，高度评价的是“实”，即确切的实事记录，文学中的幻想因素则因被认为是‘虚’而被贬低或排斥。在中国传统的文人文学中，包含着大量文笔优美的事实记录，但往往并没有加工成高度艺术性的完整的文学作品。也就是说：没有依靠内部的动力，把许多有趣的事实连接为一个高度有组织的整体，统一加工，形成一个新的艺术结构。”[①]

与汉文史传文学叙事能力和叙事思维的大转折命运相比，由《蒙古秘史》成型的蒙古史传文学“情文并茂”的叙事能力和“文史并重”的叙事思维以一种强大的传统惯性力量在蒙古

① 转引自董乃斌著：《中国小说文体的独立》，北京，中国社会科学出版社，1991年版，第96–97页。

史学和文学的发展中延续了数世纪之久。

当刚刚掌握书写文字的蒙古史家们在十三世纪初期开始耕耘蒙古书面历史的处女地之时，面对遥远已逝的族源传说、变幻莫测的强权更替、纷繁复杂的政局走势以及斗转星移般的战事动荡，如何将这些杂乱无章的史实，编徘成整齐有序的历史系统，的确是考验他们叙事能力的巨大难题。他们极其尊重历史的真实性是无需质疑的，但在串联整合诸多散乱无章的事实材料来构建成型的历史系统之时，为了使人更易于理解和相信史实，他们不但在编排技巧上巧施匠心，更是程度适宜地发挥了自己的想象力，对某些人物言行和心理活动做了合情入理的推测悬想，将“涉笔成趣”的“文心”融入族史的著述中。对此，历史学家沙·毕拉曾做如是解析：“这部史籍产生之时，历史本身尚未完全与口头民间创作分开，历史仍然紧紧地与神话、传说交织在一起。这就使得历史在叙述方式上拥有相当自由的天地，巧妙说书人的丰富想象有时要比史家的准确叙述更受人们垂青。在这种情况下，十三世纪初蒙古人把历史设想成为艺术创作的一种形式就是很自然的事了。”[①]

《蒙古秘史》广泛吸收和利用如神话、传说、史诗、民歌、寓言、谚语、祝赞词等民间文学诸多体裁来赋予“人”和“事”以灵性，让原本简约提纲式的记述变得支脉膨胀，血肉丰满。正是这种民间文学与书面文学的联姻不仅保障了刚刚掌握书写文字的草原史家们驾驭长篇巨著的叙事能力，更是促进了他们文史并茂的叙事思维的形成和定型。但是，随着蒙古帝国的覆灭，退守朔漠草原故地的蒙古人陷入了与世隔绝的孤苦绝境和封建割据的战乱内讧中。从此，“古代‘历史故事’在勇士歌声中被忘却，佛经在萨满巫师的铃鼓声中被忘却，古旧

① 沙·毕拉（蒙古）著，陈宏法译：《蒙古史学史：十三世纪—十七世纪》，呼和浩特，内蒙古教育出版社，1988年版，第43页。

抄本在无休止的骑士奔袭和内讧征战中被遗失，昔日蒙古文化巨著、文学创作巨著永遭毁灭[①]。”至今我们未能找到一部成书于十四世纪末至十六世纪末被蒙古史称“黑暗时代”的完整史著。但据此也不能妄下蒙古史学活动已经停止的结论。正如鲍·雅·符拉基米尔佐夫所言：“现在已经明白，蒙古人在他们历史上的‘黑暗’时期，即从元朝覆亡到十六世纪后半期‘复兴’时期，在他们的文化成就中得以保存下许多东西；蒙古人的书籍与文字并未中断，正如元代的文学传统没有中断一样”[②]。根深叶茂的蒙古民间文学也没有因现实条件的恶劣而萎缩枯萎，反而凭借其顽强的生命力呈现出进一步繁荣发展的态势，并依然保持着与蒙古史学之间的紧密关系。蒙古族长篇英雄史诗的巅峰之作《格斯尔》和《江格尔》正在此时进入了创作的鼎盛时期。而带有蒙古人史学热情的记忆片段也以历史传说和历史故事的民间文学体裁流传至后世。这一时期涌现出的《成吉思汗的两匹骏马》、《征服三百泰赤兀惕人》、《孤儿传》、《箭筒士阿尔嘎聪的传说》等优秀的文学作品成为16—17世纪蒙古史传传统的恢复提供了资料储备。

随着中世纪的终结，蒙古人迈入了政治、经济、文化各方面都气象万千的十六世纪。蒙古土默特部阿拉坦汗崛起，并向明廷传达了息战互市的强烈愿望。强权统治下的蒙古社会片刻的宁静为蒙古史家提供了冷静思考的时间机遇，而西藏喇嘛教的传入为他们提供了解释历史的新的理论依据。于是，经过两百年的沉寂后，重新燃起史学热情的蒙古史家们在16世纪至17世纪末期相继著作完成了《大黄金史》、《罗黄金史》和《蒙

① 鲍·雅·符拉基米尔佐夫语，转引自沙·毕拉（蒙古）著，陈宏法译：《蒙古史学史：十三世纪—十七世纪》，呼和浩特，内蒙古教育出版社，1988年版，第138页。

② 转引自沙·毕拉（蒙古）著，陈宏法译：《蒙古史学史：十三世纪—十七世纪》，呼和浩特，内蒙古教育出版社，1988年版，第138页。

古源流》等对后世影响颇深的史学巨著。后世学者们通览这些历史学家们的著作后惊呼“适应于当时蒙古人宗教信仰和生活方式且在帝国建立前即已形成的史学史传统，开始积极恢复了。”[①]“历史，无论是帝国建立之前的，无论是帝国时代的，主要是通过说书人口头讲述各种传说和史诗故事的方式形成的，到后来才以文字记载下来，故我们将要研究到的十七世纪编年史资料都含有史诗性质，其原因盖在于此。编年史中的事实仍像从前一样，与文学创作成份混杂在一起，艺术手法在这类史学著作中虽然继续起着重要作用，但是其中的主要成份却是历史，是叙述真实历史事件和诸汗王公活动的历史。”[②]显然，通过十七世纪的历史作品我们依然感受到了十三世纪《蒙古秘史》独具一格的史传传统。历史学家沙·毕拉对此做了具体客观的总结：“十七世纪史著的作者们既广泛利用了蒙古第一部历史著作中保存下来的口头资料，也利用了它保存下来的文字资料。特别需要着重指出的是，如果说《沙拉·图吉》、《阿萨拉格齐史》和佚名氏《阿勒坦·脱卜赤》主要是以《纽察·脱卜察安》的口头传统为基础编撰而成的话，那么罗卜桑丹津编年史《阿勒坦·脱卜赤》和萨刚彻辰《额尔德尼·脱卜赤》则是以《纽察·脱卜察安》的文字传统为基础编撰而成的。”[③]

总而言之，与受传统“良史”观念和史家个性追求左右的汉文史传文学从《史记》的“史文并茂”向“史贵于文”、“实高于虚”的叙事思维大转折不同，以蒙古民间文学为强大后盾的蒙古史传文学自《蒙古秘史》起成型的“文史交融”、“情文

① 沙·毕拉（蒙古）著陈宏法译：《蒙古史学史：十三世纪—十七世纪》，呼和浩特，内蒙古教育出版社，1988年版，第140页。

② 沙·毕拉（蒙古）著陈宏法译：《蒙古史学史：十三世纪—十七世纪》，呼和浩特，内蒙古教育出版社，1988年版，第142页。

③ 沙·毕拉（蒙古）著陈宏法译：《蒙古史学史：十三世纪—十七世纪》，呼和浩特，内蒙古教育出版社，1988年版，第199页。

并茂”的叙事思维经过了数世纪的蹉跎坎坷后依然得到“积极的恢复”，持续影响了蒙古史学和文学的发展方向。

不可否认，从史学发展的角度理性总结16—17世纪蒙古史家们在“蒙古的文艺复兴时代”竭力恢复《蒙古秘史》史学传统的努力让人容易得出“根据十七世纪编年史，完全可以判断出十五世纪时蒙古人的历史知识状况，这类资料的性质证明，在封建割据时代，历史学家们的创作并未出现任何明显的进步”[①]的结论。但是，从文学发展的角度客观分析《蒙古秘史》与16—17世纪蒙古史籍之间的传承关系，得出以下结论是符合事实的。族源谱系意识根深蒂固的文化氛围中成长成熟的蒙古史家文人们正是借助充满感情与责任的修史行为提高了叙事能力，锤炼了叙事思维。正当他们培养形象艺术地再现历史场景，用激扬的情感表达历史认知的创作习惯时，小说这一后世文学的新文体最早的胚基就附着在这些史著作品搏大而深厚的温床之上。

当然，我们从史传文体向小说文体的转化角度偏重解读《蒙古秘史》的文学价值毫无淹没其史学价值之意。正如哲学家亚里士多德所言：历史学家与诗人的不同之处不在于这个使用诗格，那个毋需诗格；希罗多德的著作也可以改写成诗，但它依然是历史，无论有韵律也罢，没有韵律也罢。他们的区别在于：历史学家讲的是确实发生的事情，而诗人则讲的是可能发生的事情。”尽管集文学手法与史事实录于一体，但作为十三世纪蒙古史学史的开创标志，《蒙古秘史》不朽的贡献依然在于“阐明了十三世纪初蒙古史上最关键、最迫切的一个问题——蒙古国的创立史”，[②]圆满完成了真实记录十二至十三世

---

① 沙·毕拉［蒙古］著，陈宏法译：《蒙古史学史：十三世纪—十七世纪》，呼和浩特，内蒙古教育出版社，1988年版，第141页。

② 沙·毕拉［蒙古］著，陈宏法译：《蒙古史学史：十三世纪—十七世纪》，呼和浩特，内蒙古教育出版社，1988年版，第52页。

纪蒙古草原的社会风貌，客观总结十二至十三世纪蒙古社会发展规律的历史使命。

第二节　蒙古史传文学的复兴篇——《罗黄金史》和《蒙古源流》

元帝国灭亡后，沉寂了近二百年的蒙古书面历史文学进入十七世纪后重新活跃繁盛起来。十六世纪末、十七世纪初，从东北地区新崛起的后金政权经过数十年的征战，消灭察哈尔部林丹汗所代表的北元大汗政权，给蒙古的社会历史带来了根本性的变化。民族自主权利的丧失，仰人鼻息的政治地位，促使蒙古历史学家开始总结历史的经验教训，并冷静地思考民族的未来命运。在这新的契机推动下，先后出现了《黄金史纲》、罗桑丹津的《黄金史》、佚名氏的《大黄册》、萨囊彻辰的《蒙古源流》、占巴的《阿萨拉格齐史》、拉西彭楚克的《水晶珠》、莫尔根葛根的《黄金史》、噶尔丹的《宝贝念珠》等大量记录成吉思汗及其黄金家族丰功伟绩的历史文学著作。继《蒙古秘史》之后，史传文学再一次登上蒙古族古代书面文学中的主导地位。其中，罗桑丹津的《黄金史》、萨囊彻辰的《蒙古源流》是具有代表性的经典作品。

罗桑丹津是一位博学多才的“固什”喇嘛，也是一位杰出的历史学家。他在十七世纪五十年代编撰了历史巨著《记古代诸王奠定的国家制度之著作简要汇总黄金史刚》，简称《罗黄金史》。这部著作自问世以来，以各种手抄本形式广泛流传在蒙古地区，对蒙古民众了解民族史以及对历史学家的著述产生了深远的影响。此后产生的同名或异名的历史著作无不与《罗黄金史》有直接或间接的关系。譬如，乌拉特莫尔根葛根编写的《黄金史》、在达尔罕茂明安旗合撒尔墓中发现的《名为黄金史之成吉思汗传记》、清代鄂尔多斯萨囊彻辰编著的《蒙古源流》，甚至十九世纪尹湛纳希创作的长篇历史小说《青史演义》等。《罗黄金史》主要是一部记述成吉思汗统一蒙古高原并登上汗位的历史著作。同时，也是一部记述成吉思汗及其子孙统治蒙古的历史著作。全书内容可分为两个部分。《罗黄金史》的前半部分记载了蒙古的祖源和成吉思汗的生平。其主体内容是记述和歌颂了统一蒙古诸部的开国元勋，完成民族统一大业的奠基者成吉思汗艰苦奋斗的一生。包括了成吉思汗的诞生、九岁成为孤儿，受尽欺辱到广交“安答”，多方联盟终于以弱胜强，以少胜多，逐步掌握政治斗争的主动权。然后展开对内对外统一战争，最终结束蒙古高原的分裂割据，建立蒙古帝国的整个历史过程。由于，这一部分直接吸收了《蒙古秘史》的内容之故，对蒙古史学的意义非常重大。对此，蒙古国历史学家沙·毕拉先生做了高度的肯定：“蒙古史学史上古典巨著《纽察·脱卜察安》（《秘史》）的再生之功首先应当归于罗桑丹津及其助手们。研究家们以确凿的事实证明，在《纽察·脱卜察安》282节中，有233节被收入《阿勒坦·脱卜赤》（《黄金史》），且其中只有少数几节缩写或改写过。在罗桑丹津之前，还没有哪一位蒙古史家如此完整地利用过《纽察·脱卜察安》。”[1]正是在这一部分记述蒙古族祖先起源的神话传说和黄金家族家谱世袭的篇章中首次出现了把蒙古人的祖源上溯至印度–西藏王统的记载。《罗黄金史》的后半部分，主要是蒙、元时期从窝阔台汗到妥欢帖木儿汗的传承世袭和妥欢帖木儿汗失国的记载和明代蒙古时期从妥欢帖木儿汗到林丹汗的传承世袭及其史事。其中，大量记述了明代蒙古异姓权臣与黄金家族之间、东西蒙古之间以及黄金家族内部的封建内讧，突出记载了

---

① 沙·毕拉［蒙古］著，陈宏法译：《蒙古史学史：十三世纪至十七世纪》，呼和浩特，内蒙古教育出版社，1988年版，第205页。

达延汗再度统一蒙古和重新分封六万户及右翼土默特万户阿拉坦汗再次引入藏传佛教等重大历史事件。从内容构成看，《罗黄金史》仍保留着由《蒙古秘史》开创的集历史性、纪传性和文学性于一体的史传文学传统风格。

十七世纪另一部重要的蒙古历史著作是萨囊彻辰撰写的《蒙古源流》。作者萨囊彻辰是鄂尔多斯乌审旗伊克锡巴尔地方名门后裔。曾十一岁袭“萨囊彻辰洪台吉”的名号，十七岁被任命为大臣。自后金占领鄂尔多斯后，萨囊彻辰不接受统治者的怀柔政策，从三十岁开始直至五十岁，潜心著书，撰写史学巨著《蒙古源流》。全书涵括了四个方面的内容。第一部分和第二部分的内容来自佛经或梵、藏文史料，记述了宇宙的形成和人类的起源，以及印度、西藏的王统和佛教的发展。第三部分，写了蒙古诸汗和封建领主的历史，同时也写了喇嘛教在蒙古地区的传播过程，特别突出了右翼三万户的历史，尤其对鄂尔多斯部和土默特部的历史写得详实细致。第四部分，记述了明朝简史和清朝初期的简史。对清朝史的记述中，突出写了后金贵族努尔哈赤的神奇诞生及其杰出的军事才能。

《蒙古源流》最大的史学价值体现在内容和体例两个方面。其一，在结构体例上，《蒙古源流》是十七世纪蒙古编年史中最完整的一部代表作。蒙古族自最早的史传作品《蒙古秘史》以来，就有编年记史的传统。《蒙古秘史》中记事如是：“兔儿年，太祖去征回回，命弟斡惕赤斤居守，以夫人忽阑从行。”到了十七世纪，萨囊彻辰把蒙古传统的十二动物属相纪年法与中原汉朝的年号相对照，记写了蒙古历史。比如，记述成吉思汗的诞生时，他写到：“黑马年（壬午）（宋朝绍兴三十二年、1162年）也速该巴特尔父亲、斡格仑夫人母亲两人生了一个神奇吉祥圆满的儿子。”萨囊彻辰通过这种更趋成熟的编年体例，完成了从《蒙古秘史》开端的以族谱形式记录民族历史的蒙古史学传统与以汉民族史学为突出典型的中华民族正史传统的接轨，表现出前所未有的宏阔的历史视野。其二，它真实地记载了十五至十七世纪的蒙古历史。其中有不少内容是佚名氏《黄金史纲》、《罗黄金史》和《大黄册》等蒙古史著中看不到的珍贵史料。譬如，元顺帝妥欢帖木儿退出大都后在应昌府继续执政三年、额勒伯克汗杀胞弟，纳弟媳等记载，澄清了汉文史料中模糊不清的问题。其三，《蒙古秘史》以人为纲的纪传性在《蒙古源流》中得到了继承和延续。萨囊彻辰从“黄金家族”的立场，突出记叙了蒙古历史上最震撼人心的几个历史人物，即伟大的政治家、军事家成吉思汗、大元帝国的创建者忽必烈薛禅皇帝和明代蒙古的中兴之主巴图蒙克达延汗和他们的光辉业绩。尤其是，突出记写了达延汗和满都海彻辰夫人的具有重大意义的事件，以弥补蒙汉文文献的不足；也记述了觊觎黄金家族大汗位的异姓权臣的事迹。譬如，卫拉特人巴图拉、脱欢、也先祖孙三人对黄金家族统治的挑战等；也记述了黄金家族内部觊觎汗位的右翼土默特的万户阿拉坦汗行兵卫拉特、土伯特、明地和迎请佛教等重大事件。也详细记述了大义为先，心怀民族大业，维护民族利益的文臣武将的历史事迹。《蒙古源流》中成吉思汗传记部分也有自己的特点。萨囊彻辰从成吉思汗的出生开始记述其戎马一生。他更着重记写了成吉思汗远征“五族之邦”，讨伐克烈、乃蛮等蒙古高原大部落之外的其它部落、国家的事迹，以纪年顺序，系统补充了《蒙古秘史》中有关成吉思汗的空缺记载。《蒙古源流》以其珍贵的史料价值，经清朝乾隆皇帝钦定，被收入《四库全书》，成为当时“流传最广，刊译最多，声誉最著”的蒙古历史著作。正如《四库全书总目提要》对《蒙古源流》的评价云：“……第三卷以后，皆记蒙古世系，从元顺帝北奔后，世传汗号至林丹汗，中间传世次序、名号、生卒年岁，厘然俱载，诠叙极为详悉。关于内地之事的记载，作者仅据传闻记录，不能尽归确核。至于塞外立国，传授源流，以逮人、地诸名、语言、音韵，皆其所亲知灼见，自不同历代史官摭拾影响附会之词，妄加篡载，以致鲁鱼谬戾，不可复凭。得此以定正舛讹，实为有裨史学。”[1]

《蒙古源流》以其详实的编年和史料，为后来的蒙汉文史著都产生了影响。譬如，汉文史料《续资治通鉴》中有关成吉思汗的诞生等蒙古史部分就取自《蒙古源流》的记载。[2]在蒙古文历史著作中，拉西彭楚克的《水晶珠》在史学内容和史学精神上深得《蒙古源流》的精髓。《水晶珠》也是一部纪传体史著。其纪年记事取自蒙古文史著和满译本史著《大元史》以及汉文史著《续资治通鉴》，但也存在较多的出入。全书共分五章，十册。以其中的成吉思汗传记部分为例，第一册的第一章至第三章，记述了成吉思汗诞生至成吉思汗十三年的历史事迹；第二册记述了成吉思汗十四年至孟克汗四年的历史事件。仔细比较可发现，《水晶珠》的大部分内容来自于满译本史著《大元史》和汉文史著《续资治通鉴》，但是，仍有新内容的补充和完善。《水晶珠》引用和考据的史料丰富多源，因此，在历史视野上比《蒙古源流》更具宏阔性和客观性。尤为重要的是，拉西彭楚克在《水晶珠》的批语中，通过蒙汉文历史资料的对比参证，对某些史书典籍中蒙古历史的失实记载进行了抗辩和矫正。与以往蒙古史籍相比较，《水晶珠》在情感上更趋冷静，在叙述上更重理性。这种善叙事理，信而有证，辩而不华的独特风格明确了《水晶珠》作为一部严肃史学严谨之作的性质。但从体现其著作者强烈民族意识的激昂犀利的批语中，我们仍可追寻到源自萨囊彻辰《蒙古源流》的精神血脉。拉西彭楚克利用史笔矫正和补缺蒙古历史的精神努力表明其思想的

---

① 永容等撰：《四库全书总目提要》，中华书局，1965年版。转引自《蒙古族文学史》第二卷，第432页。

② 毕沅（清）编集：《续资治通鉴》第九册；北京，中华书局出版，1979年版，第4206页。

锋芒已经触及了多民族国家内不同民族之间的关系问题及不同文化之间的认知问题。从这一思想的高度去审视十九世纪又一思想家尹湛纳希在其大作《青史演义》中以纲要的形式去探讨和述评不同民族之间的平等问题并不是突兀的，而是蒙古史学一脉相传的精神诉求使然。

作为十七世纪复兴蒙古史传传统的代表性作品，《罗黄金史》和《蒙古源流》中虽然再没有出现《蒙古秘史》重点突出成吉思汗一人生平业绩的个体特色较浓的纪传叙述，但族谱世系的历史意识有了进一步的加强，多数大汗的生平事迹有了更准确和详细的记录。《蒙古秘史》所记述的黄金家族世系，从图腾始祖孛尔帖·赤那到成吉思汗的继任者窝阔台汗的世系传承及其史事活动都或详或简地得到了复述。接着蒙、元时期的蒙古史，从窝阔台汗位的继承者贵由汗到亡国失位的末代帝王妥欢帖木儿；明代蒙古时期的蒙古史，从妥欢帖木儿汗位的继承者必力格图汗到北元政权的最后一位大汗林丹汗为后金所灭，都是按照黄金家族的传承世系顺序记载，通过记述黄金家族的历代族长——蒙古国大汗的历史活动来反映蒙古民族的整体历史。十七世纪蒙古历史著作融合历史性和传记性于一身的史传特色说明《蒙古秘史》“文史并茂”的文脉沉寂数世纪后依然受到蒙古文人史家的垂青，并得到进一步的发扬。

从叙事形式上看，《罗黄金史》和《蒙古源流》不仅继承延续了《蒙古秘史》散韵并融的多重表述方式，更是在散文、韵文的布局使用上变得灵活多样，甚至大大增加了韵文的比重。《罗黄金史》中收录了十几篇既反映当时社会生活又具强烈抒情色彩的叙事诗和上千行以理服人的格言诗、训谕诗和箴言诗。譬如，成吉思汗训谕自己的四个儿子时说到：

遇高山、走山坡路；
过大海，从渡口涉渡。
路途遥远不必害怕，

只要走就一定能达到目的。

担子重不必畏惧，

只要担就一定会挑得起[①]

再如，成吉思汗把自己的女儿阿乐屯别乞嫁给畏兀儿的亦都兀惕时，训谕到：

有教养的女人有三个丈夫，

是哪三个丈夫呢？

第一个丈夫是黄金的朝廷，

第二个丈夫是你自己贞洁的名声，

第三个丈夫才是娶你的男人。[②]

还有《宴会中的上宴》、《重大节日》、《成吉思汗与他的四个儿子》等都是一首首体现作者智慧的人生哲理诗。在萨囊彻辰的笔下，《蒙古源流》的散体叙事得到强化，故其所保留的几段韵文内容显得非常醒目。譬如，《罗黄金史》的有关合撒儿与七洪豁坦为党叛去，成吉思汗派苏伯格台去追赶时说的一段韵文，在《蒙古源流》中经萨囊彻辰修润后更语句更明晰通顺了：

由是哈萨尔主与七洪豁坦为党叛去，因命苏伯格台将军提兵追之也，主上降旨曰：

仰如顶上之月徽，

尊如冠上之簪缨，

盘如珍贵之赍首，

结如磐石之群臣，

围如金汤之圆阵，

列如竹林之众军，

① 罗桑丹津（清）著，色道尔吉汉译：《蒙古黄金史》，蒙古学出版社，1993年版，第189页。

② 罗桑丹津（清）著，色道尔吉汉译：《蒙古黄金史》，蒙古学出版社，1993年版，第184页。

汝等其恭听之！
于彼嬉笑之事也，
当如食指而并行之。
于笔奋勉之事也，
当如兔鹘而搏击之。
于彼戏耍之事也，
当如蚊蝇而破去之，
于彼战阵之事也，
当如鹰鹯而捷击之。云。[①]

因本文有专章论述蒙古史传文学散韵结合的叙事风格之故，这里不再详析其艺术功能。

《罗黄金史》和《蒙古源流》都沿袭着《蒙古秘史》叙事与抒情相结合的文学性。但是各自的表现程度并不相同。《罗黄金史》继承《蒙古秘史》的文学性方面贡献最大。也为后来的《蒙古源流》产生了很大影响。《蒙古源流》在叙事方面得到强化，出现了历史化的正面叙述。以其成吉思汗传记部分为例，作者对一些历史事件的记述，采取了正面叙事，而减少了描写性的内容。譬如，上节所举例的成吉思汗征伐乃蛮部的事迹在《蒙古源流》中的记载就与《蒙古秘史》决然不同。在《蒙古秘史》中成吉思汗征奈曼之事的记载，从卷七第189节到第196节，用了很大的篇幅，而其描写性的艺术魅力在上节中也一同领略过。而同一个历史事件在《蒙古源流》中的记载与《蒙古秘史》中的记载不成正比。其简短原文转录如下：

岁次庚申，年三十九岁时，征伐奈曼之图们合罕，时，达延合罕率其八部必特根，以兵八万而进，迎战于沙吉尔河上，时有乌古新之博尔忽勒诺延，阿噜拉特博古尔济之子乌古伦彻

---

① 萨囊彻辰（清）著，道润梯步译校：《蒙古源流》，呼和浩特，内蒙古人民出版社，1980年版，第120页。

尔必，鄂勒固诺特呼察尔达什三人冲头阵，逐出达延合罕，遂收服奈曼国矣。[①]

显然，这是一段典型的历史记述。依此类推，我们可以断说《蒙古源流》的历史叙事得到强化，但是，也不能得出它文学叙事退化的结论。因为，我们从《蒙古源流》形象立体的叙事中仍可以领略到自《蒙古秘史》一脉相传的艺术魅力。譬如，《蒙古源流》记述达延汗的遗孀满都海彻辰夫人决定嫁给黄金家族的嫡系血脉——年纪尚幼的巴图孟克后怒斥曾怂恿她下嫁科尔沁王的属臣萨岱时，写到：

彻辰夫人以扎罕、阿噶之言为然，怒于萨岱而责之曰：

"汝岂以合罕之裔幼冲，
而以哈萨尔之裔年富，
以我后妃之身为孤孀，
戏侮而谰言如是者乎！
遂倾热茶于其顶矣。[②]

作者通过泼茶、摔杯的细节描写把满都海彻辰夫人性格刚烈，大义凛然的形象跃然纸上。再如，《蒙古源流》卷四，岁次丁亥成吉思汗逝世，苏尼特之吉鲁根巴图尔所唱的悼念性颂辞中也能感受到《蒙古秘史》抒情性传统的延续。由于篇幅所限，暂不转录原文。《蒙古源流》在内容构成上也吸收了犹如明朝永乐皇帝为元惠宗妥欢帖木儿的第三个妻子所生的民间传言。尤其成吉思汗传记部分中吸收了很多具有文学性的内容。譬如，诃额伦母亲怒斥帖木真射杀胞兄的长段韵文、合撒儿与七洪豁坦为党叛去的故事、箭筒士阿尔噶逊的传说、上天惩戒合撒儿、别勒古代的故事、齐勒格尔布和谋害成吉思汗的故

---

① 萨囊彻辰（清）著，道润梯步译校：《蒙古源流》，呼和浩特，内蒙古人民出版社，1980年版，第149页。

② 萨囊彻辰（清）著，道润梯步译校：《蒙古源流》，呼和浩特，内蒙古人民出版社，1980年版，第293—294页。

事、成吉思汗嘉赏博尔术的故事以及成吉思汗征伐西夏锡都尔固合罕的故事等，都是文学价值很高的作品。经过比较可发现，体现《蒙古源流》文学性的这些内容在成书时间早于它的《罗黄金史》中都有成型的记载。萨囊彻辰在选取这些内容时对其相关细节进行了调整和编辑。譬如，帖木真取号“成吉思”之事，在《罗黄金史》中，发生在铁木真刚出生时，有黑色神鸟三次飞临，鸣叫“成吉思”之故，命号为“成吉思汗”。但是，在《蒙古源流》中则发生在铁木真年二十八岁“即合罕位，自其三日之前”，“似雀之五色鸟，啭声；成吉思，成吉思。遂中外共称圣雄成吉思合罕，而扬名天下四方矣。”再如，成吉思汗嘉赏博尔术的故事，在《罗黄金史》中的起因是成吉思汗未把印度进贡奉献的礼品分赏给博尔术而引起其夫人的不满；而在《蒙古源流》中的起因则是成吉思汗征战萨尔塔克沁大获全胜，回国之后，大行赏赐，但只字不提功高望重的博尔术，引起其夫人的不满。但是，这些故事的基本情节在《蒙古源流》中并没有改变。萨囊彻辰在自己的历史著作中选择这些文学作品本身已经证明《蒙古源流》仍延续着《蒙古秘史》文史并重的史传传统。

《罗黄金史》的文学价值体现在与蒙古民间文学传统的紧密联系上。罗桑丹津在自己的著作中广泛吸收了多年来流传民间的众多有关成吉思汗的传说。这些传说在民间流传的过程中难免发生添枝加叶般的演义。而且在形式方面也多多吸收了民间文学的滋养。依此为据，我们断言《罗黄金史》是自《蒙古秘史》创始的蒙古族史传文学在十七世纪得以恢复和复兴的重要标志实非空穴来风。仅以学界所熟悉的作品为例，除了上述《蒙古源流》中提到的作品之外，《罗黄金史》中还有大量充满智慧灵性的成吉思汗箴言、《成吉思汗征服三百泰赤兀惕人的传说》以及《孤儿舌战成吉思汗的九员大将》等。我们通过这些作品可追忆古代蒙古丰富多样的文化面貌。譬如，《成吉思汗征服三百泰赤兀惕人的传说》，由于描写战争，塑造誓死拼杀的英雄人物，明显有蒙古古代英雄史诗的手法印记；《箭筒士阿尔噶逊的传说》中阿尔噶逊对成吉思汗吟咏的是一首用意含蓄的暗喻诗歌；《孤儿舌战成吉思汗的九员大将》中热闹激烈的舌战场面与蒙古民族自古以来的用口头诗进行斗智的艺术形式分不开，也可追踪到与蒙古民间文学中论战式好来宝和民俗文化中婚礼迎亲仪式上的辩论词的血脉联系。正如蒙古学家田清波所说："除了具有历史价值外，而且也是具有高度艺术结构的文学作品。这些古代史料，我们只能通过《黄金史》来了解；蒙古学中之所以能保存了不少优秀的作品，也归功于这部著作。"①

《罗黄金史》和《蒙古源流》虽然恢复和延续了《蒙古秘史》开创的史传文学传统，但是，不可能穿越自己的时代，与《蒙古秘史》等同。从《罗黄金史》和《蒙古源流》中的成吉思汗形象的微妙变化中可明显感知其不同于《蒙古秘史》的主导思想。十三世纪的《蒙古秘史》是受原始萨满教思想支配产生的。《蒙古秘史》中，通过阿阑高娃感光生子来说明成吉思汗祖先与萨满教崇拜的"长生天"之间非同一般的亲密关系。"长生天"的意志也决定了铁木真的命运。譬如，第三卷第121节记载，成吉思汗联合王罕、札木哈击败三姓篾儿乞，许多部人来投奔时，大萨满豁儿赤向成吉思汗宣喻了"神诰"，说"有个无角犍牛，拽着个大帐房下椿，顺帖木真行的车路吼着来说道：'天地商量着国土主人教帖木真做，我载着国送与他去。'"于是，帖木真被推戴为成吉思合罕。但是，《蒙古秘史》中全部17处关于蒙古萨满教"长生天"崇拜的描写中，没

① 内蒙古大学蒙古史研究室编印：《蒙古史研究参考资料》第24辑，第34页。引自《蒙古族文学史》第二卷，第385页。内蒙古人民出版社，2000年12月第一版。

有一处是把成吉思汗等同于“长生天”或神化成吉思汗的。到了十七世纪的《罗黄金史》中，情况就不同了。在罗桑丹津笔下，佛陀预言，成吉思汗系佛陀涅盘三千二百五十年之后受天命再次降生人间，降服给众生带来苦难的十二个暴君，“向五色四夷及阎浮体三百六十一种姓氏、七百二十种语言之国征收赋役，使人民手足有别，世道太平，生活安宁，扬名如转轮王。”他来到人间的使命就是要消灭涂炭生灵，折磨百姓的“十二个坏合罕”。而所谓的“十二个坏合罕”也就是蒙古高原上割据一方，统治草原百姓作威作福的大小部落首领。在《蒙古源流》中，成吉思汗开始了自己的征伐使命。“自岁次己酉，合罕子帖木真，年二十八岁与克噜伦河之阔迭格阿喇勒即合罕位”开始，依次出征恩古特、珠尔齐特之旺楚克合罕、索伦之察干合罕、泰赤兀惕之布克齐勒格尔、契丹之阿勒坦汗、萨尔塔古勒的扎里雅特苏勒德合罕、托克玛克的蒙古力克苏勒德合罕、克列特之王罕、奈曼之达延合罕、郭尔罗斯的纳仁合罕、哈尔力固特的阿尔斯兰合罕和萨尔塔克沁的谙巴海合罕。由是，主上降旨曰：

“奉我上界玉皇天父之命，
收服天下十二强逆合罕；
令暴乱横行之诸小罕王归正，
辛劳开辟我大国之疆域焉。

世事已大略就绪矣，而今聊可息养我身心乎！”遂自辰年至丙戌年之十九年间，休养生息，治理其大国之政，奠定其玉宇之基，俾得手有所置，足有所踏，安居而乐业，致大国于康乐之境。当此之时也，合罕及其众庶，共享如天堂之福矣。”①

从《罗黄金史》和《蒙古源流》的这种表达方式中我们很

① 萨囊彻辰（清）著，道润梯步译校：《蒙古源流》，呼和浩特，内蒙古人民出版社，1980年版，第169页。

容易联想到蒙古英雄史诗《格斯尔》中奉佛祖旨令神奇降生人间的英雄格斯尔和史诗那降魔除妖、讴歌正义战争、憧憬美好生活的思想内容。这种思想意识上的内在关联，不仅仅是在证明《罗黄金史》和《蒙古源流》等史著作品与蒙古族民间文学之间的亲密关系，而是以文学、史学不同的表现形式揭示出了藏传佛教思想在蒙古地区渗透加剧的事实。

从《罗黄金史》和《蒙古源流》与英雄史诗《格斯尔》之间紧密联系，纵深发掘其相通的思想契合点，可以追溯到正值十六世纪之后在蒙古地区渗入传播和兴盛的黄教。正是在黄教教义的支配下，《罗黄金史》和《蒙古源流》等十七世纪史传文学塑造出与《蒙古秘史》所记述的成吉思汗不相同的极力神化的成吉思汗新形象。身处于黄教教义不可阻挡的流行传播趋势中的蒙古史家们通过《罗黄金史》和《蒙古源流》等史学新著把传统蒙古史学观与印、藏佛教史学观相融合，形成十七世纪崭新的蒙古佛教史学观。他们努力完成蒙古汗统史与印度、西藏王统史的嫁接，在主导思想和审美意识上为蒙古史学和蒙古史传文学带来了巨大的变更。就民族思想文化的变迁而论，《罗黄金史》和《蒙古源流》是蒙古史传文学摆脱原始萨满教思想的影响而皈依佛教教义的标志性作品。

综上所述，自十六世纪开始，借助政治强势和文化优势，藏传佛教的确给蒙古民族的传统文化带来了猛烈冲击。但是，罗桑丹津等十七世纪蒙古史家们“在异民族的统治和喇嘛教思想控制的情况下，能全面利用十二世纪至十三世纪的史料，使蒙古人独特的史学史传统得以恢复”[①]，再次有力证明了在文化学和世界史上颠覆不破的一条发展规律，即尽管由外部原因引发和催动一个民族的精神文化转型，但是，它演进中所遵循

---

① 沙·毕拉［蒙古］著，陈宏法汉译：《蒙古史学史：十三世纪至十七世纪》，呼和浩特，内蒙古教育出版社，1988年版，第205页。

的路线、所采用的范型不应当也不可能脱离它母体文化的脐带。就他们著作的性质而论，《罗黄金史》和《蒙古源流》的史籍身份是毋庸质疑的。以《罗黄金史》为例，尽管"在叙述蒙古人及其合罕的源流史时，不满足于单一的古代蒙古历史传统，而越出这一范围，将这一传统与印度西藏中心论结合起来，使蒙古史成为整个佛教世界史的一个不可分割的组成部分"，但是，"罗卜桑丹津的注意力始终放在蒙古诸合罕史上。他几乎没有涉及宗教史，因此将自己的这部作品称为《记载古代帝王奠定之国家管理简史之黄金史纲》"[①]。由此可证，支撑这一时期蒙古史家们实录史事的创作信念与十三世纪《蒙古秘史》佚名作者们真实记录谱系史脉的创作理念毫无二致。从历史叙事而论，罗卜桑丹津的《黄金史》引述了整部《蒙古秘史》百分之八十以上的史料。萨囊彻辰的《蒙古源流》和拉喜朋斯克的《水晶珠》，从著述体例到史学观点与《蒙古秘史》有着明显的渊源关系。尤其是《蒙古秘史》从1201年起严格按照年代顺序记载蒙古史上重大事件的编年传统在《蒙古源流》中得到传承，并进一步与中原汉史严谨的编年记事传统相契合，促进了十七世纪蒙古史学的成熟完善。

但是，经过了"蒙古历史的黑暗时期"长达数世纪的史学断档，从枝叶繁茂的蒙古民间文学大树上重新剥离史学碎片的十七世纪蒙古史家们在努力恢复《蒙古秘史》开创的蒙古史传传统的过程中，在藏传佛教的历史及其所输入的充满瑰丽恣肆想象的书面作品的猛烈刺激下，尤其对蒙古史传作品中慑人魂魄的文学叙事能力表现出超强的偏爱，甚至在自己的作品中有意宣扬并加重了想象和虚构的艺术成分。

仅以《罗黄金史》为例，罗桑丹津善用的艺术手法表现为两

---

① 沙·毕拉［蒙古］著，陈宏法汉译：《蒙古史学史：十三世纪至十七世纪》，呼和浩特，内蒙古教育出版社，1988年版，第207页。

种。其一，以史实为依托，添枝加叶，发挥演义。如，把做窝阔台的“替身”而死的拖雷用移花接木的手法，嫁接到成吉思汗身上；借助成吉思汗弥留之际的遗训强调拖雷之子忽必烈继任大汗位的资格等。其二，是纯属虚构。譬如，成吉思汗能梦里预知敌人来袭、成吉思汗变成卖弓箭的老人来教训合撒儿、别勒古台二人、上天赐仙酒于成吉思汗等。甚至，罗桑丹津在自己的著作中丑化历史人物合撒儿形象，杜撰了一出合撒儿叛逃的闹剧，也捏造了合撒儿“酒席上曾抚摩忽兰合敦的手”等有悖人伦的臆说故事。尽管这些虚构内容从创作立场而论，难免有罗桑丹津出于家族内讧，利用史笔以泄私愤的重大嫌疑，但从创作手法而言，《罗黄金史》中“文”与“史”的比重失衡，在叙事思维上明显偏重“想象和虚构”则是不争的事实。

以《罗黄金史》和《蒙古源流》为代表的十七世纪史传作品中，文学叙事得到超乎寻常的发挥。从当时蒙古史学的现实而论，这是蒙古史家们在十七世纪蒙古社会文化风云际会中的一种必然的创作路径，但从后世蒙古文学的发展而论，正是从这一时期的史传作品开始呈现出传统的史传文学手法向文学创作发展的鲜明态势，开启了文学和史学分道扬镳，各奔前程的序幕。

众所周知，罗桑丹津的原始创作《蒙古黄金史》是不分章节的。但是，后世学者根据其材料的内容和性质，整理编排为以下面目：

《蒙古黄金史》目录①

第一章　引　言

一、印度王统

二、西藏王统

三、蒙古汗统

---

① 罗桑丹津（清）著，色道尔吉汉译：《蒙古黄金史》，蒙古学出版社，1993年版，第1–10页。

第八章　成吉思汗平定塔塔儿部

一、阿拉坛、忽察儿·答里台违纪

二、别勒古台泄露机秘

三、成吉思汗宠爱也遂、也速干姊妹

第九章　成吉思汗与王罕破裂

一、王罕不辞而别

二、扎木合的离间

三、成吉思汗派兵搭救王罕

四、王罕和帖木真再结父子之盟

五、桑昆的阴谋

六、巴歹、失乞里黑二人的报告

七、合剌合勒只惕沙地之战

八、忽亦勒答儿的死

第十章　成吉思汗封赏功臣

第十一章　成吉思汗建立护卫军

第十二章　成吉思汗对家族亲人的训谕之一

一、上天将仙酒赐给成吉思汗

二、宴会中的上宴

三、成吉思汗赏识斡歌歹

四、孤儿舌战成吉思汗的九员大将

五、成吉思汗与九员大将的对话

第十三章　成吉思汗对家族亲人的训谕之二

一、阿尔思兰可汗不战而降

二、速别额台追击篾儿乞惕的残兵败将

三、者别追击古出鲁克

四、畏吾儿的亦都兀惕归顺成吉思汗

五、拙赤出征斡亦剌惕

六、孛罗忽勒战死

七、兀仁·常贵

八、成吉思汗诸弟

九、成吉思汗的子女

十、成吉思汗对答里台的赦免

十一、成吉思汗对四个儿子的训谕

十二、成吉思汗对四杰的训谕

十三、成吉思汗对四个儿子的训谕

十四、成吉思汗对诸子诸弟的训谕

十五、成吉思汗对合撒儿等诸弟的训谕

十六、蒙克秃·彻辰讲的一段寓言

十七、斡惕赤斤的自白

十八、合撒儿的归来

十九、神巫帖卜·腾格里的死

二十、成吉思汗讨伐章宗可汗

二十一、箭筒士阿尔嘎聪的传说

第十四章　成吉思汗对家族亲人的训谕之三

一、封木合黎为国王时的训谕

二、成吉思汗与札木合的对话

三、成吉思汗四个儿子的兴趣和心愿

四、成吉思汗对众人的训谕

五、豁阿·彻辰的妙语

六、唐忽惕·彻辰的妙语

七、成吉思汗的回答

八、阿剌木察和者勒蔑的辩论

九、成吉思汗给诸子诸弟和家族亲人的训谕

十、成吉思汗对察阿歹的评语

十一、成吉思汗给断事官的训谕

十二、豁阿·彻辰的妙语

十三、天无二日，民无二主

十四、选用人才

二、吉鲁格台的挽歌
三、成吉思汗的家属
四、成吉思汗的九员大将
五、成吉思汗的第三代和他的六个万户
六、成吉思汗安抚的四害
七、成吉思汗降服的十二暴君
第二十一章　斡歌歹可汗到蒙哥可汗
一、斡歌歹可汗
二、贵由可汗
三、蒙哥可汗
第二十二章　元代的蒙古可汗
一、忽必烈·薛禅可汗
二、乌力吉图可汗
三、海山·忽鲁克可汗
四、普颜图可汗
五、格坚可汗
六、也孙·铁木耳可汗
七、剌察巴黑可汗
八、忽都笃可汗
九、札牙笃可汗
十、懿璘质班·额尔德尼·超克图可汗
十一、妥欢·铁木耳可汗
十二、妥欢·铁木耳的哀歌
十三、大明永乐皇帝的母亲
第二十三章　明代的蒙古可汗
一、必力格图可汗
二、兀思哈勒可汗
三、恩克·卓里克图可汗
四、额勒伯克·尼克埒苏克奇可汗

五、脱古罕可汗
六、兀雷·帖木儿可汗
七、答里巴可汗
八、斡亦剌台可汗
九、阿岱可汗
十、脱欢的计谋
十一、岱总可汗
十二、阿噶巴尔济济农
十三、哈尔固察克台吉迂害
十四、阿里雅，纳哈出
十五、锡古失台和他的儿子孛罗鼐
十六、脱欢太师之死
十七、大明英宗皇帝被俘
十八、也先的死
十九、明英宗皇帝在蒙古的后裔
二十、马嘎·古儿乞可汗
二十一、摩伦可汗
二十二、满都固理可汗
二十三、乌嫩·博罗特王
二十四、巴彦蒙克博勒呼济农
二十五、满都海彻辰和达延汗
二十六、亦思蛮太师
二十七、锡吉尔太后
二十八、伯格埒逊太师之死
二十九、右翼土门造反，阿巴海被害
三十、达延可汗出兵右翼土门
三十一、博迪·阿拉克可汗
三十二、达赉逊·库登可汗
三十三、阿勒坦汗

三十四、图门·札萨克图可汗

三十五、布延·彻辰可汗

三十六、林丹汗

第二十四章　简短结语

一、帖木真的祖先及其后裔

二、帖木真四个弟弟的后裔

三、成吉思汗九员大将的后裔

四、达延可汗的后裔

五、察哈尔与喀喇沁的分裂

六、固什·罗桑丹津的发愿文

由此可证，罗桑丹津笔下的历史人物已具故事性，所述的历史事件则具备了情节性，从而在内在逻辑和外在内容上均为后世学者的断章编排提供了强硬依据。留传后世的《罗黄金史》中人物以性格秉性、为人行事和生活细节——在读者面前活跃起来的叙事效果与讲究“人物、事件、时间”三大要因的文学小说文体的阅读效应实无二质。以此为据，我们足可推论说，十七世纪的蒙古史传著作在“虚实和结构”这一历史小说文体必须具备的两大要义上为十九世纪的尹湛纳希创作蒙古文学首部历史演义小说《青史演义》提供了直接的滋养和影响。至此，历史小说作为蒙古文学史上的新文体从延续数世纪的古老史传传统中获得转化和独立已是“万事俱备，只欠东风”了。

第三章 《青史演义》与相关蒙汉文历史著作内容比较

第一节 《青史演义》的思想内容

中国历史上，近代是一个社会面临全面转型的特殊时代。殖民主义的侵略阻断了中国这一文明古国正常的历史进程，使她向半殖民地半封建化的方向沉沦。帝国主义和封建主义的双重压迫，使半殖民地半封建的中国濒临民族危亡的最危险时刻。但是，从另一方面来说，历史的发展和社会文化的进步往往要经历巨大的危机和灾难，开始新的转机和生机。列强的侵略使中国历史经历了曲折，却没能改变世界时代潮流冲击下的中国各民族走向近代化的历史必然，反而引发了中国人民民族意识的觉醒和民族文化思潮的激荡。

《青史演义》是近代著名蒙古族文学家尹湛纳希的代表性作品，也是十九世纪蒙古文学的最重要作品。《青史演义》以现实批判意识和提倡民族平等、民族进步的思想追求在蒙古地区民族资产阶级运动尚未形成的历史条件下起到了启蒙民族意识，推动社会发展的进步作用，是蒙古族向近代化发展的重要标志。《青史演义》如此巨大的现实意义与作者尹湛纳希的创作意图有直接的关系。

尹湛纳希生活在京都屏藩的漠南蒙古地区。蒙汉杂居的多元文化氛围和中原文化思想的渗透使他意识到传统这一几千年的稳态世界将要大裂变的时代气息，也激活了尹湛纳希这位少数民族作家的民族文化主体意识。当时，清朝政府实行蒙汉隔离政策，严加防范外蕃蒙古接受内地思想文化的影响，为内地和蒙古地区之间的思想文化交流造成人为的障碍。而且，作为文化思想的替代品，在蒙古地区大力倡导喇嘛教。清朝政府推行愚民政策的结果，一方面，内地对蒙古的了解非常模糊，甚至趋于偏颇和极端。内地的某些自命不凡的文人学士以大汉民族主义看待边疆少数民族，认为“唯有中原地区才是纲常细密的地方，才得到日月之精华，才能出现真正的智士仁人，除此以外，都只能是乖戾恶鄙之徒。”[①]而在政治和文化教育方面，原本落后于内地的整个蒙古地区更是弥漫着一种只信佛不信人的愚昧气息。面对汉民族几千年的浩如大海般的文化积累，蒙古民族中出现了鄙视本民族文化的自卑心理和盲目推崇汉文化，否定本民族文化的消极趋势。当时，担负民族文化传承重任的文人学者们“不深究本民族的根底，相反，却白白地浪费时光去琢磨唐、宋诗词一类东西”。尹湛纳希写到：“我们内三盟的蒙古人因离京都不远，大多居住于中原边界一带，于是出了许多精通汉文的学者。尤其是，我们卓索图盟的蒙古人可说是身居中原地区，不少人致力于汉文的学习。正因为如此，对于古代的故事和现代的法典都了如指掌；对于五千年以前的三皇五帝乃至夏、商、周、秦等国以及西汉、东汉、宋、齐、梁、陈、隋、唐、北宋、南宋、金、辽等国的历史也都知道的一清二楚，但对于本民族蒙古人的历史却一窍不通。”[②]正如，尹湛纳希的一位

① 尹湛纳希（清）著，黑勒、丁师浩汉译：《青史演义·纲要之七》，呼和浩特，内蒙古人民出版社，1985年版。

② 尹湛纳希（清）著，黑勒、丁师浩汉译：《青史演义·纲要之二》，呼和浩特，内蒙古人民出版社，1985年版。

名唤绍古的忘年之交所说："内蒙几个旗的人虽然好象有点知识，真能融会贯通，出类拔萃者却极少，多数是研究经卷就成为黄教之鬼，沾点墨汁就沦作儒门新贼……"[①]。

众所周知，民族语言是一个民族的文化表征。语言所体现的是一个民族群体的思维结构、审美趣味和民族意识。因此，贬低民族语言、民族文化，是民族意识淡漠的明显例证。在强势文化的压力下，逐渐丧失民族文化的主体意识，是一个民族走向衰落甚至灭亡的不祥征兆。尹湛纳希针对"卓索图盟的许多文人学士都用心于汉文，而忽视了蒙文"的现象，批评到："我们这里的轻浮之徒，自己不甚懂得蒙文字语，刚刚学会有数的几个字就轻视蒙文字语，信口胡说：蒙古语岂能完全表达出汉文的意思。这种说法是极其荒谬的！为什么呢？就拿我们谁都知道的数量词来说吧，蒙文的数量词有一至十、百、千、万，还有塔尔宝玛、萨雅、考拉迪、顿希古尔，这不是比汉文的数量词多了四个吗！只不过不常用这些词罢了。如果用的话，怎么会发愁没有词呢！那种明明是自己不用心学习弄通它的含义，却偏偏说蒙古语没有深刻的含义，这就好象一个人站在海边洗了澡就说大海是很浅的一样！概括起来讲，我们只能怨自己没有下工夫去学。"[②]

一种民族文化只有在他种文化的参照下才能客观清晰地呈现出其当下的真实状态，并预示出其未来的发展趋势。蒙古民族安于现状，麻木不仁的精神面貌，忽视甚至轻视本民族语言文化的民族虚无主义的蔓延，使尹湛纳希尝到了先觉者"众人皆醉，唯我独醒"的痛苦，更使他从倍受歧视的少数民族立场清醒地认识到振奋民族精神，重建民族文化的紧迫性。

---

① 引自扎拉嘎著：《尹湛纳希评传》，呼和浩特，内蒙古教育出版社，1994年版，第78页。

② 尹湛纳希（清）著，黑勒、丁师浩汉译：《青史演义·纲要之二》，呼和浩特，内蒙古人民出版社，1985年版。

创建蒙古统一帝国的成吉思汗是蒙古民族的骄傲和崇拜的对象。成吉思汗的历史功业是蒙古民族代代相传，绵绵不息的文化遗产。自十三世纪以来，有众多历史学家怀着崇敬之情，编纂了以成吉思汗业绩为主要内容的历史著作。同时，在民间还广泛流传着有关成吉思汗的传说。可以说，成吉思汗是振奋蒙古民族精神的力量源泉。因此，面对着近代中华民族与帝国主义的主要矛盾，文学家的使命感驱使尹湛纳希毫不例外地选择民族英雄成吉思汗的英雄业绩为题材，不失时机地创作出长篇历史小说——《青史演义》，倾力发掘这一民族英雄身上所潜在的振奋民族所需的巨大精神力量。

《青史演义》的基本题材，就是十二至十三世纪，蒙古民族在成吉思汗率领下，经过坚苦卓绝的斗争，统一蒙古高原，开始逐鹿中原的历史事迹。小说从成吉思汗的诞生开始，一直写到蒙古汗国太宗八年。其中，前五十回，讲述成吉思汗统一蒙古高原的故事是小说最具艺术魅力的部分。作者以艺术形象的形式证明了蒙古民族统一蒙古高原，建立多民族元朝的历史合理性，也证明了边疆少数民族有能力运用中原汉族同等的智慧，成为中国历史上辉煌人物如尧、舜、禹、周文王、汉高祖、唐太宗事业的继承者。

小说的故事情节，主要由成吉思汗统帅的彼塔国从弱渐盛，战胜克烈、乃蛮等强大部落、成吉思汗亲征西域和成吉思汗与军师木华黎南伐中原金朝等三项内容构成。小说中的彼塔国就是后来的蒙元帝国的前身。尹湛纳希在充分选用历史资料的基础上把彼塔国描写成政治开明，君臣贤德，将相和睦，正派者得到重用，邪恶者受到压抑的理想国。

在彼塔国，从君主到普通将士，视统一大业为至上的奋斗目标，人人奉献自己的力量。他们以草原游牧民族忠诚、勇敢、乐观、豪迈的性格，继承着草原游牧民族嫉恶如仇，勇于伸张正义，乐于奉献、视荣誉重过生命的优秀品质。彼塔国君臣上下之间不追求奢华，不耽溺声色，有难同当，有福同享，仍保持着草原民族淳朴、平等的道德风尚。彼塔国上君英明磊落，下臣贤明尽责的一派政通人和的氛围与当时蒙古高原上的克烈、乃蛮等强大部落和南面的金国、宋朝以及西边的西夏国政出多门，法令混乱的现状形成鲜明的对照。

彼塔国不分贵贱，不拘一格用人才。只要是忠诚正直，拥护统一大业的人都得到机会施展自己的才华。军师木华黎结识成吉思汗之前还是一个牧羊少年。当他的军事才华得到成吉思汗的赏识后，不论资历被提拔为统领三军的元帅军师。成吉思汗帐前端盘子送茶水的巴雅古德的孤儿乌尤图彻辰通过一次酒宴上让成吉思汗君臣刮目相看的见解被提升为书记官。乃蛮战俘塔塔通阿以其忠诚和学识得到成吉思汗的赞赏，委以重任。但是，奸佞之徒在彼塔国毫无立身之地。两面三刀的札木哈也曾投奔过成吉思汗。但他口蜜腹剑，奸诈狂妄，毫无人臣之态的恶劣本性很难在彼塔国立足，狼狈逃去。重视贤德的彼塔国吸引着蒙古草原各部落的有识之士。他们为共同的目标，自愿团结在成吉思汗周围，组成了蒙古高原上一支强大的有生力量。蒙古族代代相传的团结、奋进的精神和集体主义、英雄主义的精神在彼塔国君臣身上得到了形象、具体的再现。每一次的御敌拼杀，他们奋勇上前。即使是敌我双方兵力极大悬殊，也毫不退缩，群策群力，战胜敌人。

《青史演义》中，尹湛纳希借助对其他国家和部落的腐朽没落、愚昧残暴的揭露和批判，进一步揭示了彼塔国统一蒙古高原、建立多民族元朝的历史合理性和必然性。当时的蒙古高原上，彼塔国周围还并存着乃蛮、克烈、泰赤兀惕、蔑儿乞、高日勒斯、萨日勒格、陶格木格等大大小小的割据势力。这些大小部落的首领在各自盘踞的地区作威作福，昏聩地统治着那里的人民。莱和德部首领斯钦布和，不仅嗜酒如狂，奸淫妇女成性而且还像野兽一般吃人肉。斯钦布和曾宣誓归附彼塔国。

但当其好友钦达嘎斯钦前去传达成吉思汗的命令时，他竟趁着酒后的狂劲，不仅下令把钦达嘎斯钦的随从全部杀掉，还指使手下人剥掉钦达嘎斯钦的衣服，煮熟后吃其肉。扎如特部的旺楚克汗也是一个嗜酒色如狂的昏君。在扎木哈的挑唆下与彼塔国为敌，但战争打响后却每日沉溺于嫔妃之中，并不认真理会如何防卫。当彼塔军已经攻入城中，他仍然未能从醉梦中惊醒过来，竟在床上赤条条被俘虏了。高日勒斯部纳仁汗狂妄自大，骄横无比。他看到彼塔国日益强盛，就仗着自己幅员辽阔，兵强马壮，决心要与彼塔国死战到底。当手下的八员大将一致劝阻他应该识时务，不可冒然与彼塔国为敌时，他竟然一意孤行，在山梁上凿八个洞，将八位大将枷铐起来，监禁到山洞里。乃蛮部落的塔阳汗刚愎自用，轻信奸佞之徒的谗言，执意要与彼塔国宣战。当他的忠臣割发苦谏劝罢兵时，塔阳汗竟然认为，既然已经调集了二十万大军，无论形势如何，也不能改变原来的决定。塔阳汗不听忠臣劝告，在乃蛮国大行征兵。使得穷苦人家的女儿洪古尔珠拉被迫女扮男装替代年迈的父亲从军。克烈部的和王不仅残害宗亲，更是一个刚愎自用，优柔寡断，贪图享乐，没有信义的人物。和王被儿子伊拉固害得被挟持到彼塔国。当彼塔国送还回去后，和王见到儿子伊拉固从金朝皇室学来为他准备的用黄龙蟒缎裹住的宫帐，帐前高悬的龙幕、帐内蟒幡以及从早到晚的奏歌鸣乐的排场，竟然忘却曾遭受的屈辱，反而转怒为喜，把心放宽了。不仅如此，当扎木哈进谗言离间他与成吉思汗的关系时，和王不思成吉思汗对他的几次恩德，反而失去理智，拍案叫嚷道："彼塔国主铁木真小子自己不肯接受金朝册封，反而又破坏封我之事，孰可忍孰不可忍？不仅如此，又派使臣当众辱我，转世再生，海水净身，也难以言归于好！"而且，割据势力的利益纷争把蒙古草原变成了你争我夺，弱肉强食的战场，为百姓带来了无尽的灾难。部落之间的仇怨和敌对，使少年成吉思汗失去了父亲，成为倍受大部落欺凌的孤儿。甚至被泰赤兀惕部落抓去，几乎丧命。使得分属两个大部落的有情人阿拉坦沙嘎和索伦高娃尝尽分离的痛苦而不能结合。成吉思汗从自己的生活经验出发，深深地厌恶各种分裂割据势力，痛恨各个社会集团和朝代对人民的腐朽黑暗统治。因此，他始终把蒙古草原的统一当作自己的奋斗目标，不管遇到多么大的艰难险阻也丝毫未动摇自己的信念。当主张分裂割据的阿日斯朗汗率部进犯彼塔国，蛮横地谴责成吉思汗"因何杀害那么多无辜汗王"时，成吉思汗曾义正严词地回答他说："如今在北方有不计其数的无道之君，他们随心随欲地百般折磨众生灵，累月连年起狼烟，荼毒百姓如同狂风卷动沙土尘埃。所以，我要当仁不让地平定北方。"

小说在一系列故事情节的推演发展中揭示了与彼塔国对立的金、宋、西夏等国必然灭亡的历史命运。当时，中原金朝、南宋朝和西部旧国西夏之间，连年混战，攻伐不断。西夏从西攻金朝，金朝从北攻南宋，狼烟四起，民不聊生。而朝廷内部则是尔虞我诈，争权夺利，一派腐败没落景象。金朝卫王允济毒死叔父先皇完颜憬，阴谋篡位，受到金国百姓的唾骂。金朝又对辽国的遗民采取高压歧视政策。在辽民中安插金国住户，进行监视，导致辽民苦不堪言，最终揭竿而起。在耶律留哥的率领下辽民自立为政，奋起反抗金国的统治。西夏、南宋王朝也像金国一样，朝纲松弛，君主昏庸，奸佞当道，忠良遭殃。黑暗的统治使得百姓怨声载道，期盼着和平统一、开明政治的到来。一位投奔彼塔国的将领曾这样对成吉思汗说："如今金朝横征暴敛，动乱四起。百姓日夜盼望明主来救助的心情，犹如干旱求雨水。陛下如能趁此机缘，恩厚天下，金国百姓势必稽首来归。"

《青史演义》中，克烈部和王之女索伦高娃和乃蛮部首领之子阿拉坦沙嘎之间的爱情故事是一条重要的故事线索。情窦初开的美丽少女索伦高娃是一位武艺超群的巾帼英雄。她与阿拉坦沙嘎二人战场相遇，互生情愫，私定终身。但是，由于克烈部与乃蛮部是宿怨已久的敌对国，使这两个有情人难成眷属。他们的父亲也决不因子女的感情幸福放弃仇视，化干戈为玉帛。他们在无尽的等待中煎熬。最终，彼塔国先后征服克烈部和乃蛮部后，在成吉思汗的主持下这对有情人才结成夫妻。小说以美丽的爱情故事与分裂割据和长期混战所造成的残酷现实的鲜明对比，更加衬托了成吉思汗统一大业给草原百姓带来的光明和希望。

总之，《青史演义》是一部侧重战争题材的历史演义小说。全书由大大小小数十次的战斗故事构成。从文化渊源而论，这部历史小说一脉相承了蒙古族古老的英雄史诗传统，通过战争情节的细致描写，歌颂了蒙古族传统的集体主义精神和英雄主义精神，抒发了对义、勇、力传统美德的高度赞美之情。值得注意的是，作者尹湛纳希在构思战争故事时，借鉴吸收了内地汉族历史题材小说的情节和技巧，将每一场战斗写得丰富多彩，妙趣横生。尤其是，在偏重描写战争中智慧谋略方面与传统的史诗描写方式有很大的不同。譬如，木华黎用袭击乃蛮都城的方法解救被乃蛮围困的克烈部、孛尔出用火烧飞燕家猫的方法攻取扎如特部、彼塔国八千铁贲军大败萨日勒格国二十万联军、木华黎用疲敌战术大破陶格木克国和克烈部的联合侵犯、彼塔国大败骄横无比的阿日斯阑汗和勇力过人的俺巴该汗、以及蒙古军激战金军的野狐岭战役等一个个构思巧妙的战争故事，引领读者全面感受彼塔国由弱到强，逐步统一蒙古高原，又逐鹿中原的历史进程以及成吉思汗事业的艰巨性、曲折性和合理性。这也从另一个角度有力证明了本文所提出的论点，即作为蒙古文学史上小说文体转化独立的标志，第一部历史演义小说《青史演义》的诞生，不仅仅得益于蒙古族传统史传文学以及民间文学的胎育滋养，汉文历史著作和小说的借鉴影响也是其重要的动力来源。

第二节 《青史演义》与《蒙古秘史》思想内容比较

《青史演义》在思想内容方面，深受蒙古族历史悠久的史传文学的影响。

众所周知，蒙古族最早的史传巨著《蒙古秘史》就是一部献给成吉思汗统一大业的赞歌。十二至十三世纪的蒙古高原，“星天旋回，烈国相攻，连上床睡觉的工夫也没有，互相抢夺掳掠。大地翻转，诸国征战，连盖被躺卧的功夫也没有，互相残害斗争。没有思考的余暇，只有尽力行事，没有逃避的地方，只有冲锋打仗。”[①]游牧生息在蒙古草原上的乃蛮、克烈、汪古、塔塔儿、篾儿乞、泰赤兀、蒙古等数十部落之间为了扩大水草丰美的牧场、掠夺奴隶、牲畜、财富和美女，展开了你死我活的厮杀。旷日持久的混战给草原人民带来了巨大的灾难。当成吉思汗九岁时，其父亲也速该被塔塔儿人毒死。同宗的泰赤兀人就撇下他们孤儿寡母，并夺走了原本属于他们的属民百姓。少年时期的成吉思汗势单力孤，饱受艰辛。但是，他广交“安答”，多方联盟，终于以少胜多，由弱到强，逐步掌握了斗争的主动权。壮大崛起的成吉思汗开始履行自己“匡普天下之百姓，俾入我一统之制”的宏伟目标，对内对外展开了一系列的统一战争。《蒙古秘史》的佚名史撰者们以饱蘸激情的笔墨，爱憎分明的倾向，把成吉思汗一生的奋斗历程与蒙古草原历史的前进方向相统一，倾力描绘和歌颂了成吉思汗坚定不移的创业精神及其运筹帷幄的雄才大略、搏杀疆场的英雄

---

① 额尔登泰、乌云达赉校勘：《蒙古秘史》，呼和浩特，内蒙古人民出版社，1980年版，第739—740页。

气概。

《蒙古秘史》在思想内容上以统一为主题，以团结为主线，歌颂草原人民的忠诚、信义和勇敢，高度肯定了成吉思汗为首封建主义新生力量统一蒙古高原的历史意义。创作于十九世纪的《青史演义》这部蒙古文第一部历史演义小说则一脉传承并与时俱进，进一步发展深化了《蒙古秘史》的主题思想。

十三世纪的草原史家们在自己的著作中很善于通过各部落、各阶层民众对成吉思汗的拥护和支持来衬托表现成吉思汗统一大业的历史合理性。《蒙古秘史》中，随着成吉思汗力量的壮大，草原上的各部落纷纷投奔成吉思汗，投入民族统一大业的洪流中。当成吉思汗联合汪罕和扎木哈，消灭了三姓篾儿乞主力后，札剌亦儿、塔儿忽、巴鲁剌等十几个部落的人投到成吉思汗麾下。十三翼战争中，成吉思汗击败扎木哈后，泰赤兀等部族的众百姓又归顺成吉思汗。这些投靠成吉思汗的属民百姓中，有奴隶出身的木华黎、有身背风箱的铁匠之子者勒蔑，有阵前射伤成吉思汗的敌将者别等。他们后来都成为成吉思汗十三翼大军的统帅和中坚，为统一大业做出了杰出贡献。甚至，敌对部落的属民百姓也以各种方式抵止和反抗本部落首领的倒行逆施，支持和帮助成吉思汗。世仇泰赤兀部的陶尔根失剌豁出身家性命掩护逃亡中的成吉思汗，使他躲过了泰赤兀人的搜捕。克烈部的牧马人巴歹、乞失里黑冒司死给成吉思汗通风报信，使他避免了一场杀身大祸。毫无疑问，统一，已成为当时时代的要求、人民的愿望。1206年，成吉思汗结束了“天下扰攘”，“人不安生”的混战局面，完成民族统一大业，建立蒙古汗国。编撰者用较多的篇幅，细致记述了成吉思汗分封千户，论功行赏，扩建护卫军，建立健全行政、司法制度等重大历史事件。其庄重的笔调充分表现出作者对新生蒙古汗国的热爱和对完成统一大业的成吉思汗以及众多开国功臣的崇敬和赞颂。

生活于19世纪的尹湛纳希在《青史演义》的创作中，也是通过草原上大小部落、百姓对成吉思汗的拥护，来肯定其统一大业的积极意义。譬如，上述世仇泰赤兀部的陶尔根失剌豁出身家性命掩护逃亡中的铁木真一事是成吉思汗一生中要感激的极重要的事件之一。在《青史演义》第一回“承天运圣人降生，凭地灵英豪云集”中，尹湛纳希吸收改编相同的内容情节，更加突出了成吉思汗事业的深得人心。举实例为证。《蒙古秘史》中，陶尔根失剌一家救助铁木真躲过泰赤兀惕人的搜捕后，写到：

搜的人去了后，索儿罕失剌对铁木真说。你险些将我断送得烟消火灭。如今你母亲、兄弟行寻去。与了他一个无鞍子甘草黄白口不生驹的骒马。再煮熟了一个吃两母乳的肥羔儿。皮桶里盛着与了马奶子。更与了一张弓。两只箭。不曾与他火镰。这般打发教去了。[①]

而且陶尔根失剌父子后来投奔成吉思汗之事发生在“鸡儿年，成吉思汗与泰赤兀惕人战时”。而在《青史演义》中，尹湛纳希重新演义创作了这段故事：

敖日古拉顿时惊慌失措，站在那里说到：“我是奉着你们主公的旨令来搜寻的，不然，与我何干？”说罢便停止搜寻，又到别的人家去了。这时楚鲁连忙翻开羊毛把太祖请了出来，给他擦干身上的汗水，换上一套衣服，给他鞴了一匹好马，宰了一只肥羊做路上吃的干粮。陶尔根希拉一面擦着头上的汗珠，一面说到：“可把我吓坏了。你赶快骑马返回自己的国家吧！今早我听说彼塔国已派兵攻伐岱其古德了。”刚一说完，楚鲁接着说道：“今天我终于幸遇了明主，我要跟你一道出发。”说罢骑上花斑的骏马，连夜跟随太祖赶路。[②]

历史小说《青史演义》的创作者不遗余力地向读者证明，

---

① 额尔登泰、乌云达赉校勘：《蒙古秘史》，呼和浩特，内蒙古人民出版社，1980年版，第941—942页。

② 尹湛纳希（清）著，黑勒、丁师浩汉译：《青史演义》，呼和浩特，内蒙古人民出版社，1985年版，第19—20页。

成吉思汗就是一面给草原带来光明和希望的旗帜，吸引着不同部落各阶层的人们为了统一的目标云集在他的麾下。

史传著作《蒙古秘史》中，团结是贯穿全书的主线。当时，统一是时代的要求，人民的愿望。而团结是实现统一的基本条件。统一和团结之间具有相辅相成的密切关系。在《蒙古秘史》中，作者仅用2200字的篇幅提到成吉思汗以前黄金家族绝大多数父系祖先的名字，但是对第十二世母系祖先阿阑豁阿，则用了多达300余字的篇幅记述了这位老祖母“折箭训子”的故事，并完整地记录了她的遗言：

“您五个儿子，都是我一个肚皮里生的。如恰才五只箭竿一般，各自一只呵，任谁容易折折。您兄弟但同心呵，便如这五只箭竿，束在一处，他人如何容易折得折。”①

究根溯源，正是这则故事隐扩潜藏了整部《蒙古秘史》提纲挈领的主题思想。在《青史演义》中，尹湛纳希虽然把相同的故事内容演义到了年轻丧夫，孤身寡居，艰难抚育儿女的窝格伦母亲身上，但是强调的主旨思想则丝毫没有改变。实例为证，《青史演义》第一回即已借助寡母窝格伦之口通俗直白地点明了“团结”的重要性：

后来太祖兄弟几人一天一天长大，经常出去狩猎。兄弟之间也时常闹点别扭，窝格伦夫人甚为担忧。有一天她把几个儿子叫来站在自己身旁，把他们父亲过去用过的撒袋拿过来抽出五支箭来，说道：“你们兄弟五人把这五支箭合在一起，把它折断！说着递给他们。可谁也没有折断。然后又叫每一个人各自分折一支，结果都折断了。握格伦夫人亲切地对说道：”孩子们，你们想一想，同样都是箭，可是合起来就折不断，分开来就容易折断。你们兄弟五人也象这五支箭一样。你们如果齐

① 额尔登泰、乌云达赉校勘：《蒙古秘史》，呼和浩特，内蒙古人民出版社，1980年版，第919页。

心合力，和睦相处，就象合在一起的五支箭一样，不为别人打败；可是你们兄弟之间不睦，常闹别扭，就会象单支箭一样，被人所害。难道你们没有看到你们的父亲吃了单枪匹马的苦吗？妈妈希望于你们的不是别的，就是能让我放心一点。”[①]

雷同的内容情节出现在渊源很深但是性质迥然不同的两部作品之中，不仅仅是故事内容的吸收借鉴问题，而是表明了作者对这段历史记载的本质内涵的认同问题。在十九世纪的作家尹湛纳希的思想意识中，团结仍然是当时蒙古人所重视的焦点问题。《青史演义》中，成吉思汗的彼塔国之所以取得胜利是因为君臣、兄弟乃至全国百姓团结齐心，凝聚成一股所向披靡的强大力量。而他们的敌对部落之所以遭受失败甚至难逃灭亡的命运，除了他们倒行逆施，未能顺应历史的发展方向，未能跟上时代的前进步伐之外，不团结，不齐心也是一个重要原因。昔日强国乃蛮的灭亡就是民心涣散，不事团结的铁证。当乃蛮国君太阳罕纠集九个部落的军队要攻伐彼塔国时，其麾下大臣塔塔通阿和蒙克勒吉为了劝阻主上的贸然举动竟牵过来一只牦牛放进十余只用绳子拴在一起的羊群中。那些羊因被拴在一起，互相牵扯，有的被牛踩断腿，有的被牛踏破头。二人以此为明证，告戒太阳罕那些临时纠合起来的联军如同被拴在一起的羊群，并不能抵挡彼塔国训练有素的军队。但是，太阳罕一意孤行，最终落得国破人亡，妻离子散的悲惨下场，用血的教训为团结的要义做出了直白恰当的诠释。

对于十三世纪《蒙古秘史》的主题思想，历史学家沙·毕拉曾经从史学史的角度做过精辟的总结。他认为：“贯穿于《纽察·脱卜察安》全书的主导思想是：统一的蒙古国乃是“一切吉祥”的保证；有了统一的蒙古国，“全民内讧”在蒙古方

---

① 尹湛纳希（清）著，黑勒、丁师浩汉译：《青史演义》，呼和浩特，内蒙古人民出版社，1985年版，第12页。

可结束；蒙古各部落群和兀鲁思之间的和睦相处是当时迫切需要和急待解决的大事。这些，反映了不仅饱受封建化贵族剥削之苦，而且饱受分裂时期无休止内讧之苦的蒙古人民群众的情绪和愿望。”[①]时至十九世纪，《青史演义》问世之时，在帝国主义列强虎视眈眈包围下噤若寒蝉的大清王朝已把中华民族陷入了亡国亡种的危难境地。但执迷不悟的满清政府对外不顾民族危局，对内则推行民族隔离政策。尤其在外藩蒙古，以“满蒙一家”为诱，不设科举，用心倡导喇嘛教在蒙古地区渗透蔓延，大力推行愚民政策和精神专制已把蒙古民族推向了濒临灭亡的危急境地。因此，尹湛纳希出于对国家和民族命运的急切关注，在《青史演义》中用正反两个阵营鲜明对比的结局繁复论证、再三强调国家统一、族群团结的重要性，从历史传承来说，无疑是《蒙古秘史》主题思想的延续和发扬。但从现实寓意而言，十九世纪的尹湛纳希所面临和思考的历史命题从辐射面的广度到思想意识的深度以及矛盾冲突的急迫程度上均已超出了十三世纪关注蒙古民族创世命运的草原史家们的负荷承受力。

第三节　《青史演义》与《罗黄金史》、《蒙古源流》思想内容比较

自《蒙古秘史》之后，蒙古族著史活动曾经历了二百年的沉寂。直到十七世纪，出现了蒙古史传传统再获复兴的标志性著作《罗黄金史》和《蒙古源流》。这为十九世纪的尹湛纳希创作《青史演义》提供了既宝贵又丰富的创作素材。但是，

① 沙·毕拉［蒙古］著，陈宏法汉译：《蒙古史学史：十三世纪至十七世纪》，呼和浩特，内蒙古教育出版社，1988年版，第53页。

《青史演义》与这两部著作之间的亲密关系不是通过史料内容的顺接，而是通过尹湛纳希对其史事内容进行改编创作来体现的。重要的是，尹湛纳希带着自己所处时代的呼声和思想追求，改编《罗黄金史》和《蒙古源流》的记载，表露了自己接受中原儒家思想和近代民族启蒙思想以及近代民主思想影响的心路历程。

正如前文所述，由于受蒙古民族命运的巨大变更和佛教史学观的强势影响，十七世纪的《罗黄金史》和《蒙古源流》在思想内容方面具有了新的变化。自元惠宗妥欢帖木儿退回朔漠草原之后，蒙古内部的汗位之争，随着蒙古统治中心的转移和统治区域的缩小，逐渐变得尖锐和复杂。拖雷系、成吉思汗系其他各派，甚至也速该巴特尔系少数支派在各自支持者的拥戴下展开激烈的斗争。汗权衰落，汗位更迭频繁，使得异姓权臣也染指汗位的争夺。再加上明朝对北元政廷采取的军事进攻和经济封锁，使整个蒙古陷入了严重的政治危机中。罗桑丹津和萨囊彻辰在各自的著作中，总结蒙古之所以灭亡的历史教训，突出了维护蒙古的王统，强调蒙古建立一个统治中心的重要性。在思想内容上更是特别强调蒙古必须由成吉思汗后裔中的忽必烈系，亦即“元裔”统治的正统观念。并且特别强调了由达延汗所确立的嫡长继承制。显然，维护全蒙古的统一大局，仍是《罗黄金史》和《蒙古源流》的主题思想。为了维护蒙古“元裔”统治的正统观念，《罗黄金史》和《蒙古源流》的作者用黄教的思想意识极力神化了在《蒙古秘史》中非常现实的历史人物成吉思汗。在他们笔下，成吉思汗是遵照佛祖释迦牟尼的旨令，降生人世，治理世界，拯救众生。他命中注定要做人主。因此，在他降生之后上天赐给他“龙宫玉玺”。而且全能的上天霍尔穆斯塔赐给他玉碗中盛满的琼浆仙酒，四个弟弟想分享而不能下咽，只有成吉思汗才能一饮而尽。以此证明，在孛儿只斤家族中只有成吉思汗才是身登九五，“享受天命的人主”。甚至，为了维护孛儿只斤家族内部的团结，成吉思汗还能变幻成老人来教训有怨言的合撒儿、别勒古台二人。但是，在黄教思想的影响下对成吉思汗形象的神化，并不掩盖十七世纪史学家们对成吉思汗的敬佩之情和对其统一大业的颂赞。综观《罗黄金史》和《蒙古源流》的主题思想，正面肯定成吉思汗在民族历史上的伟大功勋仍是整部作品的主旋律。

罗桑丹津在其著《蒙古黄金史》中，不仅记录了成吉思汗的盖世武功，也记录了他治理“五色之国，四夷之邦”所施行的一系列策略，突出了成吉思汗“文治”方面的卓越才能。成吉思汗统一蒙古高原之前，其势利并不是很强的。当时的蒙古高原上，并存着乃蛮、克烈、塔塔儿、篾儿乞和蒙古等强大的国家和部落。即使在蒙古部中，铁木真也势单力薄，居于劣势地位。经过坚苦卓绝的奋斗，铁木真终于削平诸强，统一了蒙古草原，并开始与金朝和西夏抗衡。显然，这绝不能用“只识弯弓射大雕”所能解释得了的。在《蒙古秘史》中关于成吉思汗如何艺术地处理与汪汗的复杂关系、如何组织护卫军、如何赐封功臣，在西征前如何立嗣等记载，都已表现了他在政治方面的远见卓识。罗桑丹津以《蒙古秘史》的记载为基础，又录入了民间文学色彩非常浓厚的《孤儿舌战成吉思汗的九员大将》、《征服三百泰赤兀惕人的传说》、《箭筒士阿尔嘎聪的传说》等叙事诗以及《宴会中的上宴》、《重大节日》、《成吉思汗与他的四个儿子》等既给人以教诲和知识，又使人以艺术享受的内容。并以成吉思汗“必力格”名义，汇集了近千余行蕴涵着有关治国安邦的丰富哲理的格言诗、训谕诗和箴言诗，补充了《蒙古秘史》中偏重成吉思汗部落时代的英雄气概，而有所忽略了的政治家气质。

《罗黄金史》新增添的内容为《青史演义》的作者提供了丰富的素材筹备。尹湛纳希任凭自己的文心慧眼进行剪裁创修，重新塑造了一个开明政治家的成吉思汗形象。正如中国古代思想家墨子所言：尚贤乃为政之本。自古以来“求贤”一直是评价当政者开明与否的重要标准。

《青史演义》中，尹湛纳希不惜用“移花接木”的方法，大胆借鉴和挪用“庖丁解牛”等汉文典故，把成吉思汗塑造成自少年时期就有着超凡见解的杰出人物。小说中，成吉思汗十六岁时，就以剔牛为比喻，讲出了“治理民众只能靠仁义和才能，绝不可依赖武力”的道理，折服了阿尔鲁特部拉胡巴彦的儿子，勇力过人的布古尔吉，跟随他开创祚业。少年时期的成吉思汗就已经意识到人才是自己统一蒙古高原的宏伟事业的根本保证。因此，他在自己的彼塔国，不分亲疏、不分贵贱，不分部族，起用人才。也不以资力、长幼为重，只要有真才，为人正派，拥护统一大业，就予以重任，发挥其才能。《罗黄金史》中，记载了一段看门的孤儿舌战成吉思汗的九员大将，合理分析酒的利和弊，受到成吉思汗赞许的内容。尹湛纳希转引并继续演义了这段故事。在《青史演义》中，只作一些端盘子送菜杂事的巴雅古德孤儿苏奇在宴席上对酒的利和弊说出令人刮目相看的见解，平息了木华黎等大臣们的争论。成吉思汗非常赏识苏奇的才识，立即任命他为书记官，改名乌尤图彻辰。后来，成吉思汗为别勒古岱的婚事，轻骑赴克烈部的复杂斗争中，乌尤图彻辰凭借自己超人的机敏和口才，数次不失礼节地挫败伊拉古欲借敬酒之际，毒害成吉思汗的阴谋，用事实证明了成吉思汗识人之准确。成吉思汗知人善任的最生动的例子是成吉思汗慧眼识英雄提拔起用木华黎。当初，木华黎投奔成吉思汗时，还是一位挥舞铁棍的牧羊少年。当己亥岁，岱其古德部落率三万铁骑攻打成吉思汗不足两万的弱旅时，木华黎深夜主动向成吉思汗献计献策，商讨应战之事。在这次强弱悬殊的战斗中，木华黎以“曹刿论战”式的谋略赢得了胜利，展露出自己超人的军事才华。成吉思汗发现其才能后，打破常规，不顾忌众人的怀疑，果断地任命他为指挥全军的军师元帅。

甚至，为了帮助木华黎建立威信，成吉思汗故意违犯军纪，任凭木华黎处罚。可以说，没有成吉思汗的信任，便不会有木华黎如此精彩的一生；没有木华黎的辅佐，便不会有成吉思汗如此辉煌的事业。甚至，为了更加衬托成吉思汗广纳贤才的博大胸怀，尹湛纳希从《罗黄金史》中选择了岱其古德部仇人吉尔古嘎岱归附成吉思汗的内容，演义出了一段成吉思汗不记前嫌，宽容并信任仇敌的动人故事。在成吉思汗婚礼上，巴苏德部的吉尔古嘎岱突然说出自己曾射伤成吉思汗坐骑的往事。成吉思汗说道："身为仇敌而来看我，这是好汉的作为。这样的好汉我从来把他看作是亲兄弟一样，从心眼里器重他，哪能还记过去的旧仇呢?"于是把吉尔古嘎岱改名为"哲别"，任命为指挥使，予以军事重任。①

尹湛纳希在小说中这些别具匠心的改编创作与近代蒙古民族的社会现实有直接的关系。《青史演义》作为作者社会理想和审美理想的理论物态化形式，寄托着尹湛纳希本人一定的社会理想和人生抱负。在开明君主的理想追求背后是作者对施展抱负，体现个体人生价值的强烈呼唤。尹湛纳希自幼聪明过人，又勤奋于学问，在年轻时代也曾有过"安邦治国"方面大展宏图的幻想。但是，由于清廷维持外藩蒙古贵族的世袭制度，不在蒙古地区设置科举，使得尹湛纳希空有满腔抱负，却报国无门，成了埋头著书的一介书生。对于清廷压制蒙古族人才的施政策略，尹湛纳希非常愤慨。他在《青史演义·纲要之三》中写到："选拔有才华的人给予勉励，量才而任用府道之职，逐级升使用，如果确实有大贤大智者，则授以宰相、中堂等衔，居一人之下，万人之上，用一人而安天下，不使人类所聚敛日月之精华枉弃，不使才子能人委屈受压，这实乃天子之王道那种毫无偏私，将天下视为赤子而普降恩纶之举。但

①《青史演义》与《罗黄金史》的内容比较请参阅本文附录一的列表。

是，……为什么偏偏不让蒙古族参加考选呢！”显然，尹湛纳希通过清廷不在外藩蒙古设置科举，压制蒙古人才的表象，质疑其统治政策的愚民实质，其思想的批判矛头已指向了流于偏私，有失王道的满清王朝的封建制度本身。当时，清廷在外藩蒙古维持贵族世袭制度，名为倡导武略，实为闭塞文化教育。由于贵族特权世代相袭，即使父亲获罪削爵，那爵位也仍然由其儿子或直系亲属承袭，造成代代蒙古贵族养尊处优，无所事事的生活方式，丧失了进取作为的精神动力，致使这些蒙古贵族“论学问他一窍不通，论兵书他从未学过”。他们只求贪图富贵，安于享乐，根本无需顾及个人功名，更无心顾及民族兴衰。正可谓“自从大清朝建立，因我们蒙古没有以文教出身立业的门路，蒙古人已尽失勤奋，不事功业久矣。”即使“偶尔如白昼的星辰，黑夜的彩虹，出现一两个能博识聪敏的人，就又以贫穷或位卑，总之，要用一个理由削弱他，使他达不到融会贯通。”尹湛纳希在《青史演义》中倾力打造一个不拘一格选人才的明主形象，其用意无疑是在控诉清王朝封建统治扼杀人才，抹杀民族出路的愚民本质，其实质无疑是对民族平等、民族进步为主旨的近代民族启蒙思想的大力宣扬。

《青史演义》作为一部钟情于战争题材的历史小说，大量吸收了《蒙古源流》中有关成吉思汗攻城略地，征讨众部落的战事记载，演义创作成二十七个章回的内容，占去全书六十九个章回中39%的比例。尤其是，《青史演义》讲述成吉思汗从生到死，一生业绩的前五十九回中，源自《蒙古源流》的内容占去46%。[①]但是，这些大比重的转载内容并不支持我们得出尹湛纳希抄袭《蒙古源流》的武断结论。而是这些改编演义的情节内容恰恰证明了尹湛纳希依据真实的历史事件创作成就了蒙古文学史上的首部历史演义小说《青史演义》，从而为小说

① 《青史演义》与《蒙古源流》内容比较请参阅本文附录一的列表。

文体从史学的附庸通过“讲史”到“演义”的发展过程获得转化独立的文学理论提供了有力的实践证据。尹湛纳希借助对《蒙古源流》史事内容的改编和演义，突出成吉思汗在统一蒙古的艰巨历程中的坚忍不拔，进取向上的拼搏精神。譬如，《蒙古源流》中，戌辰纪年至丙戌年，成吉思汗以“世事大略就绪，聊可息养我身心”为由，修养十九年。而在《青史演义》第四十二章中，成吉思汗说道：“我奉天命，平定长期做乱的十二国主，讨灭七十五个无道小邦。从此举国太平，绥定北方，安抚沙丘，此是我之本意。如今此愿已遂。我今年高，已近五十，今欲歇息，静养身心。眼下虽有宋金两国，只要我子争气，即可图之。至于辽陈这些小国，成何气候！”木华黎等四大臣连忙劝阻成吉思汗道：“皇主此令，甚是不妥！若行此令，违背天意，铸成大错，难以挽回。于后日而言，也非贻谋燕翼之事。皇主如布此令，后日平民百姓皆无效忠之心。至于万世后主，何以继承传统？……皇主若布此令，有所疏略，从此以后，谁人承继家业？……皇主寿近五十，百般奋力，赴汤蹈火，此皆为国为民，并非为一己之荣华富贵。既然如此，皇主今日竟口出玉言，说大事了结，所愿已遂，甚是不当。……人生在世，当为自身并天下万民安乐着想，这才是报答父母恩情之所在。因此，身为天子，不遗余力，以报双亲之恩，这才是孝顺之首。如今皇主亲自动手打下金塔之基，指日塔顶告成。此时此刻，颁布此令，甚是不妥。皇主此令，决然不可视为正理。”成吉思汗诚心纳谏，破费三国贡物，大行直谏之风，弥补自己的一言之误。以至，到了花甲之年，成吉思汗仍身体力行，亲自出阵，与敌人厮杀。萨日达格齐国俺巴该汗连挫彼塔国木华黎、布古尔吉等八员大将。成吉思汗竟按奈不住，拍马出阵，与俺巴该汗交战。正当彼塔国众将领大惊失色之际，他却早将俺巴该汗挑于马下。在征西域的战斗中，成吉思汗不顾自己年过六旬，亲自披挂上阵，率先出阵迎战西域回回国主聂力格罕，并几个回合就把他挑于马下。见到此状，彼塔军个个踊跃上阵，无一落后。成吉思汗以坚忍不拔的意志、敢于拼搏的勇气和身先士卒的表率推动着统一大业。直到岁次丁亥，成吉思汗以六十六岁高龄，出征唐古特之希都尔古汗。以致，收服唐古特之后，病情加重，倒在行军营中。根据《蒙古源流》中的记载，成吉思汗留下遗嘱，说道："噫！我此身将辞世矣！忽必烈儿出言不凡焉，汝等当遵其言而行之；日后可望彼能如我在时，必致天下于安乐之境乎！"显然，成吉思汗痛惜自己生命的结束，把统一大业的希望寄托在儿孙身上。而在《青史演义》中，成吉思汗的遗嘱仍贯穿着他对统一大业的执著和信心。尹湛纳希写到："朕从十三岁起兵举事，已到六十六岁。四方五域皆以荡平，岁岁纳贡。如今朕心坦然，无一丝遗憾。常言道："玉石无皮，人生无恒"，"生铁也会生锈消融，人主也会衰老离世。""万事无尽头，活人无长生。社稷朝代也会轮换更替。"还望臣宰们潜心效力，保国卫民，铲除奸佞。好生抚育忽必烈儿，日后必胜于我。朝纲由窝格台继承，国事有拖雷执掌。三军由太师统率，安全之策与耶律楚材商议。"并且，在弥留之际，为接班者制定了"向宋朝借道，攻取金朝都城"的战略妙招，为自己积极进取，拼搏奋斗的一生画了圆满的句号。

尹湛纳希通过改编《蒙古源流》的史录记载，极力标榜成吉思汗不图享受，奋发上进，自强不息的理性思虑，有很强的现实目的。《青史演义》成书之时，蒙古民族在清王朝的统治下，呈显出前所未有的没落趋势。当时，"蒙古惑于喇嘛，罄其家赀不知顾惜，此皆愚人偏信祸福之说，而不知其终无益也。"根据尹湛纳希在《青史演义·纲要》中所言，当时的蒙古百姓沉迷黄教，好高骛远，想成佛而成了废物仍不醒悟。他们"为成佛爷而去当喇嘛，断绝子嗣，影响人口增长。还有许多人迷信喇嘛和佛爷，为来世的利益，牺牲此生的事业，无意义葬送一生却不觉醒”正如，皇太极所言：“蒙古诸贝勒自弃蒙古之语，俱学喇嘛，卒致国运衰微。”由于清廷不让蒙古人参加考选，推行世袭制度，导致蒙古百姓无需学习上进，只能听天由命，埋没一生。蒙古贵族由于世代袭爵，也无需进取，以致贪图享受，随意挥霍，腐朽没落至无耻的地步。执掌蒙古政事的贵族上层中滥竽充数的尽是一些“谈文没有读过书典，讲武没有学过兵法。那眼鼻和手足也不比别人生得多，谈吐和处事也不比常人高明。有的竟是瞎、瘸、哑、聋和淫乱昏暗之徒。就是这等人，头戴镶着各种宝石的顶子，帽嵌五彩孔雀翎，身着龙图蟒缎服，腰围百玉带，项挂珊瑚念珠，肩披貂狐之裘，前后佩带各种珍贵宝石，手足带着金玉珍奇，出则几百清秀漂亮的随从，宝辇抬轿相连，走街闹巷；入则娇鬟美妾，蟒缎帏帐，几十件熏香软被；坐的是仙境般大殿；卧的如佛地的莲花池；食则七味珍肴；睡则淫乱无度。看上去，闪着仙道般的光，实际则是如同鬼怪的气味那样恶臭。”甚至，根据罗卜桑悫丹所著《蒙古风俗鉴》记载，当时，清王朝在蒙古地区推行“满蒙联姻”政策，以笼络和牵制蒙古上层。昏庸愚昧的蒙古贵族不解其中的用心，竟然争相聘娶满清贵族的公主、格格，耗费大量的财产、资金充当彩礼，导致债台高筑，继而更加残忍地鱼肉蒙古百姓。蒙古贵族的腐朽统治使整个蒙古地区的经济趋于崩溃，把整个蒙古社会都陷入了不堪入目的颓废落后状态。总之，在清朝施行的维持蒙古世袭统治、满蒙联姻和推行喇嘛教等针对性极强的民族政策的高压下，蒙古民族完全丧失了成吉思汗时代那顽强上进，武勇智慧的传统文化精神。尹湛纳希在《青史演义》中转录了《蒙古源流》所记载的成吉思汗三十二年的奋斗历程，重现成吉思汗时代元气充沛，阳刚向上，拼搏进取的斗争精神，并在《青史演义·纲要之七》中强调：“人们如果不知道自己的本源、宗族，不知道祖先的事业和姓名，纵然上知天文，下知地理，将世间的道理和事情都通晓了，那也如同将柞长寸木放到高楼的梁上，说那木比楼还高一样的没有根据。”尹湛纳希将关于“祖先、族源”的认识强调到一切知识之首，以文学的形式再现祖先的光辉历史，无疑在当时的蒙古地区具有唤醒民族意识的进步意义。

接受近代理性精神熏陶的尹湛纳希对《罗黄金史》和《蒙古源流》神化成吉思汗的荒诞手法表示不满。譬如，在《青史演义》中，尹湛纳希对《罗黄金史》中成吉思汗幻化成一个贩卖弓箭的老者来惩戒别勒古岱和哈斯尔二人的故事情节进行了根本性的改编。根据《罗黄金史》中的情节叙述，别勒古岱是在右臂被不里·孛阔砍伤的情况下用左手扶成吉思汗上了马。事后，成吉思汗却以对上不敬为由惩罚了别勒古岱。于是，别勒古岱和哈斯尔二人背地里埋怨成吉思汗政法严厉不公。成吉思汗知道后特变作一个卖弓的老人来惩戒二人。而在《青史演义》中，别勒古岱怨恨兄长成吉思汗不给他娶克烈部公主索隆高娃为妻，与哈斯尔一起暗地里议论成吉思汗。此时，上界天神变作一个卖弓的老人及时来警告哈斯尔、别勒古岱二人应对成吉思汗忠诚。尹湛纳希不仅把原文中成吉思汗与哈斯尔、别勒古岱之间咄咄逼人的政治矛盾弱化成家庭矛盾，还表达了上天难容对成吉思汗的不敬以及兄弟不睦的思想信息。显然，尹湛纳希是继承了其维护黄金家族内部团结的思想主旨，而摈弃了其受佛教史学观支配的审美意趣。不仅如此，尹湛纳希为了塑造成吉思汗新的形象，对《罗黄金史》和《蒙古源流》的史料，进行了提纯和改造。譬如，在《罗黄金史》中记载，铁木真在少年时期因一点小事发生口角，射死了自己同父异母的兄弟别克特尔。这段残酷的史实在《蒙古秘史》以来的历史著作中都有记载。这段史料说明成吉思汗自少年时期就禀赋着刚勇凶狠的性格。而在《青史演义》中，尹湛纳希把手足相残的血腥冲突轻描淡写地处理成少年人之间的一般口角，而且为了自圆其说，也改编了成吉思汗兄弟们的出身和数目。文中写到：

"后来太祖兄弟几人一天一天地长大，经常出去狩猎，兄弟之间也时常闹点别扭，窝格仑夫人甚为担忧。"于是，贤明的母亲用"一支箭易断，五支箭不易断"的道理教育了孩子。其结果是"太祖深深地感到自己过去的所作所为很不对头，有碍兄弟之间的和睦，于是，立即带着四个弟弟一块儿跪在妈妈的前面，悲切地安慰窝格仑夫人。从此以后，太祖对弟弟们处处谦让，倍加爱护了。"

尤其是，与成吉思汗接触的女性形象在《青史演义》中有了巨大的变更。譬如，《罗黄金史》和《蒙古源流》中记载，成吉思汗征珠尔齐特之旺楚克合汗，收服其部，并纳其女雅里海。成吉思汗收服三部索伦，并纳岱尔乌逊之女忽兰。成吉思汗征唐古特国，杀锡都尔固合罕，纳其古尔伯勒津高娃夫人。《青史演义》中，尹湛纳希对这般记载表示不满，并为成吉思汗进行了辩诬。在第十四章中，扎如特部旺楚克汗归附成吉思汗后，进献自己的独生女扎拉喜娅以表示诚意。成吉思汗把扎拉喜娅赐给了功臣布古尔吉为儿媳。但是，扎拉喜娅"以为我配不上天子，便把我赏给了下臣"，羞愧之余服毒身亡。尹湛纳希插话写道："有的无聊史官写这段因缘时，尽说扎拉喜娅是因为太祖娶了她才自尽的。更为甚者，连她的名字都写错了，把扎拉喜娅公主写成扎利海公主。此为大错，故说明之。"在第十六章中，索隆古斯国布哈查干汗归附成吉思汗，也表示把女儿郭勒撒仁公主作为社稷贡品献给太祖。成吉思汗不悦，说道："所到各国均以女色献媚我，是何意？"大臣木华黎劝他道："是否中计为他所骗，全凭主公明德，非小人之诈谋。贪恋佳色乃他国之所为。收纳一个女子事小，平服五个部落事大。何因掉下一根羊毛而废弃一锅黄油？"成吉思汗为国事大局计，答应纳此女为妻。在第二十九章中，成吉思汗夸赞兄弟别勒古岱不被"女人的美颜迷惑"，并说道："美色虽然使人悦目，然而伤人元气；良酒虽然使人流连，然而害人性命。”而对《蒙古源流》卷四中关于成吉思汗征服唐古特，不顾刎颈而亡的希都尔固汗的劝告遗言，纳其夫人古尔布勒金高娃的一段离奇记载，尹湛纳希更是用极其犀利的语言进行了笔伐和谴责。在《青史演义》第五十九章中，他不仅借助希都尔固汗之口骂她为“妖婆”，借助耶律楚材之口，断定此女为“年代久远之水怪”，甚至插入作者评语重申到；“未知实情的某些人竟然胡乱说成吉思汗纳古尔伯勒津高娃而被害。人心难测啊！此乃毒蛇也。”而且这一事件的处理结局也与《蒙古源流》卷四中古尔伯勒津高娃夫人貌美如仙，不愿归服成吉思汗，跳黄河身亡的记载大相径庭。《青史演义》中，成吉思汗身边曾有一位名唤雅布嘎的侍臣，负责端茶送饮。在接待唐古特使臣时，雅布嘎听说唐古特君主宠妃古尔伯勒津高娃乃是绝代美人。于是，他为献媚成吉思汗，建议发兵唐古特，抢来古尔伯勒津高娃。成吉思汗不待雅布嘎说完，就愤怒谴责他口出秽言，并把他驱逐出去，下令永远不允许他再到自己跟前。这种结果与《蒙古源流》中成吉思汗与雅布嘎之间微妙关系的记载截然相反。在萨囊彻辰的《蒙古源流》卷三中确有“时雅布嘎之妻孟古伦高娃适从合罕于行在。雅布哈乃夤缘密奏于上曰：“闻锡都尔固合罕之妻，淑姿古尔伯勒津高娃夫人，佳丽不伦，其容光能羞日月云，我天骄主上，必当取之。”[①]的记载。而且，萨囊彻辰紧接着便安排记述了成吉思汗与唐古特锡都尔固合罕之间的言语冲突和征讨之事。这种处理方式很容易给读者造成成吉思汗之所以做出兵伐西夏的决定似乎与雅布嘎之言有直接关系的错觉。因此，尹湛纳希在《青史演义》的创作中，对《罗黄金史》、《蒙古源流》等史著中有关成吉思汗事迹的瑕疵记载进行大刀阔斧的增删和改编，极力增补创编成吉

① 萨囊彻辰（清）著，道润梯步译校：《蒙古源流》，呼和浩特，内蒙古人民出版社，1980年版，第144页。

思汗远小人，恶女色的谕言训语和情节故事，塑造出了完美符合自己理想的成吉思汗封建仁主新形象。

但是，尹湛纳希改编和演义《罗黄金史》和《蒙古源流》的史录内容来充实《青史演义》的故事情节，我们并不能简单解释为证明文学家创作灵活性的必然手段。究其实效和实质而言，尹湛纳希经过对蒙古史著内容的改编再创作，在主导思想上明显摈弃了支配中世纪蒙古史传文学的佛教史学观，赋予《青史演义》以崭新的思想观念和审美追求。以此为据，我们足可结论说，《青史演义》不仅仅是一部蒙古文学史上小说文体从史著的附庸转型独立的标志性作品，更是一部充分体现蒙古民族文化思想和文化心理在新的历史条件下冲破藏传佛教思想的藩篱，向中原儒家思想和近代民族民主主义思想转型的重要作品。

第四节 《青史演义》与《大元史》、《续资治通鉴》思想内容比较

十九世纪的蒙古族作家尹湛纳希在创作小说《青史演义》的过程中，大胆对蒙古史传著作进行取舍和改编，剥离和摈弃包裹十七世纪蒙古史著的佛教思想外衣，所依据和凭仗的思想利器之一就是来自中原汉族的儒家思想。其载体就是汉文历史著作《元史》和《续资治通鉴》。尹湛纳希在《青史演义》的创作中直接吸纳了汉文史著《元史》的满译本《大元史》[①]和清人毕沅的力作《续资治通鉴》中有关成吉思汗南征金朝的史

① 尹湛纳希是通过满译本《大元史》，间接吸收汉文史著《元史》的资料。有关《元史》与《大元史》的关系请见本文附录一的列表（三）。由于《大元史》在主导思想上与《元史》无异，本章以《元史》为例论述之。

料记载。[1]随着这些历史记录的引用，充溢其字里行间的儒家史学思想和文化思想对尹湛纳希产生了直接的影响。

《元史》和《续资治通鉴》中，也记述了成吉思汗统一蒙古高原，逐鹿中原的历史过程。其中，成吉思汗南征金朝的事迹尤其记述得详细完整。在儒家思想支配下的中原史家始终把“仁德之心”作为衡量封建君王道德的一个重要标准。即使是对朔漠起家的蒙古君主成吉思汗，他们仍按照自己传统的历史观，从人伦道德意识去肯定他的历史功业。在《元史》和《续资治通鉴》中，着重记述了在《蒙古秘史》等蒙古史传作品中所忽略的成吉思汗的仁德之举，以证明成吉思汗之所以能统一蒙古高原，建立蒙元帝国，是因为其“宽厚仁德”深得人心所致。成吉思汗是一个“功德日盛”，扶持弱小的仁厚之主。在他的力量还不很强大的时候，他就慷慨援助那些被强盛部落所欺压的弱小部落，从而得到他们的信赖和拥护。他帮助弱小的照烈部解决生计，在共同的围猎中故意把猎物赶向照烈部的围中，又命人从自己部落运来过冬的皮衣送给缺衣少食的照烈部众。因此，“泰赤兀诸部多苦其主非法，见帝宽仁，时赐人以裘马，心悦之”，“若赤老温、若哲别、若失力哥也不干诸人，若朵郎吉、若札剌儿、若忙兀诸部皆慕义来降。”[2]

儒家思想的核心是“仁”。尹湛纳希抓住了这个核心，在《青史演义》中，注重成吉思汗的“仁义”，来肯定其统一蒙古高原，征伐金朝的历史合理性。在《青史演义》中，成吉思汗从不兴无义之师，从不自恃强大而欺凌弱小，始终坚持着以恩义服众的原则。他认为，“用恩义服人，如同花与叶那样永远相伴；用兵戈服人，那就如同血与水终久是两种颜

---

①《青史演义》与《大元史》、《续资治通鉴》内容的比较请参阅本文附录一的列表。

② 宋濂（明）等撰：《元史》卷一，北京，中华书局出版，1976年版，第4页。

色”。[①]他言出必行，用行动实践了自己的原则。在小说中，成吉思汗“平定长期作乱的十二个国主”，征服七十五个大小部落，统一了蒙古高原。其中，大多数部落都是为成吉思汗的仁德和宽厚所感动，自愿归附的。只有少数部落是真正用战争方式征服的。但是，每一次的战争，都是由于对方首先进犯彼塔国，成吉思汗不得不为保卫彼塔国的安全和尊严，率部应战。然而，即使不得不交战，成吉思汗也反对乱砍乱杀，要求属下只以夺取战斗胜利为目标尽可能少伤人命。譬如，与克烈部的一次战斗中，大将扎勒篾部署要用水淹袭被击败的敌人。成吉思汗坚决制止他，说道：“其他诸事皆可，只是那水淹之事不可取。那次，掘开萨日勒格河，济浓（指木华黎）伤人性命过多。兵家之法，不在于杀人，而在于服人。”《青史演义》第二十四章讲述了彼塔国与克烈部之间的一次激战。木华黎下令发射捆绑着火硝的乱箭，对被困在山谷中的克烈部士兵施以火攻。克烈部兵卒处于无路可逃的绝境，又遭火攻，顿时，哭喊声震天动地，凄惨之极。成吉思汗得知情况后，亲自赶到木华黎跟前，先长叹一声，说道：“好汉不逼杀被困之士，贤主不折磨逃难之人。我已经放走和王陶高日勒，请济浓也设法放走这些伤残之兵吧！”木华黎虽然心中叫苦，认为这样做是放虎归山，日后克烈部得喘息之机，又会再度兴兵做乱。但是，仍坚决执行成吉思汗的旨意，放走了克烈部被困的全部士兵。当时，被围困的克烈部士兵深为感动，齐声向成吉思汗高呼：“祝愿天子您万寿无疆！”见到成吉思汗如此仁德，跟随克烈部的柴勒吉部首领乌日图，率本部七千余人自愿归附成吉思汗。他对成吉思汗说道：

① 尹湛纳希（清）著，黑勒、丁师浩汉译：《青史演义》，呼和浩特，内蒙古人民出版社，1985年版，第75页。

"柴勒吉部落的乌日图，
在沙场奔走已近二十年。
像您这样真诚的圣主，
我耳中还从未听到过。
弱小部落的乌日图，
在众多部落中来往近二十年，
像您这样宽宏的圣主，
我眼中还从未见到过；
在厮杀中怀有周全之心的圣主，
必有宏大的慈悲；
在搏斗时怀有救助之心的圣主，
定有广阔的仁义恩德。
将死在旦夕的陶高日勒，
赏给活路放走；
将被捆的克烈部所有士兵，
解救出来而不消灭。
这无疑是天上的神仙，
注定要统治大千世界；
能聚集不尽的福禄恩德，
承继至高无上的皇位！"①

儒家祖师孔子曰："仁者，爱人也。"世居中原屏藩的卓索图盟，身心深受儒学文化熏陶的尹湛纳希把"美从属善"的思维认知贯穿于整部《青史演义》中。众所周知，在人类文明的发展史上，战争是一个不容回避的现实问题。正如，中国历史上周文王、周武王、汉高祖、唐太宗一样，成吉思汗也是无可避免地通过一系列的征战杀伐，用骏马和利剑谱

① 尹湛纳希（清）著，黑勒、丁师浩汉译：《青史演义》，呼和浩特，内蒙古人民出版社，1985年版，第365—366页。

写了统一北方草原的壮丽诗篇。但是，在《青史演义》中，尹湛纳希始终以仁善为尚、为美的创作思维和认识角度去描写成吉思汗统一蒙古高原甚至逐鹿中原的戎马一生。在此仅引一例，借以说明《青史演义》创作思想上与中原儒家思想之间的渊源关系。

汉文史著《元史·本纪》记载：

“九年，甲戌春三月，驻跸中都北郊。诸将请乘胜破燕，帝不从。乃遣使谕金主曰：“汝山东、河北郡县悉为我有，汝所守惟燕京耳。天既弱汝，我复迫汝于险，天其谓我何。我今还军，汝不能犒师以饵我诸将之怒耶?”金主遂遣使求和，奉卫绍王女岐国公主及金帛、童男女五百、马三千以献，仍遣其丞相完颜福兴送帝出居庸。”①

同一事件在《续资治通鉴》中也得到记载：

“戊子……蒙古主驻金中都之北郊。诸将请乘胜破燕，蒙古主不从，遣萨巴勒谓金主曰：“汝山东、河北郡县，悉为我有，汝所守惟燕京耳。天既弱汝，我复迫汝，天其谓我何！我今还军，汝不能犒师以饵我诸将之怒耶?”平章政事珠赫将果勒齐谓金主曰：“蒙古人马疲病，当决一战。”都元帅完颜承晖曰：“不可，我军身在都城，家属各居诸路，其心向背未可知。战败必散，苟胜，亦思妻子而去。社稷安危，在此一举。莫如遣使议和，待彼还军，更为之计。”左丞相图可坦镒亦以和亲为便。金主然之，遣承晖诣蒙古请和。壬寅，以东海郡侯女为岐国公主，归于蒙古主，蒙古所称公主皇后也。并以金帛、童男女五百、马三千赂之。蒙古兵退，中都解严，仍遣承晖送出居庸。”②

---

① 宋濂（明）等撰：《元史》卷一，北京，中华书局出版，1976年版，第17页。

② 毕沅（清）编集：《续资治通鉴》第九册；北京，中华书局，1979年版，第4334页。

诚然，成吉思汗逐鹿中原的战争过成中，不忍心一举毁灭中原旧国，乘胜之际做出退兵的决定，确属难能可贵的仁德之举。而且，这种仁爱之心，确实令不同民族的史家都感叹不已。因为，这段史事的记载，并不是汉史家为了美化成吉思汗所凭空捏造的。而是在蒙古族最早的历史著作《蒙古秘史》中也有确凿的记载。我们不讳赘述，转录《蒙古秘史》第三卷中的原文如下：

“在后羊儿年，成吉思征金国。先取了抚州，经过野狐岭，又取了宣德府。使者别、古亦古捏克二人做头哨，至居庸关，见守卫的坚固，者别说：“可诱他战。”于是把军马佯回了。金家见了，果然尽出军马追袭，直至宣德府山觜行。者别却翻回冲着，将金国的陆续来的军马杀败。成吉思中军随后到来，将金国契丹、女真等紧要的军马都胜了。比至居庸，杀了的人如烂木般堆着。者别将居庸关取了。成吉思入关至龙虎台下了营，遣军马攻取北平等郡。教者别攻取东昌，不克，回了六宿，却翻回去，每人牵从马一匹，尽夜兼行，使金人不意中间，将东昌取了。者别取了东昌，回来与成吉思相合。初北平被攻时，金王京丞相对金主说：“天地气运，大位子交代的时节，敢到了。达达每好生强威，将咱勇猛的军马杀绝，可依仗的居庸关取了。若再与他厮杀，不胜呵，只恐军马就溃散了。莫若且归附了达达皇帝，教他退军。若退了军时，咱那时再做商量也者。又听得说达达军马不宜水土，见生瘟病。如今达达皇帝根前，与他女子金银马匹试看从也不从。”金主说：“王京说的是。”遂归附了成吉思，将公主及金银马匹等物，教王京送与了。成吉思遂将攻城军马退了。王京亲送至莫州，抚州山觜行，辞回了。军人将金银等物用熟绢拴定，尽力驮去了。”①

① 额尔登泰、乌云达赉校勘：《蒙古秘史》，呼和浩特，内蒙古人民出版社，1980年版，第1036页。

综上所述，虽然在细节内容和记述角度上有同有异，但同一事件在不同的历史著作中得到相似的记述，说明成吉思汗在征伐金朝的过程中，有过不忍杀戮，撤兵退守的真实事迹是无庸置疑的。只是因时代的不同、文化背景的不同导致每位史家所崇尚的审美角度不同而已。《蒙古秘史》的记载突显了氏族时代部落英雄的血腥和阳刚；而汉文史著更多是从人伦道德予以阐释。文学家尹湛纳希则认同了蒙汉文史料记载成吉思汗性格中仁厚爱人的善良本质，并在自己的作品《青史演义》中不仅加以突出演绎，更是赋予了近代审美新内涵。以《青史演义》第四十六章“不亡故国圣主恩德长，不改邪心金主奸计多”为例，作者正是依据上述史料记载进行演义创作，为塑造成吉思汗“仁义”新形象添枝加叶，增彩不少。当时，成吉思汗大军已经来到中都城下。彼塔军中将领都决议要攻取中都。但是，成吉思汗坚决制止了他们。成吉思汗认为自己“北漠举师，依遵天伦，兢兢业业，转战南北，已为人主”，于心不忍一举毁灭金朝。为此，他拟写诏书交于金国君主完颜旬，依循“君子之度”表明了自己的诚意。我们不计篇幅，转录小说原文如下：

“蒙古皇帝致书于金国君主。自古至今，有德有谋，有权有福者治理天下，皆以诚心实意安定社稷百姓；而无德之辈，禅位于有德之士，以图安邦定国。如今你们金国子害父母，臣弑其主，兄弟相斗，民叛君主，已到无权无福无德之极。故依我之见，不如赖民赖祖，改弦更张，退位让国。昔日北有十二君主，七十五个部落；南有宋、金、夏、辽、契丹等国。四百年来，互相征讨，以致黎民百姓日夜不安。因此，我奉天命，以赤子之心，从十三岁起，起兵举事，转战四方，讨平七十五个小部落，十二个大国皇帝。西平唐古特，吐蕃、巴拉布、畏吾儿、回回、白回回、黑萨尔达格沁、东狗头国、女人国等处之乱，然后，登基为皇，欲过安闲之日，不料，在我四十五岁那年，南方金国刘仲路、刘福、董钦等人，难忍暴戾，前来告状。又听说我的族人赛音布和汗也被金人杀害。正欲起兵讨伐，然念贵国百姓收库，不忍加害，几次派人陈述事体。然而你们不但蛮不讲理，反而视我为奴，派来使臣，想将我骗去，暗中谋害。即使如此，我也未曾介意，一再让步。直至你们谋害先主，残杀国母，我才迫不得已，举兵讨伐。无奈，天主公道，我军以少胜多，攻破众城。那时，我念皇上被弑，国母残死，此乃天时所致，我又何必落井下石！故只在外省用兵，攻城略地，等你们回心转意。然而你们不但毫不自量，违抗天命，而且，肆意妄为，倒行逆施。故我不得不举兵南下，去攻山东、河北等处州府。如今已破贵国九十余城，为我所有。更有东辽、西夏为我效力，出兵河东，用心攻伐。贵国左右南北，皆为我所占，唯有几处故城尚未击破。事到如今，你作何打算？若依我众亲王将相之意，别说你一个中都，即使几十个中都，也都能攻破。皆因我不忍加害生灵，一心劝阻，众人方止，至于今日。我若口出大言，岂有能破九十余城而破不了一个中都之理？我本想你只要回心转意，顺从天时，逃脱大难，取掉皇号，我便罢兵。然而你执迷不悟，一再派人请求和解。你若取掉皇号，保全自身，我劝你尽早取号，将你山东、河北等地贡献于我，我便封你为王，永保安乐。虽然如此，我手下众将士，锐气不减，一再敦促我定要灭你宗庙，挫你民心，以安天下。汝若不信，可文我众亲王及大臣，也可细看我之复诏。如今我已派去二使，汝等请入城中，好生相待，并备厚礼，犒劳将士，求其赏脸。我于此处，替你想点办法。汝等千万不可空口请和，务必取悦于我手下众将士，方有出路。我已有言在先，定要荡平中原。故怎能断然下令，教众将士心灰意冷？汝若求一生路，务备厚礼，犒劳我军将士，请求他们赏你脸面。”

金廷君臣看罢复诏，又见蒙古大军攻取金都易如反掌，个个失色。这时，左丞相兼副元帅术虎高琪奏道："鞑鞑人马连年征伐，已筋疲力尽。故乘此时机，征调城内城外百万人马与他对阵，决一死战！"右丞相完颜承晖从旁说到："不可不可。我军将士虽然身在京都，其家室子女均在城外山麓一带。蒙古人夺我军粮，皆散给这些无知山民，深得众民之心。众百姓也乘机归顺于他。如今，若与蒙古人厮杀，一则众将士势必惧怕妻室子女被杀，二则众百姓贪于蒙古所散军粮，也必纷纷去投降。我等众人必然束手就擒。那军卒岂有不去救护家人，而保卫我等之理？若征调外省人马，今天颁布告示，明天蒙古势必起逼兵攻城。如此折腾，社稷不安，朝廷难保，凶吉祸福，难以预料。故想一万全之计，备齐百礼，送给蒙古，两家和好为妙。待他来后，另想良策。倘若如此，日后虽生变故，也有退路。若举兵反抗，实无退路！"金主完颜旬听罢，当即依准完颜承晖之言，接受蒙古各项诏令，好言奉告于蒙古来使，并写具归顺文书，派完颜承晖为使，送呈成吉思汗。完颜承晖去见蒙古皇帝成吉思汗，顿首呈书，口称谨遵天命。成吉思汗降旨众臣，商议定夺。当时金廷将金国先主卫王永济之女岐国公主、歌童舞女五百人，太监嫔妃，良马三千匹，金珠翡翠，彩缎良绸，宫用细软，菊内服盔甲，各种器械五百车，犒劳兵士所用的金银彩帛五百车，送呈蒙古，此次送礼，金国府库为之一空。"①

笔者不避冗长之嫌转引的这封诏书的内容主线就是以《蒙古秘史》和《元史》中所记载的成吉思汗从中都退兵时对金主所讲的那一段话为原型的。尹湛纳希淋漓尽致地发挥了文学家的创作能动性，为成吉思汗心生恻隐，撤兵罢战演义出了逻辑

① 尹湛纳希（清）著，黑勒、丁师浩汉译：《青史演义》，呼和浩特，内蒙古人民出版社，1985年版，第678—680页。

完整的前因后果，从而更加突出了成吉思汗坦诚、勇敢而又慈仁的性格特征。文学家塑造艺术形象的性格特质，投注心血最多的那一面往往是创作者自己最欣赏的那一面。尹湛纳希以文学家的激情，将历史上短短一句话，演义成近乎两千字的一封诏书，说明他对成吉思汗怜惜中原百姓免遭战火涂炭的慈悲胸怀是何等的敬佩和赞赏。

总而言之，《青史演义》认同和接受儒家仁君思想的影响，并不表示作者尹湛纳希的思想是反时代的、是落后的。实际上，时代精神与民族精神是相互涵摄、相互包容的。同样的时代，各个民族都同样面临着生存和发展这一共同的问题。这是特定时代对于各民族的普遍要求；但同样的时代精神在不同的民族中有不同的表现，这是特定的文化传统、民族心理和性格的特殊作用的结果。儒家思想以其超稳态的传承性联贯始终于华夏文明发展的整个历史过程。承认儒家思想为主体的文化认同意识能在华夏各民族中建构起共同的文化心理基础。尤其儒家思想中政治上的大一统结构及其理念更在有形无形之中对中华民族起着持久的型范聚合作用。因此，对近代列强入侵，倍受欺凌的中华民族，对强敌淫威下，丧失斗志，卖国苟活的满清政府以及对封建统治和黄教精神专制双重压迫下，民心涣散，面临民族文化大衰败的蒙古民族而言，尹湛纳希交融中原儒家思想、近代民族启蒙思想和初步民主主义于《青史演义》一体，足鉴其忧深思远的文化见地和警愦觉聋的现实用意。

第四章 《青史演义》与相关蒙汉文历史著作人物形象比较

作为一部历史小说，《青史演义》的艺术魅力系于其塑造的人物形象上。因为在文学作品中，人物形象作为某种思想或道德观念的衍生物，蕴涵着十分重要的社会价值和很强的艺术感染力。创作者们往往为了寄意喻理，强化人物性格的某一方面以扩大其涵盖面，使作品的内在意蕴具有足够的社会价值和艺术穿透力。《青史演义》中，作者以蒙古历史上的真实人物为依托，重新雕琢刻画，塑造出众多富有民族文化和时代特色的人物形象，彰显出蒙古文学审美意趣的新趋向。

第一节 蒙古“仁义君王”——成吉思汗

蒙古文学史上的第一部历史小说《青史演义》中，尹湛纳希以历史人物为依托，倾力塑造出成吉思汗这一崭新的艺术形象，成为维系这部小说艺术生命的精魂所在。在他笔下的成吉思汗身上突显出睿智、宽厚、仁爱、贤德的性格特点，是一位高瞻远瞩，胸怀博大的开明君主。从开创蒙古史传传统的《蒙古秘史》到中世纪末期复兴史传传统的《罗黄金史》和《蒙古源流》再到近代历史小说《青史演义》，我们追寻成吉思汗人物形象的演变轨迹，足可映衬出蒙古民族文化在不同时代转型演变的动态历程。

正如前文所述，十三世纪的《蒙古秘史》和十七世纪的《罗黄金史》、《蒙古源流》分别是受不同时代不同主导思想影响的史传作品。最早详细记载成吉思汗事迹的《蒙古秘史》是在原始萨满教思想影响下开创蒙古族史传传统的历史著作。当时的蒙古史家认为成吉思汗做大汗、成就大业是天神的旨意，他们把成吉思汗的成功归于“长生天”的庇佑。因此，他们在《蒙古秘史》中除了反映秉承长生天旨意的成吉思汗崇奉忠诚、信义的蒙古传统文化精神之外，也反映了氏族部落时代成吉思汗身上那种对不忠、不诚、不信、不义的人和事严惩不贷，对自己的敌人及时予以毁灭性打击的凶狠、果敢的性格特点，为历史人物成吉思汗赋予了更多天赋的勇敢和氏族部落时代的英雄气质。譬如，《蒙古秘史》卷四第一百四十节记述了成吉思汗通过别勒古台之手除掉在家族势力中构成威胁的全国最负盛名的力士不里孛阔的历史事件。论辈分，不里孛阔是成吉思汗的叔伯叔父，他与成吉思汗是同一家族，但当本家族与主儿勤家族发生矛盾时，他却站在主儿勤家族一边。所以，政治嗅觉灵敏的成吉思汗当机命令胞弟别勒古台与不里孛阔这位全国最负盛名的力士角力，兄弟合谋以掩人耳目，瞒天过海般的伎俩及时除掉了这股势头强劲的政治暗敌。当不里孛阔倒下时，作者写到：“别勒古台压不住他，就抓住他肩膀，骑上他的臀部。”这一细节说明，背向对方的不里孛阔只是为了防御，根本没有打算进攻。也许，这时的他已经对不妙的处境心知肚明了，便以示弱的态度努力保全自己的性命。就当二人扭结之时，作者紧接着写到：“别勒古台回头看成吉思汗。可汗咬了咬自己的下嘴唇，别勒古台明白可汗的意思。”在成吉思汗的示意下，别勒古台“就骑在他身上，从两边交错地扼住他的颈项，向后扯，用膝盖按住，折断了他的脊骨。”不里孛阔的临终遗言成了这起谋杀事件的点睛之笔："我本是不会被别勒古台所胜的！因为怕可汗，故意倒下，我在犹豫之间，丧了性命！"《蒙古秘史》的撰著者们正是通过这件"杀一儆百"的政治谋略，烘托、塑造了部落时代成吉思汗凶狠、果敢、沉着、冷酷的政治家形象，具有强大的艺术震撼力。

17世纪的《罗黄金史》和《蒙古源流》则是在印藏佛教史学观强势影响下产生的蒙古史传著作。在当时史学造诣颇深的著作者罗桑丹津和萨囊彻辰的笔下，成吉思汗是受天命而降生人间的神人，之后降服了给众生带来苦难的七十二个暴君，"向五色四夷及阎浮提三百六十一种姓氏、七百二十种语言之国征收赋役，使人民手足有别，世道太平，生活安宁，扬名如转轮王"。因此，在他们的主观意识中，成吉思汗越勇猛地消灭敌人，也就越能显示出其英雄的本色和崇高的正义。即使是相同内容的历史事件，由于著作者主导思想的不同直接导致叙事角度和表现手法的不同。譬如，同样记载成吉思汗报家族世仇的内容，在《罗黄金史》和《蒙古源流》中则有了不同的记述。转引《蒙古秘史》内容最多为荣的《罗黄金史》转录了其有关成吉思汗灭塔塔儿部的记载。但是，由于创作者支配思想的不同，《罗黄金史》中的成吉思汗已不是《蒙古秘史》中的成吉思汗。在罗桑丹津笔下，成吉思汗征灭塔塔儿部，已经超越了血亲复仇，附着了"上天之子"成吉思汗为民锄灭暴虐的新意义。以《蒙古源流》卷三为例，有关成吉思汗征灭塔塔儿部的事迹只以一句"岁次癸丑，年三十二岁时，纳塔塔儿部也克绰罗之女，济苏、济苏凯姊妹二人为夫人矣"简略代过。但是，却详细记载了同年成吉思汗灭世仇泰赤兀惕部布克齐勒格尔的事迹。其内容大概是；成吉思汗在母亲诃额伦夫人的提醒和众兄弟及九位大将的协助下，击碎了泰赤兀惕部布克齐勒格尔在房中掘穴欲陷害成吉思汗的阴谋，收服了叛众，又简述了成吉思汗家族与泰赤兀惕部结仇的历史渊源。紧接着补写的一段文字，则表明了作者萨囊彻辰的心迹。暂且不论《蒙古源流》史料的来源问题，只借其对同一类事件的处理方式，就可说明创作者们不同的思想认识。现转录其记载如下：

至此，踏彼夙仇于脚下，收彼妒者于掌中振旅而还。正坐宫中，忽然天窗落下一玉碗，降于主上手中，内有满盛而不溢，若酒而奇香之饮物。主上独自饮之，则其四弟曰："主上奈何独享天之所赐也？"上然之。遂赐其所余，四人更相啜之，而未能下咽。四弟乃奏曰："此乃汝父玉皇天尊赐与汝圣主天子之宝器甘露也，我等过言而争之矣。汝真我等命世之主也。后行此事，愿听令旨。"上乃降旨曰："以我承皇天之命，曩即合罕位时，赐我以龙君之玉玺焉。而今值此胜夙仇也，天帝赐以甘露矣。以此度之，汝等所言盖是也。"[①]

可鉴，《蒙古源流》中的成吉思汗已从《蒙古秘史》中的现实人物上升为佛陀再世的神，肩负着"铲除暴虐，拯救众生"的神圣使命。自然，罗桑丹津和萨囊彻辰生花妙笔尽力向读者传达出一个鲜明的信息，那就是成吉思汗对内对外发动的一系列征伐战争只是在完成再生神的肩负使命而已。但是，从史传作品固有的历史叙事和文学手法两个角度去审视《罗黄金史》和《蒙古源流》时，我们会发现，尽管17世纪的史家们借助外来文化的强势影响为传统的蒙古史学披上了藏传佛教史学观的新外衣，为蒙古帝业的开创者罩上了至尊神佛的光环，但其历史叙事的内核并没有发生质变，描述成吉思汗性格特征的字里行间仍然延续着源自《蒙古秘史》的阳刚、坚韧、血性凶狠的英雄形象。笔者此说无意削弱这一时期外来文化的巨大影响力。事实上，当时随着藏传佛教文化的涌入，其炫奇争胜的

① 萨囊彻辰著，道润梯步译校：《蒙古源流》卷三，呼和浩特，内蒙古人民出版社，1980年版，第142页。

想象、崇论宏议的虚构以及侈丽闳衍的修辞与蒙古史传文学在蒙古民间文学的滋养下形成的徜徉恣肆、豪情逸致的传统手法相契合，不仅丰富了蒙古传统文化内容，更是提升了蒙古文人史家们的文学操控能力。《罗黄金史》和《蒙古源流》中，历史人物成吉思汗被重新塑造成佛教再生神的创作手法即是当时蒙藏文化交流的实际反映，也是蒙古史传传统“文”与“史”分门别户进程的具体表现。

相同的内容在19世纪成书的《青史演义》中则有了不同的处理。在小说的第七章《柳树丛中夜莺啼鸣送讯息 乃蛮国洪格尔珠拉尽孝心》中作者写道：

却说当归降的各部落都由其木德部落的乌勒呼大臣和巴尔拉斯部落的乌云格瓦二人统管。他们将新归降的九个部落的人口登记造册，然后晋见太祖，敦请太祖封任各部落诺彦。洪格坦部落的蒙格利克对太祖说道：“这九个部落里只有岱其古德部落跟我们结下三代深仇，他们趁君主您年幼的时候不断欺压凌辱我们。因此，把岱其古德部落的人统统杀掉才是！”当时布呼别勒古岱也在太祖身旁。他从太祖帐里出来，听说岱其古德部落的其勒格尔布和骑着马只身从军中逃跑，去投奔萨尔拉格国的扎利图苏勒德罕，这里只有岱其古德部落的塔尔古岱、塔勒布岱准备归顺留在军中。这二人见布呼别勒古岱出来连忙接住问道：“刚才帐中如何议论我们？”布呼别勒古岱听了十分生气，顺口说道：“过去你们岱其古德部落在我哥哥还很小的时候，把他抓去手脚带上镣铐，因此今天要杀掉你们，看你们还敢不敢再欺压人？”塔尔古岱、塔勒布岱兄弟二人听了布呼别勒古岱的话吓得魂不附体，当天服毒而死。岱其古德部落很多人也自寻死路，顿时大乱。木华黎闻讯以后，立报太祖。太祖发令一概免死。岱其古德人这才放心平静下来。太祖听说此事长叹一声说道：“布呼别勒古岱虽然身体硬实，然而心地不硬；虽然腰杆很硬，然而嘴头不硬。今后商议军机大事，不要让布呼别勒古岱参与。[1]

显然，与《蒙古秘史》和《蒙古源流》中相关内容相比较，《青史演义》的创作有了以下变化：其一，内容情节上合二为一，即把《蒙古秘史》中征灭塔塔儿部的事迹和《蒙古源流》中征灭泰赤兀惕部的事迹融合成一个故事。由此可以看出作者以蒙古文历史著作为依托创作《青史演义》的事实。其二，事情的原由不同。《蒙古秘史》和《蒙古源流》中记载是成吉思汗主动出兵征讨；《青史演义》中则是九个部落主动归降。说明作者并不认同成吉思汗主动开战，征讨其他部落的事迹。其三，责任人不同。在《蒙古秘史》中，成吉思汗是与亲族商议诛灭塔塔儿部事宜；《青史演义》中则是由洪格坦部落的蒙格利克率先提出诛灭塔塔儿部的建议。这说明《青史演义》的创作者并不赞同已往史传著作中关于成吉思汗一些行为举动的叙事记述方式。其四，事情的导火线不同。《蒙古秘史》中布呼别勒古岱以其诚实淳朴的性格，无意中外泄了秘密；《青史演义》中则是别勒古岱怄气、鲁莽，故意说出秘密。显然，作者此般“偷梁换柱”，意在指明事端诱因应由布呼别勒古岱负主要责任。其五，处理结果不同。《蒙古秘史》中，成吉思汗下令诛杀塔塔儿部全部男子，塔塔儿人奋起反抗而死；《青史演义》中则是泰赤兀惕人服毒自杀，成吉思汗下令一概免死。显然，创作者的用意是在借此突出成吉思汗宽厚仁德的秉性。相同的历史叙事之所以在《青史演义》中发生如此显著的人为变更，与其作者尹湛纳希所生活的历史时代和他身处内地思想文化影响较强烈的社会文化环境有关。与内地接壤的地理环境和19世纪的时代背景，使尹湛纳希在潜移默化的文化氛围中接受早期民主主义思想的熏陶，萌发出具有进步倾

① 尹湛纳希（清）著，黑勒、丁师浩汉译：《青史演义》，呼和浩特，内蒙古人民出版社，1985年版。

向的近代民族启蒙意识。他不再满足于将民族伟人成吉思汗依然塑造成部落时代氏族英雄的墨守成规，也不再相信成吉思汗是佛陀再世的荒诞不羁，更不能容忍其他民族的学者和作家对成吉思汗历史功绩的诋毁否定。在新的历史和文化语境下，尹湛纳希更注重成吉思汗奋斗的一生所体现的不屈不挠的拼搏精神及其强大的感召力。也正是出于这份功利目的，他在《青史演义》中努力把蒙古传统史传中的部落英雄成吉思汗重新塑造成心胸开明、秉性仁德的封建时代理想君主形象。需要指出的是，在尹湛纳希倾注心力重新打造成吉思汗睿知、宽厚、仁德性格的过程中，《元史》、《续资治通鉴》等汉文历史典籍发挥了重要的作用。

众所周知，中原史家的主体思维意识在儒家文化精神的支配下，往往规范人在伦理道德上的认知。《元史》等历史著作的编撰者对成吉思汗事迹的记载，也呈现出以伦理本位审美为主体框架的思维结构。他们认为，成吉思汗能够成就大业，开创蒙古帝国，是因为他有儒家仁君的品德。因此，他们在《元史》和《续资治通鉴纲目》中，突出记载了成吉思汗“宽厚仁德”的各类事迹。而上文所提及的成吉思汗征灭塔塔儿部及泰赤兀惕部人的事迹在《元史》等汉文史料中并未得到记载。从而在历史叙事的整体上呈现出一种有趣的现象，即倍受中原史家重视的事迹，恰恰是蒙古史家所忽略或冷落的内容。在《蒙古秘史》等蒙古历史著作中未被记载的，譬如成吉思汗帮助贫困弱小的照烈部的事迹，作为“帝功德日盛”的有力实证，受到中原史家的重视，完整收录在《元史》和《续资治通鉴纲目》等史籍中。在此不讳赘言，转引《元史·太祖本纪》中的原文如下：

当是时，诸部之中，惟泰赤乌地广民众，号为最强。其族照烈部，与帝所居相近。帝尝出猎，偶与照烈猎骑相属，帝谓之曰：“今夕可同宿乎？”照烈曰：“同宿固所愿，但从者四百，因糗粮不具，已遣半还矣，今将奈何？”帝固邀与宿，凡其留者，悉饮食之。明日再合围，帝使左右驱兽向照烈，照烈得多获以归。其众感之，私相语曰：“泰赤乌与我虽兄弟，常攘我车马，夺我饮食，无人君之度。有人君之度，其惟铁木真太子乎？”照烈之长玉律，时为泰赤乌所虐，不能堪，遂与塔海答鲁领所部来归，将杀泰赤乌以自效。帝曰：“我方熟寐，幸汝觉我，自今车辙人迹之涂，当尽夺以与汝矣。”已而二人不能践其言，复叛去。塔海答鲁至中路，为泰赤乌部人所杀。照烈部遂亡。时帝功德日盛，泰赤乌诸部多苦其主非法，见帝宽仁，时赐人以裘马，心悦之。若赤老温、若者别、若失力哥也不干诸人，若朵郎吉、若札剌儿、若忙兀诸部，皆慕义来降。①

这些彰显成吉思汗“仁君之度”的历史资料，并不是中原史家为了宣扬儒家思想，凭空编造出来的。因为，相同的事件在另一部重要史籍——著名的波斯史家拉施特的《史集》中得到了印证。其所述原文转引如下：

事实是这样的：照烈惕部的住所在成吉思汗住所的附近。有一天，照烈惕部的人们在横亘在大草原中间的名叫札勒马黑的山岭上举行围猎，成吉思汗的狩猎中心向他们靠拢，围猎合拢到了一起，进行得很顺利。天晚了，他们说道：“我们就在这儿同成吉思汗一起过夜吧！”照烈惕部共有四百人，由于他们没有带锅和食粮，有二百人回自己的住所去了，剩余的二百人同成吉思汗一起在这里过夜。成吉思汗下令将他们所需要的锅和粮食都给了他们。第二天又进行狩猎，成吉思汗分给他们的猎物还超过了他们应得的部分。当他们准备各自回到自己的营地时，对成吉思汗不胜感激，便说道：“泰赤兀惕部将我们

① 宋濂（明）等撰：《元史》卷一，北京，中华书局出版，1976年版，第4页。

扔在一边，不理睬我们，过去成吉思汗同我们没有什么交情，却厚待我们，给了我们这么多礼物。他（真）是关怀（自己的）部属和军队的（好）君主！”他们一路上对成吉思汗表示感激，并在所有部落中传播他的好名声。当他们回到自己的营地时，部落首领之一的玉律把阿秃儿同马忽带一牙答纳商议道：“我们迁到成吉思汗处去，服从他，听他的吩咐吧！”后来他们和其他部落的人来到了成吉思汗处，对他说道：“我们就像是没有丈夫的妻子，没有主的马群，没有牧人的畜群！长母的儿子们正在毁灭我们！为了你的友谊，让我们一起用剑去作战，去歼灭你的敌人！”成吉思汗回答玉律把阿秃儿说：“我像个睡着的人，你拉扯我的额发唤醒了我！我坐着（动弹不得），你从重负下拉出（我），使我能够站立起来。我要尽力报答你！”……过了一些时候，上述诸部落聚在一起说道：“泰赤兀惕的异密们平白无故地压迫、折磨我们，铁木真太子却将（自己身上）穿的衣服脱下来让给（我们），从自己骑坐的马上跳下来（将马）让给（我们），他是个能为地方操心、为军队操心，将兀鲁思好好地掌管起来的人！”经过深思熟虑并商议后，他们都自愿来到成吉思汗处归附了（他）。[①]

比较上述两段引文，其内容可谓如出一辙。特别是《元史》中记载的成吉思汗所说“我方熟寐，幸汝觉我，自今车辙人迹之涂，当尽夺以与汝矣”的一句慨叹，准确无误地出现在《史集》的记述中。由此，《史集》与《元史》相互印证，坐实了成吉思汗确有扶助弱小照烈惕部的“仁君”事迹的历史真实。只不过，出于不同的文化背景，这样的行为，在《元史》中被推崇为“仁德义举”，而在拉施特的《史集》中则遵照伊斯兰教的教义给予了“慷慨无私”的解释。

---

① 拉施特（波斯）编著，余大钧、周建奇译：《史集》第一卷第一分册，北京，商务印书馆，1983年版，第115页。

尹湛纳希在《青史演义》的创作中对蒙古史料的某些记载进行取舍改编的同时，大量吸收了《元史》等汉文史料中记载成吉思汗“仁德”的内容。譬如《青史演义》第三章《克鲁伦河畔木华黎初次用兵，塔拉贵山下圣太祖一箭中虎》中，尹湛纳希同样引述了成吉思汗援助照烈惕部的历史事件，仅是在细节上添枝加叶，在情节上更趋通顺合理而已。小说原文转录如下：

却说岱其古德部的首领塔哈尔大败而逃，被乱箭射中，身受重伤逃回家园，因伤势过重，回去不到几个月就死去了。他有两个儿子，一个叫塔尔古岱，一个叫塔勒布岱。塔尔古岱串通其勒格尔布和起兵攻伐岱其古德部，肆意横行，凌辱百姓。他的亲族珠莱部的首领伊如格尔对他不满，想归附太祖，只是不知太祖心地如何，便派了一名使者邀请太祖到达拉嘎德一同狩猎。太祖当即应诺。布古拉尔连忙劝阻：“这珠莱部是岱其古德部的同族近亲，一向和我们不睦。最近又结下了新仇，君王千万不可大意。”太祖道：“我看来者的面色没有什么恶意，俗话说，‘不到狼群，难得狼仔’，我看没啥，去了再说。”陶尔根希拉走出来说：“君王要去，得带一些勇谋双全的卫士。”军师木华黎接着道：“此说甚是！”说着便向布古尔古、布古拉尔、扎勒玛、扎布、朝莫尔更、希热呼图克等六位大臣传命，叫他们带上三百名强悍兵士出发。走了几天，来到达拉嘎德一看，珠莱部的首领伊如格尔已经来了三天。双方见面不胜欢喜。一块儿打了几天的猎，分给伊如格尔左右近臣好些食物，叫他们吃饱喝足。当时已经到了隆冬时节，太祖看到珠莱部的兵士衣着单薄，便打发布古拉尔回去，叫他运来二十驼驮的皮衣。这一年彼塔国的羊群生殖得很多，布古拉尔多运了十驼驮，共运来三十驼驮的皮衣。这时正值天气昏暗，黄尘飞扬，寒风刺骨。太祖给伊如格尔带的四百余名兵士每人分了一件暖和的皮衣。珠莱部的兵士打心眼里高兴，人人欢喜，感谢太祖的欢呼声震天撼地。

一天，他们打猎到了一座狭长的山谷。伊如格尔突然看见一只老虎，吓得“哎呀”喊了一声。老虎被喊声惊醒。它一见人也不躲避，呲牙咧嘴地吼叫起来。刹那间，这只吊睛白额的老虎四爪抓地，猛地往上一跳，树上的枝叶纷纷落地。老虎的吼叫声震撼山谷，伊如格尔吓得屁滚屎流，急忙勒转马头，拼命逃跑。那老虎风驰电掣般地追将过来，眨眼就要咬住伊如格尔的马尾。这时，太祖看见，连忙催马奔下山来，迎着老虎擦腰而过。接着取出箭支望着老虎前腿射去。箭头穿过老虎前胸，随之倒了下去。珠菜部落的人急忙跑来喊道：“这老虎是我们的主人所射。”说着就把老虎扛走。伊如格尔也不分说，脸上带有傲慢的样子。这边六员大臣看了十分生气，嚷着要把老虎夺回来。太祖摇头制止，面对珠菜部落的人夸奖伊如格尔武艺超群。布古尔吉已知太祖的心意。第二天，他便带着众人围猎，把野牲都赶到珠菜部落人那边。珠菜部落人捕获了不计其数的野牲，满心欢喜。十天的狩猎结束了，太祖带着人马返回时，伊如格尔带着珠菜部落的四百余人马跪在路旁，流泪说道：“岱其古德是我们的亲族部落，但常常派人来抢夺我们的财物和牛羊，百般欺侮我们，没有一点治理国家的样子。依我们看来，当今天下只有明主你方能治理。我们回去之后，把全部落人马带来投奔你。”太祖听了，便用好话安慰，同他告辞。①

从转引的这段文字中可以看出，尹湛纳希只是用通俗明白的语言重新演绎了成吉思汗宽厚仁德的“心地”。紧接着，在《青史演义》第四章中，尹湛纳希把《元史·本纪》中的一句“时帝功德日盛，泰赤乌诸部多苦其主非法，见帝宽仁，时赐

① 尹湛纳希（清）著，黑勒、丁师浩汉译：《青史演义》，呼和浩特，内蒙古人民出版社，1985年版。

人以裘马，心悦之”[①]的历史叙事进行了文学意义上的扩展演义，重点突出了成吉思汗帮助照烈惕部的“仁义之举”在蒙古高原上所起的舆论效应和政治效益。小说写到：

当时，岱其古德部的其勒格尔布和、塔尔古岱等人横行霸道，蹂躏仆民。仆民们忍无可忍，几十个人聚集在一起商议：“据照烈惕部落的人说，彼塔国的君主铁木真把自己穿的衣服送给别人穿，把自己骑的马让给别人骑，用自己的才能帮助别人，把自己的功劳归于别人。他那宽宏之贤德如同云散见太阳，无尽的仁爱如同驱寒的春风，真是天界白帝降生的天子。倘若我等前去投奔他，可谓寻得明主，一生的福分啊！”人们纷纷传说，互相议论，一夜之间，便有两万多人离开岱其古德投奔彼塔国。[②]

的确，纵观《青史演义》小说全文，可发现在成吉思汗统领彼塔国统一蒙古高原的过程中，除了少数部落是因主动挑起事端侵犯彼塔国后遭到战败归附之外，绝大多数部落是感动于成吉思汗的宽厚、仁德，主动归附其治下的。这种情节设计和叙事布局也间接映射出创作者尹湛纳希所认同和推崇的文化思想和审美追求。与《蒙古秘史》、《罗黄金史》和《蒙古源流》或以“长生天”旨意或以佛家教义来肯定成吉思汗统一大业的思想意识相比较，《青史演义》更多的是从人伦道德意义上对成吉思汗的统一大业给予了肯定。

综上所述，尹湛纳希在《青史演义》的创作中不仅吸纳了《元史》等汉文历史典籍的叙事内容，同时也认同和吸收了中原儒家的史学价值准则。儒家道德规范体系的基本原则是“仁”。正如理学大师朱熹所训：“仁是根，恻隐是萌芽，亲

---

① 宋濂（明）等撰：《元史》卷一，北京，中华书局出版，1976年版，第4页。

② 尹湛纳希（清）著，黑勒、丁师浩汉译：《青史演义》，呼和浩特，内蒙古人民出版社，1985年版。

亲，仁民，爱民，便是推广到枝叶处。”[1]这种以道德的崇高与完善为价值取向的儒家审美准则通过《元史》等史料，已渗透在尹湛纳希的思维认知上。如上文中，岱其古德部落人盛赞成吉思汗为：“宽宏之贤德如同云散见太阳，无尽的仁爱如同驱寒的春风。”这又何尝不是尹湛纳希自己对成吉思汗的赞赏和评价呢。由此可断言，他笔下的《青史演义》就是一部在中原儒家思想影响下产生的历史小说。尹湛纳希以蒙汉文史料为依托，遵循儒家的审美准则，加以文学家的灵活手法，塑造出了“应天顺人，怀之以德，慈仁安百姓，情义动三军”的仁德君王——成吉思汗新形象。从数个世纪以来蒙古书面作品中成吉思汗形象不断演变的动态遭遇，我们足可窥探出蒙古族文化思想和文学审美意趣从原始萨满教向藏传佛教、再从佛向儒转变的清晰轨迹。

第二节　蒙古“智慧军师”——木华黎

《青史演义》中，仅次于成吉思汗形象的重要人物是木华黎形象。正如，尹湛纳希在回后批语中所言，成吉思汗与木华黎，如同日月，如同阴阳，是统一大业中不可分割的两个方面。在小说中，成吉思汗仁德宽厚的君王形象是吸纳和团结各方有识之士的鲜明旗帜，是草原人民的精神寄托；而木华黎则是肩负着用战争去粉碎那些阻碍民族统一，社会进步的反对力量的重担，以一个武力征服者的形象出现的。成吉思汗与木华黎相配合，就构成尹湛纳希所称赞的封建时代恩威并重的统治原则。

① 朱熹（宋）著，黎靖德（宋）编，王星贤点校：《朱子语类》第一册卷六，北京，中华书局出版，1986年版，第118页。

自《蒙古秘史》以来的历代蒙古史著作中，对木华黎生平事迹的记载甚少。在尹湛纳希所熟悉的《罗黄金史》和《蒙古源流》中，记述木华黎的事迹过于简略，不足以给他提供完整、丰满、立体的现成形象。这反而为文学家尹湛纳希的创作提供了更广阔的想象空间。在《青史演义》中，尹湛纳希为了突出木华黎在统一大业中的重要作用，对《蒙古秘史》的历史记载进行了大刀阔斧般的虚构改编。譬如，《蒙古秘史》卷四第137节中，木华黎的第一次出场是这样记述的：

太祖杀了撒彻别乞泰出。回至主儿勤营。将主儿勤百姓起了。时札剌儿种的人。帖列格秃伯颜有二子。教长子古温兀阿将他二子模合里不合拜见太祖与了。说教永远做奴婢者。若离了你门户呵。便将脚筋挑了。心肝割了。……[1]

再如，《蒙古秘史》中成吉思汗对木华黎的分封是这样记述的：

成吉思可汗又降聖旨對木合黎說：「我們在豁兒豁納里——主不兒枝葉繁茂的〔大〕樹下，忽禿剌汗歡躍的地方住下的時候，因爲上天指示給〔你〕木合黎的言語和示啓，我想起〔你父亲〕古溫豁阿，就在那裡和〔你〕木合黎〔深〕談。因此〔我纔〕坐在「大」位之上。爲了要叫木合黎的子子孫孫都做全百姓的國王，封給〔你〕國王的名號。木合黎國王〔你〕掌管左翼，做以合剌溫——只敦〔山〕爲屏蔽的萬戶。」[2]

由此可知，木华黎的确是一位对成吉思汗的统一大业做出重要贡献的历史人物。

根据《元史》记载，木华黎卒于公元1223年，享年五十四

---

① 额尔登泰、乌云达赉校勘：《蒙古秘史》，呼和浩特，内蒙古人民出版社，1980年版，第968页；

② 札奇斯钦（美）著：《〈蒙古秘史〉新译并注释》，聊经出版事业公司，1979年版，第310页。

岁。按其“擐甲执锐垂四十年”计算，上引《蒙古秘史》一节内容应发生在木华黎大约十四岁，成吉思汗二十二岁时。而在《青史演义》中，尹湛纳希把成吉思汗与木华黎初次相见的情节则安排在成吉思汗十六岁时在搜寻杀父仇人途中的一次摔跤比试。那时的木华黎还是个放羊的孩子，身材魁梧，善于摔跤。少年铁木真问路的语气有些不恭敬，引起木华黎的不满，提出以摔跤胜负来决定告诉与否问讯的方向。当他败给成吉思汗后，又跪地不起，表示拜服。当得知对手是人人称颂的铁木真时，说道：“宏福的孛儿只斤氏铁木真，无愧于被称为天子；有福分的我愿为马前卒，辅佐您实现伟大的业绩！”[1]从此，誓死不渝地跟随成吉思汗一生。不可否认，尹湛纳希虚构编纂的这段内容为塑造木华黎豪迈坦荡的英雄气质和刚正、执着的性格特征做了完美的铺垫。

尹湛纳希在《青史演义》中塑造木华黎形象，得益于汉文史料蒙译本《大元史》。《大元史》的编撰者主要以成吉思汗南征中原的事迹为重点，将《元史》列传第六所述木华黎部分的大量内容融入太祖铁木真部分中，以简短的情节记载了木华黎的事迹。他们尤其以《元史》所述木华黎“沉毅多智略，猿臂善射，以忠勇称”的评语为审美标准，为后人树立了木华黎的历史形象。譬如，通过木华黎三箭退寇、野狐岭战役中摸准敌情、率军奋杀取胜等诸多事迹表现了木华黎的“勇”。又以成吉思汗超乎寻常的信任，衬托出木华黎的“忠”。根据《大元史》的记载：

> 丁丑年，成吉思汗诏封木华黎为太师、国王，且谕曰：“太行以北，朕自经略，太行以南，卿其勉之。”赐大驾所建九游大旗，仍谕诸将曰：“木华黎建此旗以出号令，如朕亲

① 尹湛纳希（清）著，黑勒、丁师浩汉译：《青史演义》，呼和浩特，内蒙古人民出版社，1985年版，第13页。

临也。”乃建行省于云、燕，以图中原。[①]

再譬如，根据《大元史》的记载：

太祖十七年，壬午秋八月，有星旦见，隐士乔静真曰：“今观天象，未可征进。”木华黎曰：“主上命我平定中原，今河北虽平，而河南、秦、巩未下。若因天象而不进兵，天下何时而定耶？且违君命，得为忠乎！”[②]

上述两段引文足以使木华黎忠勇奋进，鞠躬尽瘁的形象跃然纸上。《大元史》的记载意在突显木华黎修身立德的高贵人品，为尹湛纳希塑造《青史演义》中木华黎的形象提供了范本雏形。

《青史演义》中，尹湛纳希更以文学家的激情，政治家的胸怀用心描写木华黎的军事才能和超凡的韬略，把他塑造成雄才大略，远见卓识的军事家和战略家。作为彼塔国的军师和太师国王，木华黎的军事才华体现在两个方面。其一，治军求“严”。木华黎率先垂范，严于治军，通过严肃军纪，提高彼塔国军队的素质。与乃蛮国的交战中，六卿之首的西拉胡图格违反坚守营寨的军令，擅自率军出击，遭受重大损失。木华黎为了严肃军纪，处西拉胡图格以死罪定罚。他的理由是：“凡用兵之法，一人失误就可能使万人丧命，轻则军队受挫，重则国家灭亡。也正因此，才严军法如同严国法。众将领都像你一样是建立基业的功臣，若他们都像你一样，随意违反军法，汗王的这彼塔国又如何巩固，我又如何负此实现大业的重任！”[③]其二，治军求“精”。当彼塔国拥兵二百万，正面临着征讨西

---

① 宋濂（明）等撰，（清）图腾等译：《大元史》，海拉尔，内蒙古文化出版社，1987年出版，第55页。

② 宋濂（明）等撰，（清）图腾等译：《大元史》，海拉尔，内蒙古文化出版社，1987年出版，第65—66页。

③ 尹湛纳希（清）著，黑勒、丁师浩汉译：《青史演义》，呼和浩特，内蒙古人民出版社，1985年版，第122页。

域，南下攻金的新形势，木华黎秉承自己“古往今来，兵不在其多，而在于精；将不在其勇，而在于其谋”的军事原则，入谏成吉思汗说：“我国的总兵力，优劣加在一起，共计二百余万，其中精兵一百二十余万。再用百里挑一的方式，共计选拔出铁军五万三千余名。臣窃思，我们北方的士兵虽然不像南方士兵那样特别费粮饷，但只要用兵就必需粮饷。我军之强壮，乃是因为恩惠士兵，饮食穿着比其他部落多用去五成，久而久之，这才使那许多部落的士兵诚心归附，拼死效力。如今，若仍照旧例发放给养，日久天长，我们的国力就会削弱。国力削弱，士兵就会穷瘪，士兵受穷，就会声威下降，失去恩义，反而成为国家的祸害。以臣之见，军队的根本在于强壮灵活，并不在于数量之众。眼见着你我君臣从十几岁起兵，四方征战至今，都是以少胜多，从未有过以多胜少的情况。别的部落之多败于我们之少，全在于我们善用奇谋巧计。因此，如今未若问士兵之自愿，愿者继续当兵。不愿者可做百姓，放牧牲畜，使我们多得赋税，减少兵员。如此，方可使国家牢固根本，日后圣主纵然远征他方，也不会发生意外。”①

木华黎善于知己知彼，运筹帷幄。每次战役，他都根据自己军队的优长和短缺，结合敌方的具体情况，灵活确定战略战术。在蒙古伐金之初，木华黎以攻心为上的军事策略提出要不守城池，开仓济民，用金国的财富收拢金国民心的作战方针。其奏疏云：“金国乃是夺取宋、辽疆土的国家，时运强盛，加之民富人广，贤达骁勇者甚多，决不可以轻率地与之作战。金国如今显出国将亡之兆，乃是因为在位的皇帝溺于酒色，昏暗怠惰。为此，在我们与金国作战时，有三项力戒和三项谨慎的重要方针，总计是六项。曰：头等力戒出动军队数量过众；二

① 尹湛纳希（清）著，黑勒、丁师浩汉译：《青史演义》，呼和浩特，内蒙古人民出版社，1985年版，第517页。

者力戒派很多蒙古兵驻守城池；三者力戒将士溺于淫乱。三项谨慎之事，头等谨慎防止拼命深入敌境；二者谨慎策划攻取城池的计谋；三者谨慎地做好用财物争取金国百姓之心。在与金国作战时，若能将这三戒三慎时时记着。那么，三年之内必可探知金国军民的习性和心智，了解到在那里长驻久留的根本。"[①]后来的事实证明，与人口众多，城池相连的中原金国交战，的确比征伐蒙古高原克烈、乃蛮等部落艰难很多。但是，木华黎能够根据作战对象的不同，扬长避短，及时调整战略。这般远见卓识足以证明他是一位名副其实的战略家、战术家。在具体部署作战中，木华黎用兵随机应便、机智灵活，善于在"真真假假"中迷惑敌人，巧取战争胜利。小说第三十六回所写的攻伐哈尔力古德的战役是《青史演义》中成吉思汗登基之前的一次重要战役，也是充分实践其作战原则，以少胜多、以智取胜的成功战例。在这次规模宏大的战役中，木华黎采用坚守不出、避敌锐气、骄兵、疑兵、乘虚而入、调虎离山等一整套战术，仅用五万兵力战胜了哈尔力古德国阿日斯阑汗强大的六十万大军。战争告捷，他又进一步阐释了自己一贯坚持的作战方针："兵法首要一条是贵于谋。如果遇到骄傲的敌人，就故做怯弱，使他又骄傲而失去警惕，再乘其不备打败他；如果遇上怯弱的敌人，就虚张声势，使他丧胆，在恐吓中与他交战。再则如果遇上强劲的敌人，就先用计谋削弱其势，迷惑其智；如果遇到莽撞的军队，就用巧计诱骗他。总之，对强者用计谋，对弱者用声威，这都是在摸清敌人情况后，使用的巧计。这阿日斯阑汗原来就很狂妄，看到我们只有区区五万人，以为一举便可取胜，就更加骄傲，不再认真戒备防守和注意运用计谋。可是，我们的五万兵士虽然人数少，却是经过严格训

---

① 尹湛纳希（清）著，黑勒、丁师浩汉译：《青史演义》，呼和浩特，内蒙古人民出版社，1985年版，第635页。

练的，既便于集中驻防，也便于调动，或进或推，行动自如，在阿日斯阑汗面前，就如同引诱狮子的五色彩球。”①

木华黎就是这样凭着自己运筹帷幄的谋略和殚精竭虑的战术，指挥一场场重大的战役，打败一个个强大的敌人，为彼塔国的统一大业扫清障碍，铺平道路，为成吉思汗的霸业早日实现提供了必需的客观条件。

作为怀揣报国梦想的清末文人，尹湛纳希十分钦佩和推崇古代周、召二公和三国时期蜀国贤相诸葛孔明。在他的主观意识中，木华黎就是一位在蒙古族历史上如同周、召二公那样辅佐社稷，忠诚于祚业的肱骨贤臣，也是如同诸葛亮那样神机妙算，用兵如神的战略家和军事家。也正是基于这样的认识，他在《青史演义》中倾尽心力展现木华黎超人的军事才能和超凡的智慧谋略，赞美其公而忘私、死而后已的高尚品德，努力把他塑造成一个能与诸葛亮相匹敌的具有卓越政治军事才能和谋略的智慧型人物。

小说中，木华黎虽然取得攻无不克，战无不胜的辉煌战绩，但时刻保持着清醒的头脑，督促着成吉思汗统一大业的进程。当彼塔国征服了强大的克烈部，大摆庆功宴，从成吉思汗到普通士兵，都谈笑风生，无比愉悦之际，木华黎却用祝词的方式提醒成吉思汗不可高枕无忧，追求享乐，忘记统一大业。他说道：“苏达达尼皇帝的后裔，从天界降生，神威的圣主，……不要认为北方的一切都已经攥在手中，从此可以永久地沉溺于狩猎和享乐之中。不要认为朔域的所有，都已经于衣襟内收拢，就可以坐在上首，陶醉在贪食胡日扎和阿日扎之中。不要以为沙漠之腹的一切，都已经受于前胸，就可以得意洋洋地，时时恋于女色之中。不要认为四周的所有地域，都已

① 尹湛纳希（清）著，黑勒、丁师浩汉译：《青史演义》，呼和浩特，内蒙古人民出版社，1985年版，第534页。

经于坐垫内收拢，就可以骄傲地，从早到晚昏睡在宫中。在南方的大宋国内，出了金国强大凶猛；在临近的敛国里，出了契丹顽强英勇。在和睦的夏国那边，还有西域国无比骄横；就在如今我们这彼塔国旁边，也还有乃蛮国剽悍强盛。福禄无边的圣主啊，为降服那些强横，请将那收拢的众部之阿拉巴图，逐一集中训练莫停。为日后的兵戈之争，迎接那歹毒的乃蛮倾巢出动，进行无与伦比的战斗，作好准备不能放松。”[①]成吉思汗感于木华黎君前直抒己见的高尚品德，表示从次日起就着手挑选和训练军队，并赞颂到：“为辅佐铁木真我，天父命你到人间投生，我那完美无缺的大臣，无敌的英雄济浓。你那告戒之语，恰如及时的春风，对正在勃兴的彼塔国，将有教益无穷！……”[②]再如，癸亥年，太祖商议征南伐东事宜，问大臣可否断言北方已经大安之时，陶尔根希拉等四位大臣答曰：“如今天下大安，非赖主公威势，而是全仗主公以德服人。因此，不会发生其它变乱。”木华黎则说道：“此言不妥。若想安定天下，不可片刻大意。哪里稍有疏忽，哪里必定失利。如今西南一带，尚有哈尔力古德部落的阿尔斯郎汗，此人心如蝎蛇。东南一带，尚有太阳汗之兄宝劳及其儿子曲屈律。东北一带，虽然麦勒吉部落早已归附于我，然而其主陶都至今尚在。这三人乃是我们北方的眼中钉，肉中刺。如今乃蛮国的宝劳、曲屈律父子、麦勒吉部的陶都，虽已丧国，然而他们决不甘休！而西南一带，哈尔力古德部落的阿尔斯郎汗国富兵强，地广人众，此乃我们当前的劲敌！”[③]成吉思汗听了木华黎的话，

---

① 尹湛纳希（清）著，黑勒、丁师浩汉译：《青史演义》，呼和浩特，内蒙古人民出版社，1985年版，第422页。

② 尹湛纳希（清）著，黑勒、丁师浩汉译：《青史演义》，呼和浩特，内蒙古人民出版社，1985年版，第424页。

③ 尹湛纳希（清）著，黑勒、丁师浩汉译：《青史演义》，呼和浩特，内蒙古人民出版社，1985年版，第515页。

也敬佩他“善预测，世无双”。

《青史演义》中的木华黎虽然战功显赫，但从不居功自傲，邀赏争利。丙寅年，成吉思汗登基，对木华黎和博尔术说到：“我虽然没有才德，但在举国上下的拥戴下已经登上皇位。现在应该根据功绩赐封功臣。只是如今应该从谁开始？出生入死地紧随着不离去者，莫过于你们二位，按理也应该从你们二位开始赐封那些拼死效力的众人。”木华黎与博尔术齐声说道：“古话云：‘不要使宗族在万人之后，不要令姻亲作众人之尾；不要使将相之欲得到满足，不要把臣宰之位提到顶限’。将宗族赐封在万人之先，让姻亲站到众人之前，宗族、姻亲便不会有怨恨，臣宰们也无法妒嫉。如果使臣宰们的欲望已经满足，让将军勇士们的职位达到顶限。臣宰和将士们因为欲望已经得到满足，就不会再有效力向前的劲头。因此，请圣主还是从宗族姻亲开始赐封爵位，以正根基，顺乎万众之视听。接着，再赐封臣宰，勉励他们继续效力。这是我们的肺腑之言。”①成吉思汗感动于木华黎立功在前，赐封在后，心系社稷祚业百年根基的高尚品质，盛赞他为“真乃万代少有的智勇兼备的贤相”。这又何尝不是作者尹湛纳希本人对木华黎的评赞呢！

不可否认，尹湛纳希是以《三国演义》中诸葛亮形象为范本，把木华黎塑造成才多智广，严于律己，不淫不贪，恤军爱民，忠于仁主，秉持公心，对事业“鞠躬尽瘁，死而后已”的典范形象。《青史演义》中，“草人借箭”、“哑谜传计谋”等情节，确实给人以似曾相识孔明再生之感。但是，与《三国演义》中经过刘备“三顾茅庐”方可出山的诸葛亮飘逸内廉相比较，《青史演义》中与成吉思汗“相见恨晚”，“志同道合”的

① 尹湛纳希（清）著，黑勒、丁师浩汉译：《青史演义》，呼和浩特，内蒙古人民出版社，1985年版，第570页。

木华黎直爽豪迈说明创作者尹湛纳希并不是一味模仿诸葛亮，而是在蒙古民族的文化背景和审美底蕴中塑造了这位蒙古“智慧军师”的艺术形象。即使是与诸葛亮相媲美的“忠”与“智”两个突出特点上，木华黎形象依然存在着细微的区别。

同样是对主君、对事业毋庸质疑的“忠诚”为例，蜀国贤相身上体现更多的是对仁主刘备“三顾茅庐”的“知遇之恩”的赤诚报答和儒家推崇的“士为知己者死”的崇高道德境界。即使是刘备死后，这样的道德自律仍然规束“受先帝托孤之重”的诸葛亮把一腔忠诚延续投射到昏庸无能的幼主刘禅身上，殚精竭虑，力挽狂澜，直至五丈原“出师未捷身先死”，留下千古遗恨也在所不惜。但即使是刘备“食则同桌，寝则同床，终日共论天下之事”，诸葛亮也不敢逾越儒家“君君、臣臣”的严格的等级观念，始终对自己的身份保持着理智清醒的认识，准确拿捏着冷静刻制的心理分寸。举《三国演义》实例为证。第三十九回《荆州城公子三求计，博望坡军师初用兵》中，纵使公子刘琦苦苦哀求保命之计，诸葛亮仍以“此家事，亮不敢与闻”而拒出谋策。第八十一回《急兄雠张飞遇害，雪弟恨先主兴兵》中，刘备为替关羽、张飞报仇，执意兴兵伐吴，终落得“火烧连营七百里”，蜀军元气大伤。料事如神的诸葛亮明知此去凶多吉少，虽有苦谏之劳，但也只是止步于为臣者的“谏主之责”，而并未强硬阻止主君的错误决定。第一百十五回《诏班师后主信谗，托屯田姜维避祸》中，明知刘禅误信谗言错诏班师，但是，“君有令，臣不能不从”的封建道德规范迫使杰出的军事家诸葛亮怅然放弃伐魏的良机，撤军返回了蜀都。

在《青史演义》中，木华黎的忠诚更多体现在对主君成吉思汗过人的才智和高尚人格的崇敬和对蒙古统一大业的追求上。他坚信成吉思汗是北方草原的希望所在，跟随成吉思汗实现蒙古的统一是正确、崇高的奋斗方向。为此，他付诸毕生的心血，践行自己对民族统一大业的无比忠诚。即使是咽下生命的最后一口气，他还在激励麾下将领："好生将我遗骨定放于我所平定的南方境内，取回我的战甲回奏皇主。何时攻灭南宋，平定金国，方将我遗骨移回北方。末将虽死，不忘夙志。……即令归天，惟我明魂不散，誓不面北而望，也不与皇主相会。只要我子弟成器，定成我未就之业，将我遗骨移回北方。若不成器，便将我遗骨留在此地。"[①]虽然《青史演义》作者的主观意图是按照儒家君臣关系来规范成吉思汗和木华黎之间关系，但是，字里行间流露出的君臣之间志同道合的默契关系更让读者超越封建君臣关系去联想《蒙古秘史》所记述的蒙古人信义相交、生死相托的古老的"安答"关系——封建时期蒙古一种独特的臣属关系。成吉思汗一生非常尊重和木华黎之间的信任关系，即使是丙寅年，登上大位的庆典上也依然对木华黎和另一员心腹大将勃古尔出重申这种珍贵的感情依托，称"虽然我与你二人不是一母所生，然而却同一父所生一样……在我看来，你二人与同胞手足无异。"当闻悉五十四岁的木华黎久攻不下凤翔府，终因辛劳成疾，病逝沙场的噩耗，成吉思汗痛不欲生，亲自洒酒祭奠昔日的战友：

你是我患难与共的挚友，
你是我风雨同舟的伙伴，
你一心一意奋力征讨，
终于平定了外邦四省。
你是我绝境相遇的好友，
你是我以心交心的故人，
你出生入死东征西讨，
终于降服了异国君臣。

---

①《尹湛纳希全集》·《青史演义》（上下），呼和浩特，内蒙古人民出版社，2009年版，第935页。

你是我共担风险的兄弟，
你是我同命共运的忠良，
你忠心耿耿四处奔波，
不幸殉职在遥远的金境沙场。
你不顾一切为国献身，
你赤胆忠心为国尽力，
替我打下了万里江山，
谁知你过早地离去。①

从这一段符合蒙古古老史传传统的韵文哭诉中，我们感受更多的是成吉思汗对木华黎平等、尊重的真挚感情，而丝毫未见封建等级观念下的高高在上和虚情假意。在《青史演义》中，每当战事迫在眉睫，强敌压境之时，成吉思汗和木华黎经常以竞猜哑迷的独特方式互通意图，达成共识。这种幽默风趣的沟通手段不仅表现了君臣二人不相伯仲的智力慧心，更是充分体现了二人之间无拘无束、平等和谐的亲密关系。相对于蜀国丞相苦于纳谏，无力回天的无耐不同，木华黎不仅诚信纳谏，还能以理服主。小说第三十四回《定社稷太祖联姻功臣，施威风阿皇乱罚贵卿》中写人多势众的泰赤兀惕人侵犯国力尚弱的彼塔国。愤怒的成吉思汗决定倾国出动决一雌雄。正当群情亢奋之际，唯有木华黎冷静分析敌强我弱的现实情形，劝止硬拼，成功说服成吉思汗举国迁至布尔罕嘎拉顿山养民屯兵、壮大力量，为日后实现统一大业奠定了基础。相对于诸葛贤相不敢染指主君刘备家事的刻制与拘谨不同，木华黎并不避讳也不推辞成吉思汗提出的家事要求。小说第十六章《索隆古斯撒仁公主一笑救社稷，固尔勒斯纳仁皇帝无道失国土》写成吉思汗娶索隆古斯撒仁公主后顾虑正房的斯琴居森夫人不满，要派

① 《尹湛纳希全集》·《青史演义》（上下），呼和浩特，内蒙古人民出版社，2009年版，第936页。

人前往严明细情之时，木华黎会意主动请缨道：“下臣先回去照顾内外。臣愿率首路人马回去。”[①]这种遇事不分内外的兄弟般的默契和信任在儒家封建君臣看来是如此的讳莫如深，而在成吉思汗和木华黎这两位蒙古君臣看来确是如此的自然、亲和。

同样是在军事、在政务上无与伦比的“智慧”为例，蜀国丞相身上体现更多的是文化精英饱读经书、通古晓今的经纶治世之才。深居茅庐，躬耕南阳的诸葛亮早已洞明世态，三分天下的智慧堪称人间绝唱。以致于《三国演义》描写“视井出泉”、“舌战群儒”、“以扇反风”、“遁甲术”“巧布八阵图”、“火烧藤甲兵”、“驱巨兽破蛮兵”等妇孺皆知的故事情节更使诸葛亮成蒙上浓厚的神秘色彩，推上了“智慧”化身的神坛。但是，透过外行推崇的这些热闹，文学行家看出其中失真的门道。鲁迅先生一句“状诸葛多智而近妖”的评论可谓一语中的，在此无需赘言其他。

与《三国演义》，《青史演义》通晓政治、军事，能观天文、晓地理、识阴阳、知奇门的诸葛丞相高处不胜寒的才智相比较，牧童出身、目不识丁的蒙古军师木华黎统领三军，经略太行以南，剑指中原金朝的才华体现更多的却是草根文化生存智慧的结晶。同为政治家，与诸葛亮洞如观火，高人一筹掌控全局的城府心机不同，木华黎事事与成吉思汗切磋、配合，凡事先有默契后有决策。同为军事家，与诸葛亮未卜先知，锦囊妙计料定诸事不同，木华黎只是凭借着对基本兵法的悟性，知己知彼，切合实际，灵活运用于实战中。如他采用的运动战、骏马阵等都具有鲜明的民族特色和地域特点。虽然小说的作者也夸赞木华黎神机妙算、料事如神，但他的神算都是凭据客观

---

①《尹湛纳希全集》·《青史演义》（上下），呼和浩特，内蒙古人民出版社，2009年版，第288页。

条件分析得来的生活常识。如《青史演义》第十五章《扎勒玛朝廷辩论分真伪，撒公主客舍据理昭冤案》中就写有木华黎观天象据中秋时节刮南风料定大雨将至及海潮返流，河水泛溢，预先下令安营扎寨，备好水防的故事情节。第23回《献珠牙勃特国君臣表韬略，逞淫威赫利特父子张气势》中也有一段木华黎看地形，观水势，推知上游河水被人堵截的情节。诸如此类，木华黎的神机妙算来自于对现实生活的细致观察和逻辑推理，是有根有据的常识俗理。与诸葛亮不食人间烟火般出神入化的智力相比较，《青史演义》中的木华黎是一位在博大精深的民间智慧中积极汲取精神营养的聪明贤慧的凡人俗子。对此，作者尹湛纳希也并不讳言，在《青史演义·纲要之四》中明确强调“我是从不相信毫无根据、模糊不清和不合情理的事，只是由于史书中有记载，所以才没有删掉。”如果说，他出于对成吉思汗的崇敬和对蒙汉文史料的尊重，在《青史演义》中吸纳、转载了一些怪诞情节来用于塑造成吉思汗形象的话，那么，在木华黎形象的塑造则基本上没有任何怪异情节的描写，实践了自己审美思想的人文追求。

从气质形象而论，《青史演义》中的木华黎也与诸葛亮迥异，颇具游牧民族特色。世人皆知《三国演义》中诸葛亮的经典扮相：身长八尺，面如冠玉，头戴纶巾，身披鹤氅，飘飘然有神仙之概。更是他手无缚鸡之力却羽扇纶巾，在四轮车上泰然自若指点千军万马，弹指间叫强虏灰飞烟灭的神态令世人拍案叫绝，传诵千古。而《青史演义》中初次登场亮相的木华黎则是“脸色黝黑，生着一双星眼……手里拿着一根铁棒……身材高大，像熊罴一样威武。”[①]每当强敌压阵，木华黎总是手持铁棒，冲锋陷阵，勇武过人。同克烈部骁将乌仁扎德乌利对

① 《尹湛纳希全集》·《青史演义》（上下），呼和浩特，内蒙古人民出版社，2009年版，第15页。

阵，木华黎只身策马上前，仅一个回合，就用铁棒把乌仁扎德乌利打作烂泥。癸酉年，彼塔军征金南下至五回岭，金朝守关大将王楫顽强抵抗，英气逼人。两军激战三天，不分胜负。成吉思汗很欣赏王楫的才能，欲使其归降。于是木华黎亲自出阵，仅数个回合，就把王楫打下马来生擒活捉的勇猛干练无不令三军将士瞠目结舌，叹服不已。

显然，在作者尹湛纳希的理想审美中，木华黎身上不仅要具备智神诸葛亮般的儒雅文慧，还要具备武圣关云长般的勇猛武韵。自然，从蒙古民族崇尚力量美的悠久文化传统着眼，我们不难理解尹湛纳希的主观用意和客观构思。但是，这里需要我们重点关注的则是尹湛纳希笔下智勇双全的木华黎形象与他塑造的仁德泽世的成吉思汗形象珠联璧合，以一种“贵文尚智”的近代新思想和审美新动向，为已往对蒙古族“尚武好胜”的世俗认识增添了难得的新意。

第三节　褒贬不一的历史反角——札木哈

札木哈是《青史演义》中最主要的反面人物，是成吉思汗统一大业最处心积虑的反对者。尹湛纳希把古代蒙古族所厌恶的许多性格特征，如口蜜腹剑、阴险毒辣、两面三刀，拨弄是非等集中体现在札木哈形象中。但是，尹湛纳希所塑造的札木哈形象与蒙汉文历史著作仍有直接关系。

在《蒙古秘史》中，札木哈也是一个与成吉思汗竞争汗位的重要人物。同为奴隶主贵族，而且智慧才能毫不逊色于成吉思汗的札木哈也同样敏锐地捕捉到了蒙古高原当时的发展趋势。曾被十一个部落推举为“古儿罕”的札木哈也有两度与成吉思汗结交为“安答”，又两度组织数万兵马与成吉思汗对阵交战。但是，札木哈在个人品德、社会口碑上远不能与成吉思汗相提并论。他为了攫取更多的牲畜财富，不但掠夺其它部落，还常常监守自盗把自己治下的部落属民洗劫一空。而且对战败部落不分老弱妇孺大肆抢杀，手段血腥残暴，令人发指。就以著名的十三翼战役为例，札木哈在撤兵返回途中竟然“将赤那思地面有的大王每，教七十锅都煮了，又砍断捏兀歹察合安的头，马尾上拖着去了。”[①]札木哈本性阴险狡诈，两面三刀，不守信义。借用《蒙古秘史》中又一望族首领王罕对他的评价就是“巧言寡信之人”。在阔亦田之战，札木哈先投靠王罕，一面在王罕面前说成吉思汗的坏话，挑动桑昆说服王罕除掉成吉思汗，一面又把王罕用兵无方的情报暗通成吉思汗，叫成吉思汗备战无需顾虑。克烈部灭亡后，札木哈又投奔乃蛮部的塔阳汗。但是，当两军对阵时，他又故伎重演，如法炮制在克烈部时的两面三刀把戏，一面与乃蛮联手组成盟军对抗成吉思汗，一面又暗助成吉思汗，夸大成吉思汗强兵勇将的神威恫吓胆小懦弱的塔阳汗，瓦解其战斗意志，最终导演了乃蛮部灭亡的惨剧。札木哈巧舌如簧，在草原各部落间四方游说，奔走周旋，妄图削弱和搞垮他人，好让自己得利称王称霸，但最终因言无信，行无果，难逃自取灭亡的可悲下场。

十七世纪的《蒙古源流》中，没有提及有关历史人物札木哈事迹的只言片语。在汉文历史著作中，有关札木哈的记载也甚少。甚至，在蒙译本《大元史》中，错把札木哈人名当成部落名，虽然提到一句有关札木哈为报弟仇，与成吉思汗交战的事迹，但对其本人的品行德性没有一句评价。在《续资治通鉴》中也提到一句关于札木哈的事迹。转录原文如下：

蒙古主驻军鱼儿乐，遣撒格巴图帅万骑自西夏趋京兆，以攻金潼关，不能下，乃由留山小路趋汝州，遇山涧，辄以

① 额尔登泰、乌云达赉校勘：《蒙古秘史》，呼和浩特，内蒙古人民出版社，1980年版，第964页。

铁枪相锁，连接为桥以渡，遂赴汴京。金主急召花帽军于山东，蒙古兵至杏花营，距汴京二十里，花帽军击败之。蒙古兵还至陕州，适河冰合，遂渡而北，金人转守关辅。时蒙古兵所向皆下，金人遣使求和。蒙古主欲许之，谓萨木哈曰："辟如围场中獐鹿，吾已取之矣，独馀一兔，盍遂舍之！"萨木哈耻于无功，不从，遣伊实里谓金曰："若欲议和，以河北、山东未下诸城来献，及去帝号称臣，当封汝为河南王。"议遂不成。①

我们暂且避开《续资治通鉴》中萨木哈与《蒙古秘史》中的札木哈是否同一人的史学考证，仅从文学研究的视角可以断言至少在两面三刀、阴险奸诈的性格品行上这两个人物存在共同性。由此推论，尹湛纳希依据蒙汉文史料中札木哈身上突出的性格缺陷，塑造出《青史演义》中最具结构功能的艺术形象——反面角色札木哈，实非空穴来风，无的放矢。

在《青史演义》中，尹湛纳希笔下的札木哈是一个反对蒙古草原的统一，煽动各方割据的反动贵族势力代表人物。札木哈也曾投靠成吉思汗麾下。后因劝尚处弱势的成吉思汗登基称帝不成，便纠合几个部落公然反对成吉思汗。被打垮后，札木哈先后投靠克烈、乃蛮、萨日勒格、陶格木格等草原诸多部落，靠着巧言利口，造谣撞骗，四处游说，鼓动各部落首领奋起反抗成吉思汗。但是，他就象一股瘟疫，所到之处带来的只有战乱和灾难。论才能，札木哈并非等闲之辈。头脑机灵，善谋略，不仅自立皇帝，另立旗号，还数次设计陷害成吉思汗。如，巧设结亲骗局，诱成吉思汗到克烈部，并费尽心机三献毒酒、伏兵截杀以图谋害他；诈成吉思汗驰入干涸的死谷，企图困死成吉思汗；更有甚者，他揭穿成吉思汗使臣扎勒篾的计

① 毕沅（清）编集：《续资治通鉴》第九册；北京，中华书局出版，1979年版，第4349页。

谋，反设将计就计之策，以其人之道还治其人之身。小说中，和王的儿子益拉古曾称赞札木哈为“计谋高超”，“老于深算”，可谓名副其实，绝非虚言。札木哈利用各部落首领惧怕受到其他部落攻击的保守心理，进行挑拨离间，造谣说彼塔国将要进攻他们，然后鼓动他们去反对彼塔国。壬寅年，札木哈率部进犯彼塔国，遭到彼塔国与克烈部的两面夹击。面临着灭顶之灾的札木哈暗派使臣送厚礼给克烈部和王，传话道：“请汗王深思：铁木真在这几年之内，已先后平定、征服、蒙骗塔塔儿、萨木、照烈、齐木德、哈齐古德、陶日古德、莱和德、莫日格德等部落。他如何制服大小部落的情形，汗王不会看不到。如果我们剩下的这几个部落，现在也被他制服，克烈又何以逃脱厄运？”[①]

和王果然被说动，背弃自己先前的诺言，悄然撤兵，放走了札木哈。癸丑年，已经投靠克烈部和王麾下的札木哈又跑到萨日勒格国，游说萨日勒格国挑头，联合诸国，进犯彼塔国，除灭铁木真，以便继续维持蒙古草原分散割据，各自为政的现实局面。他对札利图罕说道：“在这朔方，除我们栖居的沙漠之外，直到城池林立的贵国，从古至今尚未被南方国家占领过。因此，都能各自守住自己的部落和疆土，太平自在地吃上等查嘎，喝美味的阿日扎，安宁地享乐到现在。只因这彼塔国也速该巴秃儿的儿子，不安分的铁木真渐渐强大，这二十年间，不断与诸部落产生摩擦，发动战争，欲将诸部落踩在脚下，寻找各种借口进攻。刀光剑影之下，大小七十五个部落竟被征服了六十余个，如今剩下的从您这大萨日勒格国算起，到邻国陶格木格的莫和图汗、麦勒吉的陶都汗、乃蛮的塔阳汗、西南的阿日斯阑汗以及我们这末等的克烈等少数几个国

① 尹湛纳希（清）著，黑勒、丁师浩汉译：《青史演义》，呼和浩特，内蒙古人民出版社，1985年版，第78页。

家。……如果我们这剩下的几个国家，仍然各顾自已，不联合起来，迟早都难以逃脱成为已经尝到甜头的铁木真碗中之食。”①

《青史演义》中，札木哈不仅是死心塌地反对成吉思汗统一大业，拥护蒙古草原腐朽没落势力的马前卒，而且“腿长腰短，黄脸青髭，一对蛇眼”，生就一副邪恶相，为人奸诈，心狠手辣，背信弃义，毫无德性可言，是一个卑劣、下贱的小人。庚申年，克烈部被彼塔国所灭。札木哈听到消息后，挑动乃蛮乘火打劫，自己则率一支军直奔克烈部都城，企图将索伦高娃抢来献给乃蛮王子阿拉坦沙嘎，暗图借助乃蛮的支持鹊巢鸠占，登上克烈部首领的宝座。途中，恰好遇见兵败逃走的和王。札木哈不等和王反应过来，便策马直奔上去，手起刀落，将和王砍作两截。札木哈就这样残忍地杀死了曾经多次收留和搭救他的老和王，充分暴露其卑劣和下贱的性格特征。在这一点上，《青史演义》这种人为改造痕迹非常明显的处理方式与《蒙古秘史》的记载有所不同。

《蒙古秘史》中，札木哈虽然是成吉思汗的主要竞争对手和反对者，在品德上劣于成吉思汗，但不是一个下贱卑劣的小人。当札木哈的一切努力归于失败，被随从押解扭送到成吉思汗帐中。成吉思汗依然以客气的态度请他做“安答”时，札木哈谢绝了这份恩赐的好意，坦率地承认了自己的失败，并由衷地祝颂了成吉思汗艰苦得来的成功，请求尽快赐他一死，说道：“如今恩赐教，快死呵，安答得心安。倘又教，不出血死呵，我死后于你子孙行，永远护助也者。”②

札木哈的临终遗言显示出一个奴隶主贵族自尊自爱的人格

① 尹湛纳希（清）著，黑勒、丁师浩汉译：《青史演义》，呼和浩特，内蒙古人民出版社，1985年版，第256–257页。

② 额尔登泰、乌云达赉校勘：《蒙古秘史》，呼和浩特，内蒙古人民出版社，1980年版，第1010页。

美。为了说明这一点，不妨引用一下成吉思汗自己对札木哈的评价。《蒙古秘史》中，成吉思汗说：

“即使你曾离我他去，却仍是我吉庆有福气的‘安答’。在真互拼死活之日你却心痛起来。虽然分裂，在厮杀之日，你还是痛彻心扉。若问何尝如此：那就是在合剌合勒只惕—额列惕与客列亦惕人厮杀的时候，你曾把对汪罕所说的话，派人来叫我注意。这是你的恩惠。你又把乃蛮人用言语置于死地，用口下杀了他们。又派人来叫我与被你所惊吓的人们做个较量，这也是你的恩惠。”又说：“我的‘安答’虽然独行，但没听见他满口说想害我们性命的话，是个可学的人。”①

从《蒙古秘史》中札木哈的决意求死，我们很容易联想起汉文史传巨著《史记》中另一位英雄的悲怆结局——乌江自刎的楚霸王项羽。同札木哈一样，项羽也是一个集多重性格于一身，多重矛盾于一体的历史人物。他既有破釜沉舟的壮举，也有坑秦降卒二十万的暴行，还有垓下的儿女情长，更有自刎乌江的从容洒脱。我们仅举项羽在其生命的谢幕战——“垓下之围”中对撑船劝渡的乌江亭长说的一句最后表白为例：

亭长曰：“江东虽小，地方千里，众数十万人，亦足王也。”项王笑曰：“天之亡我，我何渡为！且籍与江东子弟八千人渡江而西，今无一人还。纵江东父兄怜而王我，我何面目见之？纵彼不言，籍独不愧于心乎？”乃谓亭长曰：“吾知公长者，吾骑词马五岁，所当无敌，尝一日行千里，不忍杀之，以赐公。”乃令骑皆下马步行，持短兵接战。

对于项羽英雄一世但从不自察，临死之前还一再说「此天之亡我，非战之罪也」，太史公用一句「岂不谬哉！」予以

---

① 札奇斯钦著：《〈蒙古秘史〉新译并注释》，台北，聊经出版事业公司，1979年版，第283、286页。

严肃批判。与顾忌脸面不图后劲，罪责上天不省自身的霸王项羽不同，在北方草原上土生土长的蒙古贵族札木哈坦然正视自己失败的结局，自察审省，客观分析导致失败的诸多内因外果所显露出的坦荡直爽、磊落大方的气质和以死明志的铿锵傲骨更让人钦佩和尊重。《蒙古秘史》真实记录了札木哈的临终遗言：

札木合说：「早年幼小之时，在豁儿豁衲黑一主不儿与〔可〕汗结为「安荅」之际，一起吃不可消化的食物，一起说不可忘记的言语，一起住着，盖用〔一床〕被子。因被旁人挑唆，受奸人刺激，以致分手，互相说了刚硬的话。因此除非剥掉我的黑脸皮，我不能〔再〕接近看我可汗「安荅」温和的面孔了。因为共同说下不可忘记的言语，除非剥掉我的红脸皮'我不能〔再〕见鸿囫大志「安荅」眞实的面孔了。如今我可汗「安荅」恩赐我，叫我作伴，我在〔应当〕作伴的时候，未曾做伴。现在「安荅」你已经把整个国家平定了，把一切外邦统一了。在汗位已经指向了你，现在天下已成定局的时侯，我来做伴，还有甚么益处呢？反倒在黑夜入你的梦，白日拟你的心，成为你领子〔上〕的虱子，你底襟上的〔草〕刺。我诡计太多，我想远离「安荅」，构成了过错。如今，在这一生里，「安荅」我们两个人的大名，从日出之地已经一直传到日落之地了。「安荅」有贤明的母亲'生来俊杰，有干才的诸弟，〔有〕豪强的伙伴，〔有〕七十三匹骏马。〔所以我〕为「安荅」所胜。我从小父母就弃养，没有弟兄。我妻好说闲言闲语，没有可信赖的伙伴。所以〔我〕为有天命的「安荅」所胜。如蒙「安荅」恩赐，请速赐我死。「安荅」你也可以安心。「安荅」赐死的时候，请不要使〔我〕流血而死。死后〔请〕将我的骸骨〔葬〕于高地。我必永远佑护祝福你的子子孙孙。我生来另有源流，〔可是〕被生来多〔福〕的「安荅」的威灵所压服。你们不要忘记我所说的话，早晚想起大家说说。现在叫我快一黙〔死〕吧！」[①]

由此比较，我们得出项羽与札木哈如此不同的临终表达并不仅仅缘因于他们个人的性格使然，更是归因于他们出身不同的两个民族的集体文化性格这个结论并非肤受之言。

但在《青史演义》中，尹湛纳希就札木哈的命运结局可谓用尽心思，虚造颇多。小说第三十二章“修恩德太祖感百臣，施仁义军师报两国”中，卑劣下贱的札木哈穷途末路，走到了生命和事业的尽头，落了一个凌迟处死的凄惨下场。为了进一步说明《青史演义》中札木哈形象与历史人物札木哈之间本质的区别，不妨转录小说内容以便与《蒙古秘史》的记载做一凡对照。作者写道：

“且说太祖回国，大摆宴席，再赏随驾出征和留守国土的将士。吩咐左右，押来扎木哈，历数他所犯十条罪状。扎木哈伏地而归，连连叩首，说道：“恩主在上，如若免我一死，奴才感恩，我要劝降乃蛮宝劳王父子、麦勒吉部落的陶都、瓦伊兰部落的胡布图华！”太祖并满朝文武听了此话，皆笑不止。太祖微微一笑，说道：“你这贱种，如今四蹄都被割取，还想象猫头鹰一样用花言巧语欺骗我吗？”说罢，叫来和王之子图斯呼，吩咐道：“如今我把杀你父王的仇人，喝了血也不解恨的豺狼扎木哈交给你，封你作监斩官，将他押至你父王灵前，凌迟示众，以解大恨！”[②]

纵观蒙汉文诸多史籍载录，札木哈的确具有不容否认的政治才能。他先是发动十三翼战役、后组织十一部落联盟、又怂恿王罕、协助塔阳汗与成吉思汗对垒对阵、但凡打击成吉思汗的一切重要活动大都少不了这位草原政坛的活跃人物。也正是

① 札奇斯钦著：《〈蒙古秘史〉新译并注释》，台北，聊经出版事业公司，1979年版，第285-286页。

② 尹湛纳希（清）著，黑勒、丁师浩汉译：《青史演义》，呼和浩特，内蒙古人民出版社，1985年版，第476页。

鉴于这个人物才华过人和内心世界的复杂性，历代史家对他始终是“横看成岭侧成峰”，评价褒贬不一。譬如，波斯史家拉施特在其著《史集》中评说札木哈“极其聪明，狡黠”，经常“要阴谋、背信弃义和搞欺骗”。李文田的《元秘史注》则称赞札木哈“具有合纵连横之才”。日本人小林高四郎在其《成吉思汗》一书中更是大力标榜札木哈是“军人的师表”、“草原骑士”，是个“英雄式人物”。

因此，面对历史上札木哈这位棱角多元的“圆型”人物，我们对尹湛纳希仅仅以其“巧言寡信，狡诈多变”的性格特点为引子，在《青史演义》中创编塑造出一个卑鄙下贱的小人札木哈的艺术形象成功与否或妥当与否不能妄下评论。但从文学研究的角度我们可以得出如下结论。

尹湛纳希在儒家伦理本位的审美思想影响下，塑造小说人物形象人格恶的审美仅仅体现为一种社会功利的价值判断。美丑比照的内观运思束缚他对人格恶审美的表现力，将《蒙古秘史》中原本属于“圆型形象”的札木哈打造成人格恶的类型化形象。他这般构思塑造札木哈形象的用意，显然在于通过美丑比照衬托成吉思汗统一大业的仁德和正义。在《青史演义》中，成吉思汗胸怀坦荡，应天顺人，怀之以德。扎木哈只重个人的阴谋诡计，不顾人心向背。在百姓的愿望和历史发展规律面前，个人的阴谋诡计无论多么高超，都绝不可能阻挡历史巨轮的前进方向。尽管札木哈阴险狡猾，穷凶极恶地反对成吉思汗的统一大业，但是，其腐朽没落的本性却决定他最终只能落得失败的下场。甚至，从反面促进了统一大业。正如，尹湛纳希在回后批语中所说，札木哈如同驱赶羊群的狼，引导众多部落进犯彼塔国，从而逐个被征服。做为仁德君子的成吉思汗从不主动进犯别国。如果不是在札木哈的挑拨下，那些部落自己找上门来进犯彼塔国，成吉思汗的统一事业也就不会进展得如此迅速。

总之，从《青史演义》的笔墨中，我们可以体会到作者尹湛纳希通过多重性格和多重矛盾的斗争过程来展现人物所特有的细腻而丰富的精神世界，表现历史所具有的既真实生动又复杂多变特点的创作意图和努力。尹湛纳希把历史上成吉思汗的主要对手札木哈刻意虚构塑造成与《青史演义》成吉思汗形象形成善恶、美丑相对立的功能化的艺术形象。他这种二元对立的艺术构思不仅在创作思想上具有思辨价值，更是切实反映出十九世纪少数民族作家民族审美思维和抽象思维的理论化水平以及实现史传文体与小说文体分割的叙事手段和创作意识。

第五章 《青史演义》与相关蒙汉文历史著作文体比较

《青史演义》从蒙汉文历史著作中吸收了丰富的艺术滋养。尤其在叙事文体方面，从结构体例到叙事手法，从细节描写到修辞运用，都与蒙古史传文学和汉文历史著作有着很深的渊源关系。由于篇幅所限，本章主要以《青史演义》的编年体例、叙事结构和散韵结合的叙事形式等较突出的文体特征为重点，论述与其相关蒙汉文历史著作的内在关系。

第一节 《青史演义》的编年体例

《青史演义》虽然是一部历史演义小说，但其字里行间无不透露出作者鲜明的编年意识。纵观整部小说，我们会发现尹湛纳希是严格遵循历史编年的顺序来叙述成吉思汗统一蒙古，建立彼塔国的奋斗故事的。小说故事的本事时间从成吉思汗诞生的壬午年开始，直到逝世及其子窝阔台即位、继续征金的丙申年，几乎逐年地演述了草原蒙古74年的历史。尹湛纳希在《青史演义》的设置创作中，大致每一章描述一年事情，每一章题目下都分别标明宋、金、蒙古的纪年和干支，尽力做到与正史记载相吻合。就以《青史演义》第一章回目为例，作者写到：

承天运圣人降生　凭地灵英豪云集

宋朝十世皇帝绍兴三十二年，壬午岁，金朝五世皇帝世宗大定二年，是年圣武皇帝成吉思汗诞生。请看官铭记于心。[①]

《青史演义》这般逐年叙述故事的编年体例是受蒙汉文历史著作影响的直接结果。经过实证比较，我们可以发现《青史演义》的纪年主要得益于《蒙古源流》和汉文历史著作《元史》以及《续资治通鉴》。

回顾蒙古民族的发展史，我们便发现自登上历史舞台开始他们在逐渐强化和逐步完善的过程中形成严谨的年代意识，并付诸于自己的著史实践中。这股潜流并未逃出历史学家们敏锐的法眼，早已显微阐幽，盖棺论定。在此，我们借引史学大家沙·毕拉的论述来说明最早的蒙古史传巨著《蒙古秘史》中的编年概况。在《蒙古史学史：十三世纪——十七世纪》一书中，沙·比拉做了如下论证：

“以我们的观点看来，《纽察·脱卜察安》从结构上分为三个组成部分最为合适：成吉思汗祖先世系（§1—68），成吉思汗史（§69—268），窝阔台合罕史（§269－282）。其中第一部分所谈，是该书作者最感兴趣的蒙古史起源问题。从最初几页起，作者就指出，蒙古史发端于带有传奇色彩的孛儿帖赤那（苍狼）。作者按照自己的方式弄清了蒙古诸合罕的始祖之后，立即就在第一部分中叙述了成吉思汗祖先的世系，叙述了蒙古各氏族的起源，叙述了祖先的生活方式（狩猎、游牧、相互侵袭等等），并且列举了某些氏族部落史上若干富有教益意义的例子。所有这些内容完全都是根据记忆内容，以保存下来的历史传统为基础记载下来的。这类记载自然会含有许多非历史性的和传说性的东西。然而就整体而言，第一部分中的内容仍然

① 尹湛纳希（清）著，黑勒、丁师浩汉译：《青史演义》，呼和浩特，内蒙古人民出版社，1985年版，第1页。

反映了真实的历史情景。”[①]

“在记述成吉思汗祖先的情况时，该书严格遵循这样一条原则：由做为氏族长的父亲传位给做为继承人的儿子。由此便形成了一部统治家族代表人物严格的世系史。这部世系史此后也便成为整个蒙古史学史的基础。”[②]“以历史继承性思想为基础建立起完整的蒙古诸汗源流史，应该说是《纽察·脱卜察安》的一大优点。但是，该书也存在着重大的缺点，这就是：编者尽管也有时间顺序思想，但是书中却缺乏准确的年代系列。在时间飞速逝去、事件更迭发生的情况下，要靠民间记忆的办法去保存比较准确的历史事件的年代，是不大可能的。”[③]

“当时蒙古人的世界观在《纽察·脱卜察安》的第二部分和第三部分表现得最为清晰。这两部分已具备了文字史的性质。C·A·科津曾经说过，这部史籍的‘基本部分尽管所涉及的时间只有四十年——作者本人与他所描述的主人公成吉思汗和扎木哈生活的年代，但具备了逐年记载史实的倾向，有时不免会以倒填年代的手法把这些史实纳入人为的年代表中’。”[④]

“从史学史特点的角度来看，《纽察·脱卜察安》第二部分和第三部分的突出之处还在于，这里我们可以看到，年代学的概念已经完全形成。

这两部分中尽管没有出现任何年代，但是各个事件的时间顺序要比第一部分处理得更为顺当。这里首先叙述的是成吉思汗孩提时代的事件，而后叙述的是他青年和壮年时代的事件。

---

① 沙·毕拉（蒙古）著，陈宏法译：《蒙古史学史：十三世纪—十七世纪》，呼和浩特，内蒙古教育出版社，1988年版，第45—46页。

② 沙·毕拉（蒙古）著，陈宏法译：《蒙古史学史：十三世纪—十七世纪》，呼和浩特，内蒙古教育出版社，1988年版，第46页

③ 沙·毕拉（蒙古）著，陈宏法译：《蒙古史学史：十三世纪—十七世纪》，呼和浩特，内蒙古教育出版社，1988年版，第46页

④ 沙·毕拉（蒙古）著，陈宏法译：《蒙古史学史：十三世纪—十七世纪》，呼和浩特，内蒙古教育出版社，1988年版，第48页

比如："铁木真九岁时，拙赤合撒儿七岁，合赤温额勒赤五岁，帖木格斡惕赤斤三岁，帖木仑方在摇车中也"（§60—61）。再比如："铁木真九岁时，也速该把阿秃儿欲自其舅族之诃额仑母家，斡勒忽讷兀惕百姓处聘女"（§60—61）。

以下，从第141节起，《纽察·脱卜察安》开始具有固定的编年史性质。以十二生肖为纪年制的准确年代开始出现。下面我们举例说明该书后两部分提及的事件年代：

Takiy-aJil（鸡年）——1210年（§141—152）

NoqaiJil（狗年）——1202年（§153—165）

GaqaiJil（猪年）——1203年（§166—192）

QuluγanJil（鼠年〉——1204年（§193—197）

HükarJil（牛年）——1205年（§198—201）

BarsJil（虎年）——1206年（§202—238）

TayulaiJil（兔年）——1207年（§239—246）

QoninJil（羊年）——1211年（§247—250）

GaqaiJil（猪年）——1214年（§251—256）

TayulaiJil（兔年）——1219年（§257-263）

Takiy-aJil（鸡年）——1225年（§264）

NoqaiJil（狗年）——1226年（§266—268）

QuluγanJil（鼠年）——1228年（§269—271）

TayulaiJil（兔年）——1231年（§272-281）

QuluγanJil（鼠年）——1240年（§282）

以上引述的材料可以明显地看到，《纽察·脱卜察安》中所记载的蒙古史上的重大事件，从1201年起均有严格的年代顺序。比如，第202节指明当时是虎年（1206年），即蒙古国创立之年，第239节是1207年，在这一节中记载了成吉思汗与帖卜腾格里之间的斗争情况，结果以这位大名鼎鼎的巫神之死而告终。第247节至250节记载了1211年发生的事件。《纽察·脱卜察安》的基本部分所记载的均为当时发生的真实事件。这一情况说明，随着蒙古人登上历史舞台以后，他们对记载当时所发生事件的兴趣也增加了。与此同时，统治阶级代表人物们要求使自己的业绩永世长存的欲望、要求在同代人和后代人心目中抬高其本人和亲属地位的欲望更强烈了。于是，他们就求助于编年史作家。而这些编年史作家首先要研究的必然是当代情况，正在执政的诸合罕历史。由于编年史作家面临这样的新任务，文字史于是变成了一门比只是搜集有关历史事件的传说故事的旧的口头历史传统更加现实更加具体的知识学科。《纽察·脱卜察安》作为一部史籍，其优点恰恰在于它反映了这一转变过程。”①

自《蒙古秘史》伊始的蒙古民族年代学传统一直延续到十七世纪，在《蒙古源流》中得到了更进一步的补充和完善。萨囊彻辰把蒙古传统的十二动物属相纪年法与中原汉朝的年号相对照，以更趋成熟和规范的编年体例，把《蒙古秘史》开端的以族谱形式记录民族历史的蒙古史学传统融进中华民族的大历史背景中，表现出前所未有的宏阔的历史视野。比如，记述成吉思汗的诞生时，写到：

“自前戊子纪年以来，三千二百九十五年，岁次壬午（宋绍兴三十二年，1162年），父也速该巴噶图尔，母乌格伦夫人二人，生一瑞相全备之奇儿矣。适值掳来塔塔儿之铁木真乌格时，遂命乳名为天赐之铁木真焉。”②

《蒙古源流》的纪年为《青史演义》的编年体例产生了直接的影响。由于，汉文有关历史著作，如《元史》和《续资治通鉴》中，主要从丙寅年开始记载成吉思汗兴起的蒙古历史，对丙寅年之前的史实即或提到也基本没有年代。因此，《蒙古

① 沙·毕拉（蒙古）著，陈宏法译：《蒙古史学史：十三世纪—十七世纪》，呼和浩特，内蒙古教育出版社，1988年版，第49—50页

② 萨囊彻辰（清）著：《蒙古源流》（蒙古文），呼和浩特，内蒙古人民出版社，1988年版，第126页。

源流》各纪年中的相关事件经过尹湛纳希的改写，基本都被吸收进《青史演义》中，不仅带来很强的历史感，还扩充了小说的故事容量。譬如：

壬午年（1262），成吉思汗出生；

戊戌年（1178），成吉思汗十七岁，迎娶丙戌年生孛尔帖；

已酉年（1189），成吉思汗二十八岁，登合罕位；有五色鸟鸣，得到玉玺，称蒙古国；哈撒儿叛，成吉思汗令苏伯格台将军追赶；成吉思汗变化老翁来训诫哈撒儿、别勒古台二人；成吉思汗征恩古特之乌兰昌贵；

庚戌年（1190），成吉思汗二十九岁，攻旺楚克汗，火攻其城；

壬子年（1192），成吉思汗三十一岁，攻索伦部纳岱尔乌逊之女忽兰高娃；驻三年，孛尔帖夫人遣阿尔噶逊劝之；泰赤兀惕之布克齐勒格尔谋害太祖；上天赐酒；

癸丑年（1193），成吉思汗三十二岁，纳塔塔儿部济苏、济苏凯姊妹二人；

甲寅年（1194），成吉思汗三十三岁，共称合罕，西夏雅布嘎炫耀希都日古汗妃子；

乙卯年（1195），成吉思汗三十四岁，攻撒尔塔古勒之扎里雅特苏勒德合罕；

丙辰年（1196），成吉思汗三十五岁，攻托克玛克之蒙古力克合罕；

戊午年（1198），成吉思汗三十七岁，打败王罕；

庚申年（1200），成吉思汗三十九岁，战败乃蛮塔阳罕；

壬戌年（1202），成吉思汗四十一岁，战败郭日勒思之纳仁罕；

甲子年（1204），成吉思汗四十三岁，战败哈尔里固特之阿尔思兰罕；

丙寅年（1206），成吉思汗四十五岁，征土伯特之库鲁格道尔济汗；进兵印度，见角端，班师还；

戊午年（1208），成吉思汗四十七岁，攻伐萨尔塔克沁之谙巴海合罕；嘉赏博古尔出夫妇；

戊午年（1208）至丙戌年（1226），成吉思汗息养部属；

丙戌年（1226），成吉思汗征伐唐古特之都日古汗；

丁亥年（1227），成吉思汗与都日古汗斗法取胜，纳其妃古日伯勒津高娃；成吉思汗逝世；

《蒙古源流》中，自戊午年（1208）至丙戌年（1226），缺少记事纪年。对此，尹湛纳希选取汉文历史著作《元史》和《续资治通鉴》的纪年作为补充资料，满足了《青史演义》的编年需要。譬如：

壬戌年（1202），成吉思汗袭击乃蛮；札木哈援助乃蛮；成吉思汗时赐人以裘马；

癸亥年（1203），成吉思汗与王罕欲联姻，未果；札木哈离间二人的关系；王罕父子欲谋害成吉思汗，未成；成吉思汗班珠尼河受困；成吉思汗率部“衔枚”袭击王罕，亡其部；

甲子年（1204），成吉思汗灭乃蛮塔阳罕；札木哈背叛塔阳罕；成吉思汗再战篾儿乞部；

乙丑年（1205），成吉思汗伐夏；

丙寅年（1206），成吉思汗称帝；金朝降俘诉金主暴虐，成吉思汗决定伐金；成吉思汗伐乃蛮宝鲁罕；

丁卯年（1207），成吉思汗伐陶克陶等；

戊辰年（1208），成吉思汗伐篾里乞部；

己巳年（1209），成吉思汗见金主使“不为礼”，“南面而唾之”；

庚午年（1210），成吉思汗伐金；

辛未年（1211），成吉思汗伐金，纳降将郭宝玉之谏，颁布五条军纪；

壬申年（1212），成吉思汗伐金；

癸酉年（1213），成吉思汗伐金；

甲戌年（1214），木华黎伐金；

乙亥年（1215），木华黎伐金；

丙子年（1216），木华黎伐金；

丁丑年（1217），木华黎封国王；木华黎伐金；

戊寅年（1218），木华黎伐金；成吉思汗攻夏；

己卯年（1219），成吉思汗攻夏；

庚辰年（1220），木华黎伐金；成吉思汗攻夏；

辛巳年（1221），木华黎伐金；

壬午年（1222），木华黎伐金；成吉思汗攻夏；

癸未年（1223），木华黎薨；

甲申年（1224），成吉思汗进兵印度；

丙戌年（1225），蒙古国伐金；

乙酉年（1226），成吉思汗攻夏；

丁亥年（1227），成吉思汗驾崩；

（此后，是关于斡阔台汗时期的纪年记载，无需赘述。——笔者。）等。

《青史演义》编年的形式体例，具有强烈的历史感。但是，《青史演义》不是历史著作，与《蒙古源流》、《元史》和《续资治通鉴》相比，在文体方面具有本质的区别。虽然讲述的是同一段历史过程中的事件，但是，在讲述方式上它们截然不同。《蒙古源流》等历史著作的每一段纪年都是整个历史过程的一个片段。它们在逻辑上不具备独立完整的时空结构，只能是叙事片段而不是真正的故事。而《青史演义》以明确的因果解释把故事的历史过程从历史著作中原来所依附的历史语境中抽离出来，充填情节，创作成了独立的时空结构。因此，无论它叙述的内容多么“真实”，与历史事实多么相似，从根本上说，它是作者按自己的意图对现实进行的“隐喻”。也就是说，《青史演义》中的时空是经过了作者的割裂和重新组合，而非历史的真实时空。譬如，根据《元史》记载，蒙古国王木华黎“擐甲执锐垂四十年”，卒于公元1223年，享年54岁。他大约是从十四岁起跟随成吉思汗。那时，成吉思汗大约22岁，应该是公元1184年前后发生的事情。演义的作者为突出木华黎在统一大业中的作用，在小说中将其跟随成吉思汗的时间改做成吉思汗16岁时，即岁次丁酉年，把他设计为蒙古众多将领中最先跟随成吉思汗的人。在历史事件的记录上，作者也按照自己的创作构思，对历史时间进行了调整。如，为了在《青史演义》中特书丙寅年成吉思汗登基称帝，天降九种瑞相之盛事，尹湛纳希对《蒙古源流》中所记载的丙寅年成吉思汗征吐蕃、去印度的事件提前一年至乙丑年叙述。但是，作者按编年顺序组织历史题材和虚构内容的结果，以酷似历史真实的审美效果增加了读者的可信度。这是因为热心于民族历史研究的蒙古人直到十九世纪尹湛纳希创作《青史演义》之时，仍有着深重的史学意识。当时的蒙古地区还没有人用小说的形式，再现蒙古历史的画卷。即使自唐传奇以来的大量汉文历史小说在蒙古地区广泛流传，当时的蒙古受众在观念上仍把它们当作历史来接受的，这一点在《青史演义》中作者所述回中插话得到证明。在第十八章，有关天赐甘露于成吉思汗的情节，尹湛纳希写到：

“史官我写至此，心中生疑，难以确信，想舍去此段不写，可史书中记得很清楚，略掉极不合适，且有罪。但要直接写上，又觉荒诞不经。真是左右为难，几次润笔又几次放下，竟犹豫耽搁数日。逢巧，有几位笔墨朋友来到家中花园赏花闻鸟语，在绿波堂喝春酒，于是向他们讲出这些情况，商量如何写法。我友绍古说：“此事在藏文典簿中也记载得很清楚，想必是实有其事吧！再说，那样奇特新鲜难以相信的事，也不仅只出在元朝。历朝皆有过的。对此，连《纲鉴》、《纲目》也不敢妄自去掉，都记载出来。例如，古代周朝时召公奭出游到庸地，见到山中驺虞虎、野外雉鸡与世间之人同行，这事可信还是不可信？若以神仙而论，周朝武王伐商，大军乘船至盟津，有八尺白鱼跃入舟中。夜间，帐前空中又落一红光，至门前化作鸟，飞入屋内又化作红玉，其声如魄；还有周穆王女在昆仑山见到王母娘娘，唐明皇赴月宫将天曲传于人间，秦穆王女弄玉乘鸾飞上天空，张骞入斗牛宫会织女，柳毅入南海龙宫娶龙女，这些都是真事啊！因此，怎么可以肯定说大元朝开国皇帝就没有呢？"于是，我便照原来记载抄录下来。"[①]

这段较长的文字透露了一个重要的信息，那就是，当时的蒙古地区的受众虽然熟悉历史小说的内容，但是并非从文学观念去接受，而是从史学观念去重视其历史的真实性。面对社会大众特别的审美情趣，尹湛纳希以编年体例创作《青史演义》，仍将历史情节的真实性放在重要位置上。但是，从观念层面上，作者固有的传统史学观念已经发生了动摇。这不仅体现在作者对荒诞内容的怀疑态度，更重要的是，他已经认识到"只有别具一格的传奇故事一类的史书才能广泛传布，使人爱不释手，争相诵读。这是因为它有引人入胜之处。"[②]在这种对文学社会功能和审美功能形成初步自觉意识的过程中，尹湛纳希掌握了比以往的前辈蒙古史家们更为主动、灵活的文学操控能力。也正是在这种艺术创作能动性的驱使下，他按照自己的意图对历史资料进行构拟再编，以严肃的历史著作的名义写出了通俗的历史演义小说，实践了文学自主观念的觉醒，小说文体转化独立的最后一程。

---

① 尹湛纳希（清）著，黑勒、丁师浩汉译：《青史演义》，呼和浩特，内蒙古人民出版社，1985年版，第272–273页。

② 尹湛纳希（清）著，黑勒、丁师浩汉译：《青史演义》，呼和浩特，内蒙古人民出版社，1985年版，第28页。

第二节 《青史演义》散韵相融的叙述形式

散文为主，韵文为辅是《青史演义》显著的文体特征之一。众所周知，综观对《青史演义》产生影响的汉文历史著作《元史》和《续资治通鉴》均以散文叙述，几乎不存在韵文叙述内容。而汉文历史小说在传统上也是叙述多于描写。其韵文只是用于评赞或描述人物的外貌和举止，很少在正文中用韵文描写人物的心理、情绪的变化。譬如，汉文经典历史小说《三国演义》中，每逢感人的事件或人物，作者都借助“后人有诗叹曰”，或褒或贬，进行评价。信手引用一例。譬如，《三国演义》第二十七回“美髯公千里走单骑，汉寿侯五关斩六将”中，写到：

关公所历关隘五处，斩将六员。后人有诗叹曰：

挂印封金辞汉相，
寻兄遥望远途还。
马骑赤兔行千里，
刀偃青龙出五关。
忠义慨然冲宇宙，
英雄从此震江山。
独行斩将应无敌，
今古留题翰墨间。[①]

总之，在汉文历史小说中，韵文的功能仅在于表现叙述人道德情感的爱憎好恶倾向。而冠以“正史”美称的汉文历史著作更是贵散文叙述，一概杜绝韵文。这是因为韵文的抒情性特

① 罗贯中（明）著：《三国演义》，北京，人民文学出版社，1998年出版，第232—233页。

征与史家尊奉的“春秋之笔”风格截然不同所致。

蒙古族首部历史小说《青史演义》中，韵文除了评赞之外，显然还担负着更多的功能任务。在评赞功能方面，《青史演义》每一章前有概括本章主要内容的四句诗，譬如，第一章的回前诗写到：

英雄也速该降服特墨沁，
福人窝格仑幸生圣太祖；
太祖铁木真为父报深仇，
智士木华黎慧眼识圣主。

有的章节结尾也有概括本章内容的四句诗。譬如，第十六章结尾写到：

妒心深重的旺楚克之女见识短浅，
贤慧聪颖的撒仁公主洪福齐天；
遇事谨慎的圣人太祖真是天子，
心宽量大的斯琴夫人天神一般。

这些叙述形式与汉族话本小说中的入话诗、诗结非常近似。甚至，在正文的叙述中，作者也以韵文形式表达自己的感慨和评论。这一点在艺术形式和功能上与话本小说中叙述人的插话相似。譬如，《青史演义》第二十章“众前明法木华黎背缚双手，为国捐躯扎勒玛自我砍肩”中，作者针对文中所讲述的成吉思汗配合木华黎严明法度的感人事迹，欣然挥笔写到：

史官尹湛纳希我写到这里不觉心里惊叹，信手写了几行不成文的诗：

勇谋双全的木华黎怎不令人敬仰，
皇族天子成吉思汗实属英明人杰！
仁义为重的能臣委实可贵，
先见之明的太祖岂不更难得！

在《青史演义》中，韵文还用来烘托气氛。第十二章中，克烈部埋伏包围彼塔国君臣，引起一场激烈混战之际，作者写到：

那正是：

龙虎相斗，
龟蛇丧胆，
鱼鳖受连；
天公举兵，
龙妖惊动，
鬼神被缚。

这种叙事形式的发挥，使尹湛纳希直接介入故事中，针对着读者，从道德和审美两方面对人物和事件发表自己的议论和评价。譬如，《青史演义》第二十八章“赫利特数尽亡呼伦，彼塔国势盛临塔河”的结尾，尹湛纳希难抑感慨，直抒胸臆，写了一首回后诗：

开基建国实艰难，
亡国破家多容易；
守国忠臣细思量，
哪个朝代不如此？

综观上述韵文，可以发现作者“意主劝惩”，努力以自己的爱憎好恶的感情倾向来影响或引导读者审美价值判断的功利目的。而且，韵文在《青史演义》中的艺术功能远不止于此。

《青史演义》全文六十九个章回中共写有韵文258首。这些韵文中有民间文学的祝赞词、民歌和民谣，也有歌功颂德，赞扬勇士的原创诗文。作者运用这些诗歌韵文的审美意境抒发主体的主观情感意向，塑造人物性格，推动情节的发展，深化主题思想以及文化寓意，加强艺术形象的感染力，起到多样化的调剂作用。譬如，在《青史演义》中多次出现成吉思汗用祝词的方式，陈述木华黎、布古尔吉等彼塔国元勋将领们历次功绩的情节。第四十二章“吐唾沫太祖撼金朝，施小计谋臣定中原”一文中，成吉思汗祝福布古尔吉道：

即令撒袋破了，
你依旧说些感恩的话语。
纵然阵势乱了，
你依然不忘过去的深交。
即使羽袋丢了，
你依旧不忘昔日的友情。
每当与仇敌拼杀时，
你总是不顾个人的安危。
教你留下守国时，
你殷勤照料我的四子。
你尽管晚到了一步，
却活捉了三名夏国主将。
布古尔吉，你是智勇双全的将军，
你我二人很早就有手足之情！

成吉思汗是封建时代的君主。可贵的是他能够承认他人的价值，肯定部下的功绩，牢记他们的恩义。尹湛纳希通过韵文，突出了成吉思汗尊重他人，不忘他人恩义的可贵品质。再譬如，在《青史演义》中，因蒙古草原的分裂割据和双方家长之间的敌对仇视挑起的长期战争，无法实现爱情的和王之女索伦高娃和塔阳汗之子阿拉坦沙嘎，只能在无尽的等待中倍受煎熬。与情人天各一方的索伦高娃只能以凄婉的歌声表达对阿拉坦沙嘎的思念：

北风吹来秋风萧萧啊，
令孤身的女儿更加哀凉。
苍天不令鼓瑟相合啊，
成双的缘分在何方？
鸿雁双双飞归远行啊，
使孑然行走的红颜自怜。
观遍远近各类人等啊，

没有谁能比得上那折箭的儿男。[①]

这一段韵文不仅通过具象画面与情感抒发相融合来传达审美快感，也以哀婉的情绪渲染出有情人难成眷属的苦痛，衬托了分裂割据和长年征战给草原人民带来的深重苦难，起到了从世俗生活的一个横断面纵深强化《青史演义》主题思想的艺术效用。

毋庸赘言，《青史演义》散韵相间的叙述形式得益于蒙古史传文学悠久的艺术传统。自《蒙古秘史》开创散韵相间的叙述形式以来，直到十七世纪的《罗黄金史》和《蒙古源流》都一脉沿袭着这一特色传统。在《蒙古秘史》中，散体文约占全书的三分之二，韵文占三分之一，主要为各种类型的抒情诗，也有一部分叙事诗。这些韵文诗出现在叙事中间、在人物矛盾冲突的关键时刻、在事件进展的重要场合，通过作者或作品人物之口，或赞颂、或谴责、或盟誓、或讽刺，均以情感的节奏来推进作品的起伏跌宕。譬如，卷二第76节至第78节关于诃额仑母亲对射杀别克帖尔的帖木真、合撒儿二人的怒斥；卷八第201节关于札木哈临死之前与帖木真的对话；卷八、卷九、卷十关于成吉思汗分封九十五个千户官，所说的嘉奖；卷十一第254节至第255节关于汗位继承问题的争论，都是散体和韵体、叙事和抒情相结合的精彩片段。由于本文有关《蒙古秘史》的引文中都曾转录过上述韵文内容之故，这里仅以讽刺和悲叹的抒情篇章论述《蒙古秘史》中韵文功能的丰富性。譬如，卷三第111节，成吉思汗灭篾儿乞惕部，侥幸逃脱的赤勒格尔孛阔唱叹到：

黑老鸦的命本是吃残皮剩谷的，

竟想吃鸿雁、仙鹤；

① 尹湛纳希（清）著，黑勒、丁师浩汉译：《青史演义》，呼和浩特，内蒙古人民出版社，1985年版，第153-154页。

我这不成器的赤勒格儿，
竟侵犯到尊贵的孛尔帖夫人！
给全篾儿乞惕人带来祸患的罪孽，
已经降临到贱民赤勒格儿头上！
想逃我这仅有的一条命，
钻进幽暗的山缝，
可是哪有躲避的地方。

坏白超的命本是吃野老鼠的，
竟想吃天鹅、仙鹤；
我这服装不整的赤勒格儿，
竟收押了有洪福的孛儿帖夫人！
给全篾儿乞惕人带来灾难的罪孽，
已经降临到枯干的赤勒格儿的脑袋上！
想逃我这羊粪般的一条命，
钻进幽暗的峡谷，
可是哪有避挡我的围墙。①

作者借助民歌的形式，以作品中人物的口吻创作的这首韵文符合人物的思想行为逻辑，也表现出创作者对人物、对历史事件的评价和感怀。我们从后来的《青史演义》中多情姑娘索伦高娃的吟唱中仍可追踪到与《蒙古秘史》韵文风采的师承脉袭。

正如本文前一章所述，十六世纪的《罗黄金史》和《蒙古源流》仍延续着《蒙古秘史》那散韵结合的文体特点。《罗黄金史》中，韵文和散文担负着不同的功能。韵文除了格言、熟语之外还用来歌功颂德，赞扬勇士、讽刺仇敌，鞭挞暴戾；而

---

① 巴雅尔标音：《蒙古秘史》，呼和浩特，内蒙古人民出版社，1980年版，第309—317页。

历史传说、民间故事等则以散文表述。《罗黄金史》中吸收了千余行训谕诗和格言诗，其散韵结合的文体特征非常显著。与其同时期的《蒙古源流》是散文叙述较多的编年体著作。但是，由于它吸收了“哈萨儿叛逃的传说”、“箭筒士阿尔噶逊的传说”等很多与《罗黄金史》的记载相同的民间传说，其散韵结合的文体特征仍明显区别于汉文历史著作。譬如，有关成吉思汗的逝世是蒙汉文历史著作中共有的内容。但是，叙述上却截然不同。汉文历史著作《元史》的记载如下：

秋七月壬午，不豫。（太祖）崩于萨里川哈老徒之行宫。临崩谓左右曰：“金精兵在潼关，南据连山，北限大河，难以遽破。若假道于宋，宋、金世仇，必能许我，则下兵唐、邓，直捣大梁。金急，必徵兵潼关。然以数万之众，千里赴援，人马疲弊，虽至弗能战，破之必矣。”言讫而崩，寿六十六。葬起辇谷。[①]

在《蒙古源流》卷四中，作者用整篇的韵文记述了成吉思汗的临终过程。转引其中的成吉思汗临终遗言为例，萨囊彻辰写到：

奏毕，则主上坐起而降旨曰：

“与我遗孀之孛尔帖彻辰夫人，
与我遗孤之斡阔台、托雷二子；
当勉以忠贞之心而辅佐之。
当永无退悔之心而效力之。
若夫玉石之无皮也，
若夫纯铁之无胶也，
惜乎人生之无常也，
当怀坚贞无悔之心以勉之。

① 宋濂（明）等撰：《元史》卷一，北京，中华书局出版，1976年版，第25页。

事所尚者克成其业也，
人所重者践言之诚也，
当小心行事以和人众，
噫！我此身将辞此世矣！
忽必烈儿出言不凡焉，
汝等当遵其言而行之；
日后可望彼能如我在时，
必致天下于安乐之境乎！”

言讫，岁次丁亥，年六十六岁之七月十二日，于灵州城升遐矣。①

更有甚者，萨囊彻辰在《蒙古源流》中还记述了一段成吉思汗的灵柩车陷入穆纳冈不动，由苏尼特之吉鲁根巴图尔吟唱悼词的情节。吉鲁根巴图尔的悼词原文引述如下：

“奉苍天之明命而生者，
人中之狮我圣主天子，
既弃汝普国之大众，
乃超生返往上界乎！
君所际遇之元配夫人，
君所创基之国家统绪，
君所治理之人间朝政，
君所经营之大众在彼焉。
君所亲昵之元配夫人，
君所居止之金阙宫殿，
君所经营之清平国朝，
君所聚集之隶民在彼焉。
君生身之地沐浴之水，

① 萨囊彻辰（清）著，道润梯步译校：《蒙古源流》，呼和浩特，内蒙古人民出版社，1980年版，第182页。

君之投下蒙古国人众，
君之宪章诺延大臣，
君之生地斡难之德里衮孛勒答黑在彼焉。
君所制枣骝马松之战旗，
君所用之鼓铙画角诸器，
君所整备之金阙宫殿，
君所即位之克噜伦之曲雕阿兰在彼焉。
君所先遇之孛尔帖彻辰夫人，
君在吉祥布尔哈图山之大众营地，
君之忠仆博古尔济、木华黎二人，
君所置备之典章制度在彼焉。
君所神会之妃忽兰夫人，
君之胡笳胡琴等诸般乐器，
君之济苏、济苏凯二美夫人，
君总揽天下之金阙宫殿在彼焉。
君主岂能以哈尔固纳山为温暖，
岂以获外邦唐古特之人众，
岂以古尔伯勒津高娃夫人貌美，
而弃却君之蒙古故国乎？
虽未能保君上之金命，
奉送君如珍宝之圣躯；
俾君之孛尔帖夫人瞻视，
慰君普国大众之所望乎！”

奏毕，则合罕之神主降恩，辇车辚辚而动。群下人众感戴欢喜，遂送合罕于大葬之地焉。[①]

与此相同的事件也出现在《青史演义》第五十九章“青州

① 萨囊彻辰（清）著，道润梯步译校：《蒙古源流》，呼和浩特，内蒙古人民出版社，1980年版，第183–185页。

府里宝太师授计破宋，六盘山下成吉思汗遗诏取金”一文的创作情节中：

到了戊丑，病情加重，成吉思汗便对耶律楚材说道：“如今社稷虽立，尚未安定，朕望爱卿尽忠报国。”又召来布古尔吉、楚鲁并五虎上将等人，吩咐到：“朕从十三岁起兵举事，已到六十六岁。四方五域皆以荡平，岁岁纳贡。如今朕心坦然，无一丝遗恨。常言说道：‘玉石无皮，人生无悔’，‘钢也生锈，主也衰亡’，‘万事无绪，人生无常’，‘社稷相替’。朕望汝等众人尽心尽意，保国保民，铲奸除贼，好生抚养朕孙忽必烈。此子大材，日后必胜于朕皇位教窝阔台继承，国事让拖雷监管，军队让宝鲁统帅，遇事要同耶律楚材商议。”说罢，将征讨重事委于海鲁更巴特尔。当时，赛汗苏尔塔拉图手执笔墨立于一旁，成吉思汗降旨说道：“金之精兵皆守潼关。南据连山，北限大河，难以遽破。若假道于宋，宋金世仇，必能许我，则下兵唐、邓，直捣大梁。金急，必徵兵潼关。然以数万之众，千里赴援，人马疲弊，虽至弗能战，破之必矣。汝等牢记此命。”说罢，起身沐浴，换装而卧，于丁亥十二月十二日午后，晏驾归天。①

接着，《青史演义》的作者也创作设置了灵柩车到漠纳属地呼和布尔深陷不动的故事情节。小说写到：

这时，海鲁更巴特尔忙取金樽，洒酒奏道：

你众民的慈父，人间的圣主，
受天神委托下凡于红尘，
如今丢下所有社稷臣民，
安详地躺在这巨轮车上。
你创立的伟大帝国，

① 尹湛纳希（清）著，黑勒、丁师浩汉译：《青史演义》，呼和浩特，内蒙古人民出版社，1985年版，第864页。

你留下的皇后太子，
你缔造的法纪大国，
还有哺育你长大的山河，
那北方巍峨的乌云宝勒德格峰，
那神圣明洁的布尔罕嘎拉顿家乡，
那相依为命的布尔特格勒金夫人，
那视如明珠的公主驸马，
还有那镶金嵌宝的宫殿楼阁，
那纳贡效忠的臣民，都请求你，
那被清泉洗涤的山川，
那忠心耿耿的臣民，都请求你，
返回你富饶美丽的家乡，
斡嫩河畔特力贡宝勒德格山峰。
你呀，慈心如海的天神，
垂怜你这忠实勤劳的臣民！”

洒酒祝福已毕，只见巨轮缓缓移动，军民百姓欢天喜地，往北方上都进发。[①]

这两部著作中的雷同细节，进一步证实了《青史演义》在叙述形式上与始自《蒙古秘史》以来的蒙古史传文学散韵结合的叙述传统之间血脉相连的传承和沿袭关系。

众所周知，在文学中，文体不是一个简单的技巧问题，而是一部作品的话语体式。文体不仅是一个符号的编码方式，而是一个民族的文化表征。文体能反映出作者把握与表现生活的艺术方式和对文化传统的理解方式。从文体结构的转换生成可深入到审美心理结构和艺术精神结构的演化变易。《青史演义》继承延续蒙古史传文学散韵结合的叙述形式，证明尹湛纳

① 尹湛纳希（清）著，黑勒、丁师浩汉译：《青史演义》，呼和浩特，内蒙古人民出版社，1985年版，第864–865页。

希是对文学传统进行选择和重构，通过解构——建构的动态过程，完成从史传文学向小说文体转型的事实。

第三节 《青史演义》的叙事结构

《青史演义》共六十九个章回。其中，前五十九回讲述了成吉思汗建立蒙古国，并征金伐夏的戎马一生。余下的后十个章回讲述了从窝阔台即位至太宗八年，蒙古国继续征金的故事。这样的叙述框架与蒙古族最伟大的史传著作《蒙古秘史》很相似。这说明两部作品在精神动力方面存在着某种契合。但是，尹湛纳希并没有直接阅读过《蒙古秘史》。他是通过《罗黄金史》间接受到《蒙古秘史》的影响。因此，从叙述结构而论，直接影响《青史演义》的是满译本《大元史》。

根据《青史演义·纲要》的记载，有十部史书对尹湛纳希创作《青史演义》产生较大的影响。其中提到的第一部史书，他称作《盛朝青史》（《MANDOGSANTURUINHUHESODOR》）。历史资料显示，所谓《盛朝青史》，就是流传至今的满译本《大元朝史》（DAIYUANOLOSONTUBSODOR）。尹湛纳希在《青史演义·纲要》中，称宋濂主持编撰的《元史》为《元朝正史》，以示与《大元史》相区别。

事实上，《大元史》和《元史》是具有渊源关系的两部著作。根据《蒙古人民共和国科学院图书馆亚洲书库藏蒙古文抄写与印刷本图书总目编录（1）》之“历史卷”中，第40·922号为《元史》，第41·2558号为《大元正史》。关于蒙古文《元史》，其简要介绍如下：“宋濂撰，（原著文字）汉，210册，10360页，手抄本，逐日记载元朝自建国直到灭亡，国政善恶大事的国史。十五世纪撰写。”关于《大元朝史》，简要介绍如下：“宋濂撰，（原著文字）汉，15册，715页，手抄本，择录记载蒙古大元朝国政诸事中特别重要者之简史。十五世纪撰写。”《总目》中这两部有关元朝史的书籍，篇幅长短悬殊，内容详略有别，却出自同一个作者。蒙古国著名学者策·达木丁苏荣在其著作《蒙古秘史·导言》中提道：“一九四零年，在内蒙古获得《大元太祖成吉思合罕征伐各国史纪年纲要》一书。其中所记蒙古史有十三种。”在这十三种书中，第七部是《元朝正史》，第九部是《大元朝史》。也就是说，在清代的内外蒙古地区曾同时流传篇幅长短不一的《元史》和《大元史》。

《大元史》是清代初期，由满文转译成蒙古文。当时，后金首领皇太极欲借辽、金、大元等三个少数民族朝代的历史经验，探讨统治中原的方略。于是，降旨大学士希福等，“将大辽、金、大元这三朝史籍，翻译为满文和蒙古文，凡所行善恶诸事，得与失，征战、畋猎等均分别写出”。自崇德皇帝元年（1636年）仲夏月开始编纂，结束于崇德四年（1637年）季夏月。他们将元代脱脱主持编撰的《辽史》和《金史》，明代宋濂主持编撰的《元史》，经过选择和重新编辑，翻译成满文《大辽史》、《金史》和《大元史》。王文桂、刘鸿宇等人负责汉文稿本的整理，察富海、耶成和等人负责由汉文翻译成满文。最后，由希福通阅和改订全部译稿。崇德四年季春月，满文译稿尚未全部完稿之时，便开始由满文转译成蒙古文。历时二年，于崇德五年（1640年）季冬月，由图登、乌力寨图、色楞和索诺木等完成蒙古文译稿。最后仍由大学士希福通阅和修订全部译稿。顺治元年（1646年），三部译著的文稿进呈清世祖福临。顺治三年刊行满文木刻本。蒙古文译本则通过手抄流传于世。

满译本《大元史》的蒙古文译本便于尹湛纳希直接阅读和引用。尹湛纳希是用蒙古文创作了《青史演义》。《元史》等卷帙浩繁的汉文史料必须通过译介才能引用到作品中。他曾请六兄蒙译《资治通鉴纲目》，就是要便于直接引用，以保证创作速度。照此推理，曾搁笔中断达十年之久的尹湛纳希从光绪九年至光绪十二年春，顺利创作完《青史演义》五十回之后十九个章回的内容，不能排除《大元史》蒙译本所起到的便利作用。比较《元史》、《大元史》和《青史演义》，可以发现在内容上《青史演义》与《大元史》更为接近。《大元史》关于成吉思汗部分对《元史》所做的充实，在《青史演义》中都有反映。[①]由于篇幅所限，仅以《青史演义》从《大元史》中因袭过来的一个细节错误为例，也足可证明这两部著作之间的借鉴关系。

满译本《大元史》的末尾以及呈送顺治皇帝的奏疏中，都称“大元朝十四位皇帝，在位一百六十二年”。这种元朝有国一百六十二年的说法，在年代换算上存在着小失误。若从蒙古国建号“大元”的1271年到元惠宗出走大都的1368年，元朝有国应是九十八年；若从南宋灭亡的1279年到1368年，元朝有国应是九十年；若从成吉思汗1206年登基汗位开始计算，到1368年，元朝有国共计一百六十三年。显然，《大元史》的编撰者采用了第三种换算方式。但是，在实际落笔记载时，编撰者少写了一年，说成元朝有国“一百六十二年”。而这种带有失误的说法，原封不动地出现在尹湛纳希创作的《青史演义》中。尹湛纳希是从成吉思汗登基开始计算元朝国运。在《青史演义·纲要》中，尹湛纳希按中国传统的年代计算法，准确无误地换算出从成吉思汗诞生的壬午年（1162年）至清朝同治十年（1871年），间隔七百一十年；从孔子诞生的庚戌年（公元前551年）至清朝同治十年，间隔两千四百二十二年；对于元朝国运，他写到：“明代撰写的《通鉴纲目》中，舍去蒙古大元太祖、太宗、定宗、宪宗这四位皇帝在位的五十四年，又舍

① 有关《青史演义》吸收《大元史》内容的具体情况请见本文附录一之列表（一）。

去世祖皇帝的中统四个年份以及至元的十六个年份，将元朝国运计算为八十九年……”。事实上，把上述尹湛纳希所写的年份相加，也是一百六十三年。但是，在《青史演义·纲要》中，尹湛纳希仍坚持引用“大元朝一百六十二年历史”的说法，当做批评《通鉴纲目》编撰者民族偏见的重要依据。尹湛纳希明知换算失误，而仍不予纠正的最合理的理由是，《大元史》是清朝皇帝钦定的史书。这种优越背景可以使纠正明朝史学家的偏见失误为创作初衷的尹湛纳希处于政治上的有利地位。总之，这种雷同细节的出现，是《青史演义》和《大元史》之间存有影响关系的有力证明。

但是，由此，也不能得出《青史演义》与《大元史》之间是一种“照猫画虎”式抄袭关系的结论。尹湛纳希对待《大元史》资料的借鉴态度是非常严谨的。譬如，满译本《大元史》和汉文本《元史》中记载：

“太祖六年，辛未春，帝居怯绿连河。西域哈剌鲁部阿昔蓝罕来降。”

根据《蒙古源流》记载：

“岁次甲子，（太祖）年四十三岁时，有哈尔里固特之阿尔萨兰合罕者，乃骄横恃强之合罕也。扬言：”闻有自称圣主之铁木真者，兴兵而取诸国云，未始不来唯我此地也。语云：丈夫乃生于家，死于野者也。”遂兴兵而来。上闻而迎战于萨喇·格古勒之地，时有扎赉尔之蒙古诺延、塔塔尔之锡吉呼图克、苏勒德斯之咱木拜达尔罕、郭尔罗斯之万户官彻辰伯乞、瓦齐喇特之扎木哈等五人攻入，杀彼阿尔萨兰合罕，遂收服哈尔里古特国矣。”

有关哈尔里古特部阿尔萨兰合罕的事迹出现在《青史演义》第三十四章“定社稷太祖联姻功臣，施威风阿皇乱罚贵卿”和第三十五章“弃查斯乌拉阿尔斯兰妄扑红日，下哈尔黑古勒木华黎雪天迎战”中。在小说第三十四章中，尹湛纳希写到：

"哈尔里古特国主名曰阿尔斯兰汗，为人骄横，勇力过人。……阿尔斯兰汗当即召来首臣查斯乌拉、二臣哈斯木仁、三臣扎干浩热、四臣阿拉坛玛尔勒等四位朝臣，说到："几年以来，彼塔国主铁木真四处征伐，灭亡了同我们相等的十几个国家。古语说，男子'生于哈那之下，死于山岩之旁'。如今我要消灭彼塔国，让远近国家知道我男子的本事。我手里足有五十万精兵，难道还怕彼塔国二十万人马不成？"于是，作者的笔锋写至第三十五章，这位不可一世的阿尔斯兰汗在木华黎的铁棒之下一命呜呼了。显然，尹湛纳希在《青史演义》中塑造阿尔斯兰汗的形象，叙述其事迹，是采纳了《蒙古源流》的记载，而舍弃了《大元史》的记录。也就是说，尹湛纳希认为，成吉思汗征服哈尔里古特部，是发生在癸亥末至甲子年，而不是《元史》所记辛未年春。这个事实证明，尹湛纳希对《大元史》的资料是经过理性过滤，以自己的取舍原则进行了再创作。

满译本《大元史》与汉文《元史》相比较，在叙述结构方面，为尹湛纳希创作《青史演义》产生了更直接的影响。

其一，与《元史》相比较，《大元史》遵循因果原则将题材的各种因素按编年顺序组织的叙述结构更易于被尹湛纳希接受。《元史》采取单线索叙述模式。其本纪和列传，实际上是一些个别人的传记大事记。这些众多的叙述中心使历史人物之间的有机联系在叙述结构上隐而不显。《大元史》则以《元史》本纪为主干，补充列传的部分内容，而舍去"表、志、传"等部分。[①]全书以蒙古帝国十四个皇帝的纪传形式，囊括了蒙元帝国一百六十二年的历史。这种构思模式和叙述结构与蒙古史家撰写民族历史有相通之处。众所周知，蒙古史家惯以族谱形式为民族著史。综观十三世纪以来的诸多蒙古文历史著

① 有关《大元史》内容构成的具体情况请参阅本文附录一之列表（三）。

作，都是按照黄金家族的传承世系顺序记载，通过记述黄金家族的历代族长——蒙古国大汗的历史活动来反映蒙古民族的整体历史。譬如，《蒙古秘史》突出记述了成吉思汗的生平事迹，族谱世系的纪传萌芽得到了充分发展。可以说，《蒙古秘史》的主体部分就是一部成吉思汗的传记。但是，尹湛纳希并未直接接触到《蒙古秘史》。他所接触到的明、清之际的《蒙古黄金史》、《蒙古源流》等通史一类的作品中再没有出现像《蒙古秘史》中成吉思汗生平事迹那样详细的纪传。然而，满译本《大元史》中结构完整的太祖铁木真纪传部分，突出成吉思汗的事迹，辅之以同时代其他人物的事迹，展现了12至13世纪的蒙古历史。这种以一个重要人物为叙述中心，记述一个朝代或一个时代历史的结构模式为历史小说《青史演义》的创作提供了基础模本。根据尹湛纳希亲自书写的《青史演义·纲要》透露，构思和创作《青史演义》的初衷就是要通过记述成吉思汗“奔波六十六年创建天下”的艰苦奋斗，展现蒙古人的历史。因此，尹湛纳希在开鲁本《青史演义》六十九个章回中，前六十章，顺着成吉思汗出生——成长——完婚——创业——逝世的自然时序，讲述了其一生的奋斗业绩。这种分章结构上的绝对倾斜，使开鲁本《青史演义》也具有了成吉思汗纪传的性质。甚至，《青史演义》讲述成吉思汗元年之后事迹的内容，基本是按照《大元史》的记述顺序和内容演义创作的。将《青史演义》第三十八章至第五十九章的回目标题与《大元史》丙寅年之后的记载对照如图所示：

内容 序列	《青史演义》回目	内容 年号	《大元史》对应内容
第三十八章	赐爵位太祖定万年尊号 论臣次天子封千秋名衔	太祖元年	太祖封博尔术、木华黎为左右万户；

续表

内容 序列	《青史演义》回目	内容 年号	《大元史》对应内容
第三十九章	封官职皇主始自旧臣 降异国太祖笑纳献鹰	太祖二年	野牒亦纳里部、阿里替也儿部遣使献名鹰；
第四十章	伊勒德希城陶都身亡 杭盖山上曲屈律就戮	太祖三年	帝出征，也儿的石河灭脱脱；灭屈出律于契丹；
第四十一章	出狂言安巴盖阵前丧命 善思谋李安全获主天恩	太祖四年	帝征夏； 夏主李安全纳女请和；
第四十二章	吐唾沫太祖撼金朝 施小计谋臣定中原	太祖五年	金允济登基；帝南面而唾，骂允济；与金绝，益严兵为备；
第四十三章	金主害民亡社稷 蒙皇爱民破劲敌	太祖六年	帝征金，败金将定薛于野狐岭。帝破居庸关。
第四十四章	取辽东耶律留哥归蒙古 率九将成吉思汗破金国	太祖七年	耶律留哥聚众于隆安，遣使来附；帝征金，围西京；
第四十五章	执中反叛杀允济 太祖盛怒临黄河	太祖八年	金将忽沙虎弑主允济；帝征金，至中都；
第四十六章	不亡故国圣主恩德长 不改邪心金主奸计多	太祖九年	帝不忍破燕京，还军；金主既纳女请和，又迁都汴梁；

续表

内容 序列	《青史演义》回目	内容 年号	《大元史》对应内容
第四十七章	成吉思汗破中原迁居大都 忽必烈生大都平定燕京	太祖十年	太祖平定金之燕地，居中都（大都）；
第四十八章	分疆土太祖封诸子 设大筵皇主宴众卿	太祖十一年	木华黎征金，取兴中府；
第四十九章	建奇功木华黎封国王 享高寿太后修白塔	太祖十二年	封木华黎为太师国王；
第五十章	伐金国木华黎破七城 赴夏廷察汗台答百官	太祖十三年	太师木华黎入河东，克太原等州； 夏主李遵顼出走西凉；
第五十一章	高丽观星顺太祖 西域逆天激圣主	太祖十四年	高丽主遣使来附； 西域杀使臣，帝亲征之；
第五十二章	伐西域皇主破妖术 攻宋金太师降众将	太祖十五年	帝克西域蒲华、寻思干等城；木华黎至真定，史天倪等降；
第五十三章	伐西域太祖破十城 讨宋国太师服劲敌	太祖十六年	帝征西域，克卜哈儿等十城；木华黎征宋；宋将来降；
第五十四章	五十三岁国王述衷情 六十一岁皇主显神力	太祖十七年	木华黎见隐士，诉说衷肠； 太祖自将出击，擒涅里可汗；

续表

内容 序列	《青史演义》回目	内容 年号	《大元史》对应内容
第五十五章	木华黎解州归天 李遵顼西凉丧命	太祖十八年	太师国王木华黎薨；
第五十六章	听忠言太祖班师回国 完功德太后逝世升天	太祖十九年	太祖至东印度，见角端，还师；
第五十七章	武仙造反乱真定 德旺饶舌失西凉	太祖二十年	武仙以真定叛，杀史天倪；
第五十八章	宝鲁岱松围青州 察窝二王攻南京	太祖二十一年	带孙、孛鲁入齐地、围攻益都； 窝阔台、察合台攻南京；
第五十九章	青州府里宝太师授计破宋 六盘山下成吉思遗诏取金	太祖二十二年	孛鲁益都降李全； 太祖崩，遗诏取金之策；

其二，《大元史》融合《元史》本纪和列传内容的结果，在叙述结构上形成故事情节的整体性和人物性格运动的逻辑因果性，对尹湛纳希的创作提供了极大的便利。

汉文《元史》在体例上采用二十四史的通例，即分为“纪”、“表”、“志”、“传”等若干部分。如此分散叙述一个朝代的历史，实际上，切割了这一朝代历史的整体面貌。而且，编撰者势必要“均衡”本纪与列传的内容。如此一来，对那些同时涉及本纪和列传的内容就容易在叙述上导致详略不等，或者遗漏不予记载。满译本《大元史》，没有采用中原史家这般撰写正史的习惯通例。编译者舍去“表”、“志”、“传”等部分，以原来的“本纪”为主干，以原著中“传”的部分内容为补充，形成新的结构模式。仅以《大元史》太祖铁木真卷与《元史》太祖本纪做一比较，也能反映二者的异同。从篇幅上看，汉文《元史》太祖本纪共28页。而《大元史》太祖铁木真部分共74页。《元史·本纪第一·太祖铁木真》，主要记载了成吉思汗戎马一生和蒙古帝国的崛起。在叙事形式上，大致遵循历史时序，从成吉思汗的先祖开始讲起，以时间顺序记载了成吉思汗灭亡塔塔尔、泰赤兀、克烈、乃蛮等蒙古高原的强盛部落，统帅蒙古大军南下攻金，讨伐西域，征灭西夏的历史过程。其中，对成吉思汗援助贫穷弱小的照烈部、成吉思汗与族人薛彻太丑之间的积怨和与克烈部汪罕之间的恩怨以及札木哈的离间和对乃蛮的攻伐，记载得较详细。但是，《元史·本纪第一·太祖铁木真》部分只重成吉思汗一人的生平，忽略同时代其他人物的对比和衬托，从而显得过于单薄，难于呈现当时蒙古高原波澜壮阔的历史场面和错综复杂的社会矛盾。而满译本《大元史》之太祖成吉思汗部分在叙述结构上，追求情节结构与故事叙述的整体性，并由细节构成情节链，大大增强了故事叙述的整体性。譬如，在《元史》太祖本纪中，辽王耶律留哥的事迹只有三处条目式的记载：

(太祖)七年，耶律留哥遣使来附；

(太祖)八年，耶律留哥自立为辽王，改元元统；

(太祖)十年十一月，耶律留哥来朝，以其子入侍。

而在《大元史》太祖部分中，编撰者从太祖七年开始，将《元史》列传第三十六所记耶律留哥起事、抵抗金廷、结交蒙古将率，投靠成吉思汗、平息内讧，复平辽东，以及耶律留哥逝世后其妻姚李氏携子继续为成吉思汗效忠等事迹，逐年融进了太祖本纪中。这些记载有人物、有对话、有情节，有起伏，过程紧凑，逻辑严密，在结构上已经构成一个非常完整的故事，为尹湛纳希的小说创作直接提供了故事素材。

综观《青史演义》全文六十九个章回的内容，可发现《大元史》中太祖铁木真部分所记载的所有的内容几乎都出现在《青史演义》的故事情节中，而作者改编的内容则少之又少。[①]这说明《大元史》中具有整体性的故事情节确实方便了尹湛纳希的小说创作。但是，《青史演义》五十回之后部分以史料编纂为主，夹杂部分传说和作者的艺术描写，思想性和艺术性逐渐衰微也与《大元史》的影响有直接的关系。《大元史》中关于蒙古国南下的记载，既详细，又完整，基本不存在由尹湛纳希虚构故事填补史料空白的情况，导致《青史演义》在第五十回之后明显呈现出史料淹没文采的发展趋势。

同时，《大元史》太祖铁木真部分中，用众多次要人物来衬托和突显重要人物的众星捧月式的叙述结构对尹湛纳希的《青史演义》产生了直接的影响。《大元史》的编译者不仅保留了《元史》太祖本纪中所有内容，以突显成吉思汗宽宏大量、知人善任、仁德忠厚等性格特征，还从《元史·列传》中择录有关发生在成吉思汗时代能够反映蒙古帝国创立时期各种经验以及将士们英勇奋斗的各类事迹。在《大元史》中，揉进《元史》列传所记载的耶律留哥及其妻姚李氏、石抹明安、石抹也先、石天应、史天倪、耶律楚材、丘处机等人的生平故事的结果，不仅扩展了《元史》要目式记载，大大加强了作品的叙事性和可读性，也粗略勾画出木华黎、博尔术、畏答儿等一批蒙古帝国初创时期的英雄人物形象。并且，《大元史》显露出以一系列人物故事构成的情节链揭示出人物性格的价值取向。譬如，综观《蒙古秘史》以来的蒙古文典籍中，关于蒙古国太师国王木华黎的记载是比较单薄的。但是，在《大元史》中，木华黎精忠报国，全心全意扶持成吉思汗的事业，不仅以英勇充当成吉思汗麾下四杰之一，更是以出众的才能和高尚的人品深得成

① 参阅本文附录一之列表（一）的内容。

吉思汗信任，被封为太师国王。成吉思汗托付“太行以南”之重任，并旨谕：“木华黎建此旗以出号令，如朕亲临也。”《大元史》中，太师国王木华黎生平业绩的记载，使得木华黎形象与成吉思汗形象相得益彰，诠释了儒家政治思想中“明君贤相”的道德规范和理想追求。在《青史演义》中，木华黎被塑造成仅次于成吉思汗的重要人物形象。显然，尹湛纳希努力依照蜀国贤相诸葛孔明为原型来打造同样充满智慧，指挥三军战无不胜，同样充满奉献精神，鞠躬尽瘁，死而后已的蒙古军师木华黎的形象。但是，若不参照《大元史》中木华黎事迹的记载，失去史实的依托和根据，《青史演义》中的木华黎形象便失去了可信性和独特性而沦为蜀汉丞相诸葛亮的翻版和附庸。因为，纵观《青史演义》全文，可以断言，尹湛纳希笔下理想的木华黎形象仍未超越《大元史》中称木华黎“沉毅多智略”，“以忠勇称”的评价藩篱。

总之，《大元史》通过一个主要人物为中心来展现一个民族历史的所谓定点透视的叙述效果直接影响了尹湛纳希创作《青史演义》的创作思维和构思模式。而《大元史》运用次要人物的辅助和衬托来突显主要人物性格光彩的叙述结构更是与尹湛纳希尊崇家族和民族的伟大英雄成吉思汗的文化心理产生共鸣，赋予他更多的创作灵感，在《青史演义》中塑造出更具结构价值的艺术形象——伴随成吉思汗统一事业于始终的反面人物札木哈来贯穿全文，推动故事情节的发展。如果说，《青史演义》中的成吉思汗形象是作者用汉族史家推崇的成吉思汗文治“仁德”来补足蒙古史家推崇成吉思汗武略“刚勇”的偏颇，再揉进时代和个人的理想元素塑造而成的话，小说中的反面人物札木哈则是改动历史事实最多、人为痕迹最明显、最富尹湛纳希艺术创造性的人物形象。由于前文专设章节论及人物形象的艺术特色和功能之故，在此不再赘述。

结　论

综上所述，我们从思想内容、人物形象和文体特征着手，对蒙古文学史上的第一部历史小说《青史演义》与相关蒙汉文历史著作之间的内在联系进行了比较研究和实证论述。围绕作者和作品，通过理论阐述、事实依据和逻辑推演，论证坐实了蒙古文学史上具有文体转化开创意义的第一部历史小说《青史演义》与蒙古族传统史传文学之间的继承——发展关系以及与汉民族文学、文化之间的借鉴——吸收关系。鉴于本文涉猎对象较多、涉及范围较广之实际，为方便于读者明目达聪，洞中肯綮，现将本文的论证结果提纲挈领，归纳重申如下：

其　，是蒙古族历史悠久的叙事性史传著作从主题到人物、再到叙事技巧，全方位提供的丰富营养直接胎育了这部蒙古文学史上第一部历史小说的生成。

首先，史传文学注重实录，追求宏富的创作精神也直接熏染了《青史演义》作者的创作思想。尹湛纳希在《青史演义》的创作过程中，仍将历史情节的真实性放在重要位置上。自称“史官”的尹湛纳希在《青史演义·纲要》中多次批评汉族史书记载蒙古历史时的偏执，反复强调自己这部《青史演义》才是公允记事的历史。这说明，尹湛纳希创作《青史演义》之时，仍延续着史传编撰者们的历史观念。他能够创作出《青史演义》，并不是以清晰的文学观念，自觉地认识到讲史小说与历史著作之间的区别，而是由于他能从现实的功利目的出发，比前辈史学家们更有主动的创作精神。正是这种精神上的创作能动性驱使尹湛纳希在史料的基础上进行大胆的虚构和改编，以历史著作的名义写出小说，实现了蒙古史传文学向历史小说的文体转化。

其次，从内容主题方面，蒙古族史传文学的代表性作品，如《蒙古秘史》、《罗黄金史》和《蒙古源流》为《青史演义》提供了最真实的创作题材和最丰富的创作素材。通过《青史演义》与上述史传著作之间的列表比较，可以肯定，小说前五十回的内容均来自蒙古历史著作《罗黄金史》和《蒙古源流》。正是《罗黄金史》和《蒙古源流》中大量记载的有关成吉思汗统一蒙古高原的征伐事迹决定了《青史演义》成为一部以描写战争故事为主要特点的历史小说。譬如，这两部史传作品所记载的成吉思汗收服克烈部、乃蛮部等强大部落和索隆古斯、札如特、陶克木克、萨日勒格等大小部落以及成吉思汗出征西域诸国的事迹，构成了《青史演义》前五十回的全部内容。并且，在蒙古文学文史不分时期产生的文学特色较浓的史传作品《罗黄金史》和《蒙古源流》中，具有形象性、情节性的记载启发尹湛纳希的艺术想象力，虚构出更加精彩有趣的故事情节去填充史料缺乏的“空白”，写出了具有文学性质的历史小说。

从叙事技巧和叙述形式方面，保存《蒙古秘史》史料内容、发扬其叙事艺术最多的《罗黄金史》和蒙古编年史上最完备的《蒙古源流》为《青史演义》的创作提供了散韵结合的叙述方式和纪传体、编年体的结构体例。《罗黄金史》和《蒙古源流》以纪传体和编年体来处理纷繁复杂的历史事件，综合联贯芜杂错综的历史史料，摹写规模宏大的战争场面，描绘人物的思想性格。所有这些为尹湛纳希处理和安排创作素材，组建小说的叙事结构等提供了现成的范例。他只须善于选材、模仿、综合、改编，即可形成一部长篇小说的结构规模。事实上，尹湛纳希创作《青史演义》，就是仿照蒙古史传著作纪传体的结构方式和《蒙古源流》编年叙事体方式来依次记述成吉思汗一生的奋斗历程。

同时，自《蒙古秘史》创始的蒙古史传著作散韵结合的传统叙述方式在《青史演义》中得到很好的继承和进一步的发扬。尹湛纳希在《青史演义》中创作了大量担负着叙事结构功能的抒情诗，极大地提高了小说全文的美学价值。这些情景交融的韵文作品，对塑造人物性格，推动情节的发展和表现主题思想以及作者的感情倾向，起到丰富多样化的审美调剂作用。众所周知，散文与韵文相融、事、情、景相互交融的叙述方式是蒙古史传作品有别于汉族史传或历史著作的突出特点。这一始自《蒙古秘史》的叙事手法沿袭成为独特的民族传统，经久不衰，历经四百年后，在十七世纪的《罗黄金史》和《蒙古源流》中依然得到复兴和发扬。而且相隔两个世纪之久后，又通过《罗黄金史》和《蒙古源流》的影响，在十九世纪的《青史演义》中得到继承、丰富和发展。这种恒久的延续性更加说明了民族文化传统的顽强生命力。反之，生活于蒙汉文化交流频繁的漠南蒙古地区的尹湛纳希在自己的作品中仍沿袭散韵相间的叙述方式的原因，不可能以简单的文人骚客的能诗善文行为解释之。通过《青史演义》中对民族文学传统的选择和重构，昭示出尹湛纳希在多元文化的交融中注重民族文化主体性的思维定式和创作能动性。同时，也证明十九世纪漠南蒙古哈斯宝等一批文化精英们在多元文化交流中以自己民族文化为本为宗的思想衣钵在尹湛纳希身上得到传承，并在其作品中得到了落实和实践。

总之，《青史演义》实现蒙古史传文体向历史小说文体的转化，并不是自然而然发生的，而是蒙古史传传统有生机的滋养胎育了这一民族文学的创造性转化。《青史演义》的成就，其实质是对蒙古史传传统进行的选择和重构，是对古代蒙古族史传作品所兼有的文学价值的进一步发扬和光大。

其二，汉族卷帙浩繁的历史著作和文学作品从人物性格到故事情节提供的丰富素材促进了《青史演义》这部蒙古文学史上第一部历史小说的顺利生成。

首先，从内容方面，《元史》和《续资治通鉴》等汉文历史著作为尹湛纳希的创作提供了大量的补充素材。具体来说，尹湛纳希重点参考的蒙古史料《蒙古源流》中，自戊午年（1208）至丙戌年（1226）的纪年仅以“养息”带过。因此，尹湛纳希在创作中借助汉文史料补充了蒙文史料的不足，甚至是空白。汉文史著《元史》和《续资治通鉴》中，从丙寅年开始详细记载成吉思汗兴起的历史。尤其是，这两部汉文历史著作中，逐年详实记载了蒙古军南下征金、伐宋事迹的全部历史过程，为《青史演义》提供了蒙古史料所空缺的创作素材。综览本文附录一中列表比较的内容可发现，《青史演义》五十回之后的内容主要来源于汉文历史著作的史料。另外，《元史》和《续资治通鉴》中，关于木华黎、孛秃等人的记载明显多于蒙古历史著作。这也为《青史演义》中塑造众多次要人物形象提供了丰富的基本材料来源。

特别需要说明的是，蒙古史传著作素来对成吉思汗建立蒙古帝国后对外展开的一系列征战及其过程吝啬笔墨，极少提及细节。这方面，即使是最早为成吉思汗一生立传的《蒙古秘史》也不例外。沙·毕拉在其专著《蒙古史学史》中也敏锐地捕捉到了蒙古历史的这一巨大缺憾：“《纽察·脱卜察安》中有关对外征讨史的记载较少。C·A·科津首先发现了这一点，他指出，该书“对于成吉思汗在蒙古地区和蒙古民族范围之外的征讨性措施不感兴趣”，故谈到这类问题时“语言枯燥，前后矛盾，毫无热情”该书只记载了一些主要战役。在这里读者既看不到生动的情节，又看不到插入的诗歌片断，而这些在叙述国内史的章节中是十分常见的。在类似的史籍中，对于成吉思汗的征讨性计划和行动似乎总会或多或少地说上几句辩护性的或赞扬式的话吧，然而这里却毫无此意。这一点也许恰好说明，《纽察·脱卜察安》原本首先当是一部“黄金家族”的家族史而已。”①

与此相反，历史小说《青史演义》则是以战争为主题，不仅以宏大、细致、热闹的战事描写取胜，更是在全文中不乏与汉族演义小说如《三国演义》、《隋唐演义》和《封神演义》的故事内容相雷同的情节和细节。很显然，在作者尹湛纳希的创作构思过程中，那些在漠南蒙古地区广泛流传的大量汉族演义小说引人入胜的故事情节和战争场面恰好填充了因蒙古史传著作历来疏于记述成吉思汗对内对外征伐战争细节过程所造成的认识空白。

当然，汉族历史小说对漠南蒙古地区的文学观念和审美观念所产生的巨大影响和对蒙古史传文体向历史小说转化过程中的积极的促进作用是一个涉及不同民族文化关系的重大课题。只因本文的论述重点仅是具体的蒙古文学小说文体的转化、独立问题之故，笔者不敢逾越藩篱，展开论述民族文化交流这一宏大课题。即成憾事，只待笔者今后的纵深研究。

其次，从主导思想方面，支配《元史》和《续资治通鉴》等汉文历史著作的儒家思想对《青史演义》中成吉思汗形象的塑造产生了直接影响。尹湛纳希在《青史演义》中，吸收《元史》等汉文历史典籍中有关成吉思汗事迹的记载和评价标准，将蒙古族传统的审美意识与汉族儒家思想相融合，塑造出蒙古文学史上第一例成吉思汗的艺术形象。他塑造的成吉思汗形象不仅秉赋着蒙古族那种勇敢、强悍、质朴、坦诚的传统品质，还兼备了仁厚、睿智、宽和、谦让的儒家君主的气度和素养。这是对《蒙古秘史》中氏族部落英雄成吉思汗形象和十七世纪

① 沙·毕拉［蒙古］著，陈宏法汉译：《蒙古史学史：十三世纪至十七世纪》，呼和浩特，内蒙古教育出版社，1988年版，第56–57页。

蒙古史传作品中，在黄教思想的支配下被神化的成吉思汗形象的重大变更。尹湛纳希在《青史演义》中，特别突出了成吉思汗形象在《蒙古秘史》等蒙古史传作品中被淡薄的政治家特征，将成吉思汗形象从部落英雄转变成封建政治家形象。通过成吉思汗形象的重大变更，作者尹湛纳希表达了自己对开明政治的向往和对成吉思汗历史功绩的理性评价，闪烁着近代理性精神和民族启蒙思想的光芒。

尤其是，《青史演义》的作者以中原儒家思想为主导，塑造小说的灵魂——人物形象，再次有力证明了文学传统的创造性转化需要创作者具备文化新眼光的文化发展规律。尹湛纳希将蒙汉文历史著作中的成吉思汗形象熔为一炉的创作实践证明，在《青史演义》实现蒙古史传文体向历史小说文体的转化过程中，汉民族的文学、文化思想起到了积极的促进和推动作用。同时，尹湛纳希在《青史演义》中以开放包容的文化心态借鉴和吸收汉民族文学、文化发展中的创作经验和思想营养，倾力打造出蒙汉文化交融特色甚浓的成吉思汗形象，加强了旧民主主义革命时期漠南蒙古与内地在思想文化方面的联系，在蒙古地区民族资产阶级运动尚未形成的历史条件下起到了启蒙民族意识，推动社会发展的进步作用。从更深远的社会历史意义上来说，尹湛纳希继承并实践了哈斯宝等文化精英们所提倡的学习他人以自强的开明的民族文化发展意识，努力把继承民族文化传统与增进兄弟民族之间的文化交流有机结合，创作出蒙汉文化交流史上最耀眼的文学奇葩——《青史演义》。

由此可鉴，我们意欲保持文化形态的完整和传承的生命力，着重点不在于是否接受外来文化的影响，而是在于能否吸收外来文化，以我为主，为我所用上。面对民族生存交流中不可避免的“异质文化”，我们民族传统文化的活性元素须与民族文化的选择能力和消化能力相辅相成，在文化的继承中整合、在文化交流中整合、在不断的自我净化中整合，才能促进本民族的文化丰富发展、发扬光大。

最后需要重申的是，尽管《青史演义》在总体上呈现出前三十七章史料可信度低，文学性高于历史性，后三十八章至六十九章史料可信度高，历史性高于文学性的创作态势，但并不影响这部以虚构情节、细雕人物、铺展故事和设置悬念见长的宏篇巨著在文类上属于成熟、独立的小说文体这一既成事实。有论为证。依据《简明大不列颠百科全本书》的权威解释，历史小说在概念上就是“试图以忠于历史事实和逼真的细节等手段来传述旧时的风气、习俗以及社会概况的小说。作品可以涉及真实的历史人物，也允许以虚构人物和历史人物相混合，它还可以集中描绘一桩历史事件。”[②]而根据陈平原、夏晓红主编的《二十世纪中国小说理论资料》显示，国人对历史小说早有界定，其意为“历史小说者，专以历史上的事实为材料，而用演义体叙述之。盖读正史则易生厌，读演义则易生感。”以此为据，尹湛纳希的呕心沥血之作《青史演义》不仅是蒙古文学史上的第一部历史小说，更不愧为近代中国文学中演义成吉思汗蒙古帝国的著作头魁。

本文有心避免推论过多，思辨过强之嫌，专设附录一文，以列表图格形式逐字逐句对《青史演义》故事情节与蒙汉文历史著作《蒙古秘史》、《罗黄金史》、《蒙古源流》和《元史》、《续资治通鉴》的实录内容进行实证比对，以期达到立论有依据，依据有实出的撰述目的，也为业界诸同行阅览雅正畅开一览无遗之便利。

---

①《简明大不列颠百科全书》（中文版）第五卷，中国大百科全书出版社，1986年版本，第243页。

附录　比较列表

列表（一）：《青史演义》故事情节与《蒙古秘史》、《罗黄金史》、《蒙古源流》《大元史》、《续资治通鉴》[①] 的比较

注：（画底线者为作者改编内容；画方框者为作者虚构内容；无标记者为基本相同内容）

《青史演义》第一章　承天运圣人降生　凭地灵英豪云集

1. 克烈部和王无道杀兄弟，被叔父居勒夺部众；

彼塔国主也速该巴特尔援救和王夺回克烈国众；

歃血为盟，和王拜也速该为兄；

2. 也速该之窝格伦夫人梦见与白色天神共寝而有身孕，生太祖，双手握凝血而生。斡难河水清见底三天；时逢也速该打败特默沁部之故，命名为铁木真；

---

① 尹湛纳希（清）著；黑勒、丁师浩汉译：《青史演义》（上、下），呼和浩特，内蒙古人民出版社，1985年版。

额尔登泰、乌云达赉校勘：《蒙古秘史》（校勘本），呼和浩特，内蒙古人民出版社1980年版。

罗桑丹津（清）著：《黄金史》，（HarvardUniversityPressCambridge，Massachusetts），乌兰巴托，蒙古人民共和国科学院翻译，蒙古国27年1952年版。

萨囊彻辰（清）著，道润梯布译校：《蒙古源流》，呼和浩特，内蒙古人民出版社，1980年版。

宋濂（明）等撰，图腾（清）等译，那顺审：《大元史》，海拉尔，内蒙古文化出版社，1987年版。

毕沅（清）编集：《续资治通鉴》第九、十册，北京，中华书局出版，1979年版。

3. 乌利扬罕部扎尔其古岱带子扎勒玛来见窝格伦夫人，造摇篮车于太祖；

4. 铁木真九岁，也速该向洪格尔特首领太斯钦提亲，

聘娶九岁的布尔特格勒金，并留下铁木真；

归途中，也速该遭塔塔尔部人毒害；

5. 铁木真有四个弟弟，一个妹妹；

6. 铁木真年幼，部众多叛投岱其古德部；侍臣胡拉金不顾铁木真泣留，叛逃之；

7. 窝格伦夫人"五箭训子"；

8. 太祖十六岁，在报仇途中，以摔交结识木华黎；

9. 铁木真杀仇人敖日古拉家眷；

10. 敖日古拉与岱其古德部其勒格尔布和联合，来袭铁木真；铁木真迎战，寡不敌众，被岱其古德部抓获；

11. 岱其古德部陶尔根希拉一家救助铁木真；

《蒙古秘史》	《罗黄金史》	《蒙古源流》	《大元史》	《续资治通鉴》
1： （汪罕）杀弟的上头，叔父古儿罕来征，也速该救助汪罕； 2： （1）阿阑豁阿感光生三子； （2）诃额仑生子，手握凝血，因掳帖木真兀格之故，命名帖木真； 3： 札尔赤兀歹老人为刚出生的	5： 也速该之另一妻子苏其格勒夫人生之伯克特尔，伯勒格台二人。	11： 苏勒德逊之拖尔干沙喇及其儿子齐拉衮、秦拜救助帖木真。	1： 汪罕嗣位，多杀昆弟。其叔父菊儿罕帅兵与汪罕战，逼于哈剌温隘败之；汪罕仅以百余骑脱走，奔于也速该。也速该亲将兵逐菊儿走西夏，复夺部众归汪罕。遂相与盟，称为安答。	2： （1）临洮山书曰："……且传曰：黄河清，圣人生。……"；

续表

《蒙古秘史》	《罗黄金史》	《蒙古源流》	《大元史》	《续资治通鉴》
帖木真做貂鼠里儿袄；送子者勒篾； 4： 帖木真九岁，也速该定亲翁吉剌氏德薛禅之女，十岁的孛儿帖；塔塔儿部害也速该； 5： 诃额仑生了四个儿子：帖木真、合撒儿、合赤温、帖木格；生一女帖木仑。 6： 脱朵延吉儿帖弃帖木真叛； 7： 阿阑豁阿五箭训子； 10： 泰亦赤兀惕拿住帖木真； 11： 锁儿罕失剌一家救帖木真；				

注：1. 以上五列中的序号为上行《青史演义》内容之序号；下同。
2. 列表中《蒙古秘史》内容以《罗黄金史》中转录233节为限；下同。
3. 人名以各历史著作的原文为准；下同。

《青史演义》第二章　击五贼布古尔吉逞英豪　群英会乌优图彻辰论饮酒

1. 陶尔根希拉之子楚鲁跟随太祖；

2. 铁木真找寻被盗去的八匹马，途中结识布古尔吉；

铁木真讲解治理天下之道理；

布古尔吉协助夺回八匹马；

3. 木华黎劝铁木真迁至布尔罕嘎拉顿山，蓄养势力；

4. 太祖十七岁，与布尔特格勒金成婚；

5. 乌利扬罕部扎尔其古岱老人送来儿子扎勒玛，效力铁木真；

6. 群英会，孤儿乌优图彻辰论酒；

太祖赐封其为书记官；

7. 克烈部和王做婚礼头席；固尔鲁特部扎木哈来投本太祖；

8. 巴苏德部者别归附；

9. 筵席上拉海德部斯钦布和两位母亲引起争斗；斯钦布和砍伤别勒古岱；

《蒙古秘史》	《罗黄金史》	《蒙古源流》	《大元史》	《续资治通鉴》
2： 帖木真追赶被盗八匹马，结交孛斡儿出； 4：7： 帖木真与孛儿帖成婚；帖木真献黑貂皮大衣于王罕； 5： 札尔赤兀歹老人送来儿子者勒篾； 8： 者别归顺于成吉思； 9： 帖木真斡难河	6： 孤儿论酒：天赐玉碗仙酒。全太祖饮而论酒性。麾下九位大臣各执其见，对酒褒贬不一。这时，门栏边上的孤儿征得成吉思汗允许，客观评价酒性，得到成吉思汗的称赞；	4： 岁次戊戌，帖木真十七岁，娶丙戌年所生，年十三岁之布尔德夫人；		

续表

《蒙古秘史》	《罗黄金史》	《蒙古源流》	《大元史》	《续资治通鉴》
边做筵席，撒察别乞二母相争殴厨；不里孛阔砍伤别勒古台；				
注：铁木真成婚一事在《罗黄金史》中也有记载。但据笔者考证相关雷同细节，《青史演义》作者借鉴的应为《蒙古源流》。				

《青史演义》第三章　克鲁伦河河畔木华黎初次用兵　塔拉贵山下圣太祖一箭中虎

1. 别勒古岱良言劝止铁木真发兵；

2. 太斯钦让布古拉尔效力太祖；

3. 铁木真同族金朝居庸关附近的赛音布和罕其子占布拉相来往；

4. 和王被其兄伊勒古哈拉与麦勒吉部脱脱联合夺去部众；

太祖派人请来和王援助之；伊勒古哈拉与麦勒吉部脱脱与乃蛮部联合，复来围困和王。太祖派哈斯尔等袭麦勒吉部，以解围，并从麦勒吉所获赈济和王，度过难关；

5. 萨冒部与塔塔尔部和岱其古德部联合来袭击太祖；

木华黎初次用兵，分兵十三翼，大败来敌；

6. 众多部落投靠铁木真；

太祖救贫济困，抚老恤幼，仁慈之名传遍四方；

7. 斯钦布和请和；

8. 太祖与照烈部同猎，救济照烈部；

9. 太祖与六位大臣，险要峡谷遭遇塔塔尔部伏击；

《蒙古秘史》	《罗黄金史》	《蒙古源流》	《大元史》	《续资治通鉴》
1：7： 别勒古台劝止帖木真；撒察别乞请和；	9： 成吉思汗灭三百泰赤兀惕的传说；		6： 帝功德日盛，泰赤乌诸部见帝，时赐人以	5： 特穆津幼，泰楚特率众来攻，特穆津大

续表

《蒙古秘史》	《罗黄金史》	《蒙古源流》	《大元史》	《续资治通鉴》
4: 王罕被弟额尔客合剌与乃蛮亦难察起军，赶走王罕；帖木真迎来王罕攻击之； 5: 帖木真分兵十三翼，战扎木哈；			裘马，心悦之，若赤老温、者别、诸人及若札剌儿、忙兀德诸部，皆慕义来降； 8: 太祖与照烈部同猎，救济照烈部；	集诸部兵，分十三翼，与战，破走之；

《青史演义》第四章　依山水要隘三报深仇
趁风雪交加两次用计

1. 朝莫尔更善射，杀仇人塔塔尔部敖日古拉，祭祀也速该；

2. 太祖把带子挂在脖子上，祭拜尔罕嘎拉顿山；

3. 布尔特格勒金夫人生长子珠齐；

太祖宴席赞美六位大臣；

4. 岱其古德之诸部纷纷来投奔太祖，一夜之间竟有两万多人来投靠；

5. 固尔鲁特部扎木哈提议铁木真登基，被训斥；

6. 金国之来历；

塔塔尔部莫格金色格尔兄弟二人投金国，复抢金国寿礼。金朝丞相完颜寿追讨至彼塔国边界；太祖一面派人向拉海德部斯钦布和兄弟二人来接应，一面调集人马至边境；太祖麾下大将扎布杀莫格金色格尔；

7. 乃蛮国太阳罕宝来趁辽主耶律治骨打猎，捕获并夺其国，交付兄宝鲁来掌权治理旧乃蛮；辽主耶律治骨悬梁自尽，辽国亡；

8. 拉海德部斯钦布和要杀太祖使臣；

《蒙古秘史》	《罗黄金史》	《蒙古源流》	《大元史》	《续资治通鉴》
2： 帖木真（躲过篾儿乞惕袭击）把带子挂在脖子上，祭奠不而罕山； 6： 成吉思助金王京丞相杀塔塔儿篾古真薛兀勒图； 8： 主儿勤撒察别乞杀、辱帖木真使； 4： 兀鲁兀惕种的主儿扯歹等众人来投帖木真；	3： 太祖设宴席赞美六位大臣；		4： 帝功德日盛，泰赤乌诸部皆慕义来降； 6： 会塔塔儿部蔑兀真笑里徒背金约，金主遣丞相完颜襄帅兵逐之被走。帝闻之，发近兵自斡难河迎击，仍谕薛彻别吉帅部人来助。候六日不至，帝自与战，杀蔑兀真笑里徒，尽虏其辎重；	7： 西辽主珠勒呼，出猎。奈蛮库楚类伏兵擒之而掳其位，袭辽衣冠，尊珠勒呼为太上皇，皇后为皇太后，朝夕问起居。珠勒呼在位三十四年，寻死，辽祀逐绝。

《青史演义》第五章　暴主逆仆为社稷之敌 善男美女结鞍上之缘

1. 太祖大雪出战拉海德部斯钦布和；

雪战，太祖受伤。布古尔吉、扎勒玛救太祖；

扎勒玛寻食物予太祖；

2. 拉海德部斯钦布和被属下杀害；

3. 哈斯尔、朝莫尔更射飞禽，艺服莫尔格德部首领芒努克图归附太祖；

4. 布尔特格勒金夫人生二子察汗台；

5. 太祖把拉海德部缴获的战利品分给和王；

6. 和王之子伊拉固抢掠莫尔格德部左翼，分毫未给太祖；

7. 太祖封木华黎、楚鲁、布古尔吉、布古拉尔为西杰；

8. 扎木哈劝太祖攻打克烈部不成，说出要断交的话：“恩主请勿发怒，日久天长就会知道。让我去依山扎寨，使放牧人平安度日；让我去傍水下营，独自养活自己！”太祖未知其意，问窝格论夫人。布尔特夫人解说之；扎木哈逃去；

9. 和王之弟伊勒古哈尔投靠乃蛮，联手攻打克烈国；

和王驼血、羊奶充饥，艰难度日；太祖不计前嫌，援助和王；

10. 扎木哈被举为大皇帝，攻伐彼塔国；

太祖与和王联合围攻扎木哈大军；

扎木哈派使臣游说和王；和王听信扎木哈谗言，悄然退兵；太祖也退兵；

11. 和王派兵攻乃蛮；

和王之女索隆高娃与乃蛮太子阿拉坦沙嘎战场定终身；

《蒙古秘史》	《罗黄金史》	《蒙古源流》	《大元史》	《续资治通鉴》
1：2： 成吉思杀了撒察别乞、泰出；成吉思战泰赤兀惕，伤颈；者勒篾吮血救之； 5：6： 成吉思掳篾儿乞百姓，将所得给了王罕；王罕讨篾儿乞惕，掠得财物甚多，未曾分与成吉思； 8： 扎木哈以谜语对成吉思表示厌烦之情：咱每如今挨着山下，放马的得			7： 木华黎，与博尔术、博尔忽、赤老温俱以忠勇称，号“四杰”，	7： 特穆津又有齐拉衮、博勒呼、博而济、穆呼哩俱侍左右，以忠勇称，号“都而木库楚克”，犹言“四杰”也；

续表

《蒙古秘史》	《罗黄金史》	《蒙古源流》	《大元史》	《续资治通鉴》
帐房住；挨着涧下，放羊的放羔儿的喉咙里得吃的； 10： 将札木哈立做皇帝；成吉思同王罕与可克薛兀撒卜剌黑对阵，王罕夜里悄然退去； 9： 王罕被弟与乃蛮攻打，成吉思救助之； 11： 王罕攻乃蛮；				

《青史演义》第六章 赫利特莽汉帕拉古岱不畏敌人死里逃生
卫拉特胡达嘎纳布和苦劝君王悬崖勒马

1. 乃蛮太阳罕派兵围攻和王；和王向太祖求援；太祖派木华黎等四杰援救之；和王父子发誓表忠心；

2. 扎木哈脚踩岸土，刀砍树皮，歃血为盟，攻打彼塔国；

太祖麾下萨楚尔胡与扎木哈麾下塔海为亲家。

萨楚尔胡得信，报知于太祖；太祖与和王联合攻打扎木哈，大败之；

《蒙古秘史》	《罗黄金史》	《蒙古源流》	《大元史》	《续资治通鉴》
1： 乃蛮掳汪罕及桑昆。帖木真以四杰救之；			2： 扎木哈盟誓，共举足塌岸，挥刀砍林，驱	

续表

《蒙古秘史》	《罗黄金史》	《蒙古源流》	《大元史》	《续资治通鉴》
2: 众部落共杀马设誓讫。札木哈被举为皇帝，欲攻成吉思与王罕；			士卒来侵太祖；其族属塔海哈与帝麾下抄兀儿联姻。抄兀儿往视之，具知其谋，即还至帝所，悉以其谋告之；帝即起兵，逆战破之；	
注：《青史演义》的此处内容吸收了《大元史》的记载内容。				

《青史演义》第七章　柳树丛中夜莺啼鸣送讯息
乃蛮国洪格尔珠拉尽孝心

1. 扎木哈被克烈国大将捕获。和王纳藏扎木哈；

2. 扎木哈之同母异父弟阿如扎归附太祖，并说：“一头黄母牛顶扎木哈之帐，折了角。一秃顶的公牛顶死扎木哈的奸细，带有火药味。”；

3. 别勒古岱泄密，造成岱其古德人大乱。太祖罚他军机大事不得参与；

4. 太祖为弟别勒古岱求亲和王之女索隆高娃，不成。

5. 哈斯尔、别勒古岱二人在背地里埋怨太祖，被天神惩戒之；

6. 太祖派阿尔嘎松的胡尔吉探察那神秘老人的下落。

阿尔嘎松的胡尔吉因中途误事，未及时禀报获罪。凭着自己出色的口才，阿尔嘎松的胡尔吉被免罪；

7. 居森夫人生女华荫公主；

8. 乃蛮出兵攻讨彼塔国；

9. 洪格尔珠拉代父从军；

《蒙古秘史》	《罗黄金史》	《蒙古源流》	《大元史》	《续资治通鉴》
2： 豁儿赤预言天意； 3： 别勒古台泄密，罚不得参加大会议； 4： 成吉思索桑昆的妹与子拙赤；却将豁真名字的女儿与桑昆子秃撒歌，相换做亲，未成；	5： 哈斯尔、别勒古岱二人在背地里埋怨太祖。太祖变老人来惩戒之； 6： 箭筒士阿儿嘎孙的传说；	5： 哈萨尔、别勒古岱二人在背地里埋怨太祖。太祖变老人来惩戒之； 6： 箭筒士阿儿嘎逊的传说；	4： 帝欲为长子术赤求婚于汪罕之女超儿别姬，汪罕之孙秃撒合亦欲尚帝女阿真伯姬，俱不谐；	4： 特穆津为长子卓沁求婚于拖哩汗，拖哩汗之子图萨哈亦求婚于特穆津，俱不谐，自是有违言；
注：1.《箭筒士阿儿嘎孙的传说》在《蒙古源流》中也有记载。但经比较，《青史演义》的情节内容源自《罗黄金史》的记载。 2. 上述《青史演义》内容4则源自《续资治通鉴》；				

《青史演义》第八章　巫师祈祷作法呼风大战彼塔国　木华黎论事问罪希热呼图克

1. 乃蛮先锋伊德尔道布太祖前失马，被擒，太祖释放之；

2. 乃蛮军请来巫师呼风，火攻彼塔军。太祖仰天祈祷，令风势逆转，大败乃蛮。

3. 木华黎怒罚大臣希热胡图克，严肃军纪；

4. 太祖战前制定法令：不得先抢掠财物，战后统一分配。

亲族阿尔达、达勒吉岱、胡萨古尔三人违反此令，责罚之；

《蒙古秘史》	《罗黄金史》	《蒙古源流》	《大元史》	《续资治通鉴》
1： 成吉思与王罕与乃蛮不亦鲁黑对阵；遇着			1： 乃蛮先锋伊德道布太祖前失马，被擒，太	2： 奈曼又会诸部众来侵，特穆津与拖哩汗倚

续表

《蒙古秘史》	《罗黄金史》	《蒙古源流》	《大元史》	《续资治通鉴》
不亦鲁黑来哨的官人也迪土卜鲁黑被成吉思出哨的赶出山，因马肚带断了就拿住他。 4： 成吉思与塔塔儿对阵，阿勒坛、忽察儿、塔里台违令；			祖释放之； 2： 乃蛮军请来巫师呼风，火攻太祖，风势逆转，败之；	阿阑塞为壁，大战于徒伊坛之野，奈曼使神巫祭风雪，欲因其势进攻。既而反风，逆击其阵，奈曼军不能战，欲引还，雪满沟涧，特穆津勒兵乘之，奈曼大败。

《青史演义》第九章　都胡楞河畔射盔震金使
伊吉勒吉部结亲赐玉枝

1. 金朝以诏讨使之衔拉拢太祖，派卫王永济出使彼塔国。太祖举办比武大赛，以慑金使；

2. 太祖麾下赛汗苏尔塔拉图；西辽人氏。太祖狩猎途经唐图河边，见一十几岁的漂亮小伙把帽子挂在木棍上施礼。太祖喜其知礼，交于布尔特格勒金夫人使唤；

3. 伊吉勒吉部落之宝图，箭术高超。

宝图参加彼塔国比武，显露才华。

太祖喜其才华，不要彩礼，把皇妹许婚于宝图；

4. 布尔特格勒金夫人生三子窝阔台；太祖预言窝阔太必灭金国；

5. 太祖派扎勒玛、赛汗苏尔塔拉图、乌云格瓦、乌优图彻辰出使金国，回礼；

《蒙古秘史》	《罗黄金史》	《蒙古源流》	《大元史》	《续资治通鉴》
			1： 初，帝贡于金，金主使卫王允济受贡于静州，帝见允济不为礼。允济归，欲请兵攻之； 2： 察罕：幼牧羊于野，植杖于地，脱帽置杖端，跪拜歌舞。太祖出猎，见而问之。察罕答曰；“独行则帽在上而尊，今独行，故致敬于帽。且闻有大官至，先习礼仪耳。”帝异之，乃挈以归，语光献皇后曰：“今日出猎得佳儿，可善视之。”命给事内廷。 3： 孛秃：亦乞列思氏，善骑射。孛秃待帝使以礼。帝大喜，许妻以妹帖木伦。帝问：“孛秃孳畜几何？”也	1： (1) 铁木特穆津助金丞相襄合击塔塔儿，以功授招讨使； (2) 初，蒙古主入贡于金，金主时为卫王，章宗使受贡于静州，蒙古主见卫王不为礼。卫王欲请兵攻之。

续表

《蒙古秘史》	《罗黄金史》	《蒙古源流》	《大元史》	《续资治通鉴》
			不坚歹对曰："有马三十匹，请以马之半为聘礼。"帝怒曰："婚姻而论财，殆若商贾矣。昔人有言，同心实难，朕方欲取天下，汝亦乞列思之民，从孛秃效忠于我可也，何以财为！"竟以皇妹妻之。	

《青史演义》第十章　善怀的索隆高娃痴情想念阿拉坦
孝敬的洪格尔大惊军师木华黎

1. 女真国之三个小部落，萨尔吉古德部首领沙海、萨楚嘎部首领将军汗萨那图和陶吉部落首领陶伊玛克三人联合出兵攻伐彼塔国；伊吉勒吉部落之宝图报信与太祖，并共同迎战；擒获将军汗萨那图、杀了陶伊玛克；

2. 麦勒吉部首领乌尼，也速该去世后叛投岱其古德部。其弟弟温都尔苦劝不成，折箭盟誓，投靠太祖。太祖赐名温都尔斯钦；

3. 克烈国伊拉固趁机派扎木哈放火烧了太祖的冬营地。太祖怜惜遭难的臣民，派木华黎赈济之；

4. 太祖劝告弟哈斯尔离开靠近克烈国的驻地，危险的嘎拉古特草原，哈斯尔未纳之；

5. 索隆高娃妙语救释乃蛮俘将；

6. 扎木哈挑拨、鼓动伊拉固攻打彼塔国。伊拉固鼓动和王伐太祖。

初始，和王反对攻伐彼塔国，终改变心意应允儿子伊拉固见机行事。

《蒙古秘史》	《罗黄金史》	《蒙古源流》	《大元史》	《续资治通鉴》
6： 札木哈进谗，桑昆说王罕；王罕初反对，后见桑昆生气，答应说：“天莫不不爱护么？儿子行你怎生要弃拾？您但去做，可以胜得他的事，您自知者！”			1： 孛秃;札赤剌歹、札木哈、脱也以三万为寇,孛秃掳之; 2： 畏答儿,劝兄不成,投奔太祖,折箭盟誓; 3： 札木哈遂纵火焚帝牧地而去; 6： 札木哈乘隙谓伊喇哈曰：“太子虽言是汪罕之子，常通信于乃蛮，将不利于君父子。君若能加兵，我当从傍助君也。”信之。伊喇哈大喜，数遣使言于汪罕。汪罕曰：“札木哈，巧言寡信之人也，不足听。”亦剌合遣使往返者数四。汪罕曰：“吾身之存，实太子是赖。髭须已白，遗骸冀得安寝，汝乃喋喋不已耶？善自为之，毋贻吾忧。”	6： 及议婚不成，萨木哈乘隙谓托哩汗子伊喇哈曰：“君能加兵蒙古，我助君。”伊喇哈大喜，数遣使言于托哩汗。托哩汗曰：“吾身之存，实太子是赖。髭须已白，遗骸冀得安寝，汝乃喋喋不已耶？善自为之，毋贻吾忧。”太子，谓特穆津也。

《青史演义》第十一章　忠诚的伊德尔哭说鸳鸯
痴情的帕拉古岱笑报婚事

1. 洪格尔珠拉孝心惊动军师木华黎;

2. 克烈国伊拉固与扎木哈合谋，要把索隆高娃许配于别勒古岱的同时，为和王小儿子图斯呼求亲太祖之幼女斯琴斯其格力克公主，以图许婚宴上趁机毒害太祖;

《蒙古秘史》	《罗黄金史》	《蒙古源流》	《大元史》	《续资治通鉴》
2: 桑昆以许婚宴骗成吉思；成吉思停止赴宴；谋不成，桑昆袭击成吉思;			2: 汪汗父子谋欲害帝，乃遣使者来曰："向者所议婚事，今当相从，请来饮布浑察儿。"帝以为然，率十骑赴之。至中道，心有所疑，命一骑往谢，帝遂还。汪汗谋既不成，即举兵来侵。	2：托哩汗父子谋杀特穆津，遣使来曰："向所议姻事，今当相从，请来饮酒。"特穆津以为然，率十骑赴之，至中道，心有所疑，命一骑往谢，遂还。

《青史演义》第十二章　可耻的伊拉固三次放毒克鲁伦河
心诚的铁木真一次施德吉布胡朗山

1. 伊拉固三次欲毒害太祖，均在乌优图彻辰等人的机智应对下失败告终。

木华黎等以和王为人质，保太祖平安回到彼塔国;

2. 太祖派小将护送和王回克烈国;

《蒙古秘史》	《罗黄金史》	《蒙古源流》	《大元史》	《续资治通鉴》

《青史演义》第十三章　查伊那草原军师木华黎生擒恩胡德王
乌利扬河边大将布古尔吉驱赶扎鲁特汗

1. 扎木哈游说，说动恩胡德部首领乌仁占固，攻伐彼塔国；太祖亲征，擒获乌仁占固；

乌仁占固献女，太祖赐给哈斯尔；

2. 固尔勒斯国的纳仁汗，欲结亲于太祖。

太祖以义女阿拉坦固尔固勒岱嫁给了纳仁汗。

阿拉坦固尔固勒岱公主结亲一年后病故；

3. 卫拉特的布利亚特人乌尔苏胡米献大雕于太祖。

太祖让乌尔苏胡米掌管布利亚特部落；

4. 扎木哈说动扎鲁特的旺楚克汗，反叛彼塔国；

旺楚克汗使臣帕朗莫尔根家奴把计谋告知于彼塔国大将布古尔吉；

《蒙古秘史》	《罗黄金史》	《蒙古源流》	《大元史》	《续资治通鉴》
	1； 恩古特之乌兰昌贵率三十一营之众叛去，主上与哈萨尔二人躬自追及之，大战。既克而收复讫。 2： 赐索隆古德纳仁汗以阿拉坦古尔古勒岱公主； 3： 布哩雅特之斡噜出锡古希，自大拜噶勒江捕一鸦鹘来，献于圣主矣，遂俾岭布哩雅	1： 恩古特之乌兰昌贵率三十一营之众叛去，主上与哈萨尔二人躬自追及之，大战。既克而收复讫。惜乌兰昌贵之武艺而赦之； 3： 卫拉特，布哩雅特之斡噜出锡古希，自大拜噶勒江捕一鸦鹘来，献于圣主矣，遂俾岭布哩雅特之众焉； 4：		

续表

《蒙古秘史》	《罗黄金史》	《蒙古源流》	《大元史》	《续资治通鉴》
	特之众焉； 4： 主上在乌拉河招呼珠儿齐特之旺楚克合罕，不应，逃去。主上怒，调兵往征之；	岁次庚戌，珠儿齐特之旺楚克合罕叛而徙去。主上怒，调兵往征之；		

《青史演义》第十四章　英雄布古尔吉渡河火攻索隆古德部
智者木华黎擒使定计出兵索隆古斯

1. 布古尔吉用连环马渡河，用燕子和猫带火烧城，擒获旺楚克汗；旺楚克汗献女扎拉喜娅公主。

太祖赐于布古尔吉之子；扎拉喜娅服毒而死；

2. 扎木哈游说索隆古斯国布哈查干汗；

《蒙古秘史》	《罗黄金史》	《蒙古源流》	《大元史》	《续资治通鉴》
	1： 乌拉河无津不能渡，哈斯尔之侄子哈拉吉呼·卿·台吉，连结万马之辔，渡之；索若纳万燕千猫。于是系棉房梁上，由是全城火起，既用此计收服。旺楚克合罕说：“鬼耶？猫耶？”圣主遂自纳旺楚克合罕之女雅里海夫人。该夫人中途乃薨；	1： （征旺楚克合罕）因乌拉河无津不能渡，托克通阿巴噶图尔台吉之子安敦·卿·台吉，连结万马之辔，渡之；主上降旨曰：“若纳万燕千猫，吾即不围汝城矣。”于是系棉房梁上，由是全城火起，既用此计收服，合罕遂自纳旺楚克合罕之女雅里海矣，自彼班师之途次，其雅里海夫人乃薨；		

《青史演义》第十五章　扎勒玛朝廷辩论分真伪
撒公主客舍据理昭冤案

1. 太祖出征索隆古斯国。派扎勒玛为使，见布哈查干汗；

2. 索隆古斯国撒仁公主客栈断冤案；

《蒙古秘史》	《罗黄金史》	《蒙古源流》	《大元史》	《续资治通鉴》

《青史演义》第十六章　索隆古斯撒仁公主一笑救社稷
固尔勒斯纳仁皇帝无道失国土

1. 布哈查干汗面见太祖；

布哈查干汗献女于太祖。

2. 太祖纳索隆古斯国撒仁公主；

3. 太祖续征女面国、女人国、菠萝树国；

4. 阿尔嘎松的胡尔古勒吉来见太祖，以歌劝太祖返驾：海青鸟儿在树林里下蛋，以为大树的枝叶茂密无缝，那可恶的黄鸟动了贪心，转来转去想把它独吞。……；

5. 太祖派木华黎先行回国，向布尔特格勒金夫人诉说详情：我们威严的主公，奋力为国家奔波。带兵走出彼塔国界，去讨伐索隆古斯，征服它的无数个部落。贤明的查干汗心里惧怕，献出公主与我们讲和。我们忠贞的主公大怒，说他是以美色诱骗我们，想举兵把他们斩尽杀绝。我们众大臣跪地苦劝：如果我们引兵攻伐，两国无数的将士，就要伤生丧命。因此不如以礼相待，接受他们的归降。我们众大臣苦苦劝阻，宽仁的主公委实无奈，为着众将士免于伤亡，便收下索隆古斯公主，降服他的五个部落。……布尔特夫人说：哈腾是皇帝的妻子，皇帝是至上的国主。平民都有三个妻妾，皇帝诺彦有何可说！听说主公施以宽仁，降服异国的五个部落。哈腾我心里无限欢欣，岂能学那平民的脾性！……

《蒙古秘史》	《罗黄金史》	《蒙古源流》	《大元史》	《续资治通鉴》
	1：2： 主上征索隆古特之布哈察干罕。布哈察干罕献女忽兰； 4：5： 箭筒士阿儿嘎孙的传说；	1：2： 索伦之察干合罕惧而进献索伦一墨尔格特岱而乌逊之女忽兰高娃者，并以虎皮帐房及以布哈斯、索伦二营为媵焉。于是，收服察干国之三部索伦矣； 4：5： 箭筒士阿儿嘎逊的传说；		

《青史演义》第十七章　窝格仑太后心表慈母之爱
居森夫人尽显宽厚之仁

1. 扎木哈来游说萨尔拉格国扎利图汗；

扎利图汗派岱其古德部的其勒格尔布和暗算太祖；

2. 窝格伦母亲提醒太祖：毒蛇虽细莫要抓它，奸人虽小莫要小看；

其勒格尔布和挖深坑谋害太祖不成，被彼塔国将士乱刀砍杀；

萨尔拉格军伏击太祖。一黑面女人用利斧砍太祖坐骑。别勒古岱砍其手臂；

3. 布尔特夫人谏太祖封东宫吉斯力克、吉斯图二位夫人和西宫郭勒撒仁夫人；

《蒙古秘史》	《罗黄金史》	《蒙古源流》	《大元史》	《续资治通鉴》
	2： 珠尔斤的薛彻别乞、泰出房中掘穴，害主上；乌格伦母	2： 泰赤兀惕之布和齐勒格尔房中掘穴，害主上；乌格伦母		

续表

《蒙古秘史》	《罗黄金史》	《蒙古源流》	《大元史》	《续资治通鉴》
	亲曰："勿以仇敌少而慢之，勿以毒蛇小而轻之。"	亲曰："勿以仇敌少而慢之，勿以毒蛇小而轻之。"		

《青史演义》第十八章　天子朋辈云集皇天降下甘露
雅布嘎口出秽言被圣主赶走

1. 太祖灭岱其古德部，报了家族世仇。天赐玉碗圣水以庆贺；

只有太祖、窝格伦国母、居森夫人以及四子中的窝阔台、拖雷二人尝到其美味；

哈斯尔等人喝到嘴里，未曾下咽，不知其味；

2. 太祖世仇原由：太祖曾祖父哈布勒汗有七子。长子为巴尔达玛巴特尔。岱其古德部落首领嘎巴盖有十子。岱其古德部落偷袭巴尔达玛巴特尔营地，将巴尔达玛巴特尔六个兄弟全杀害。十三岁的也速该射敌逃出，得巴特尔称号；

3. 西唐古特主希都尔古汗派道尔敦为使，来见太祖，表示要"想做圣主您的一只右手"。道尔敦向太祖侍臣雅布嘎炫耀希都尔古汗妃子古尔布勒金高娃夫人脸上发光，夜不用烛，貌美若天仙。雅布嘎向太祖说起此事，刚要说到："贵天子主公何时出兵攻取唐古特，娶来那位绝代美人古尔布勒金高娃……"，太祖便厉声喝止，并把他赶出宫门。

《蒙古秘史》	《罗黄金史》	《蒙古源流》	《大元史》	《续资治通鉴》
	3： 唐古特锡都尔固合罕派多尔通为使，奏请："愿为君之右手而纳贡。"上许之。	1： 踏彼夙仇于脚下，收彼妒者于掌中振旅而还。正坐宫中，忽自天窗落下一玉碗，		

续表

《蒙古秘史》	《罗黄金史》	《蒙古源流》	《大元史》	《续资治通鉴》
	彼使者返回时说："汝等之合罕诚乃天之子也，我们夫人，其容颜之光，夜不须烛。与蒙古伦高娃不同。"时圣主宠泰赤兀惕雅布哈之妻蒙古伦高娃者。雅布哈谗曰："与我蒙古伦高娃妻子相比，汉人王哥乃之女，锡都尔固合罕之古尔伯勒津高娃夫人，容颜之光，夜不点烛。必当取之。"	降于主上手中。四弟更相啜之，而未能下咽。 2： 与泰赤兀惕结仇原由：阿木拜合罕之十子来袭哈布勒合罕之七子。巴尔达木巴图尔之长子也速该年十一岁，射穿全装甲胄之人逃出； 3： 唐古特锡都尔固合罕派多尔通为使，奏请："愿为君之右手而纳贡。"上许之，赏赉而遣归之。彼使者宿于泰赤古特之雅布哈家，夜坐叙话中，谓曰："汝等之合罕诚乃天之子也，奈其诸夫人则不甚佳丽，我古尔伯勒津高娃夫人，其容颜之光，夜不须烛。"云云。时雅布哈之妻		

续表

《蒙古秘史》	《罗黄金史》	《蒙古源流》	《大元史》	《续资治通鉴》
		蒙古伦高娃者，适从合罕于行在。雅布哈乃夤缘密奏于上曰："闻锡都尔固合罕之妻，淑姿古尔伯勒津高娃夫人，佳丽不伦，其容光能羞日月云，我天骄主上，必当取之。"		

《青史演义》第十九章　扎利图罕纠集九国之兵攻伐宝尔吉格德
圣主太祖精选五虎上将智取萨尔拉格国

1. 西唐古特主希都尔古汗出兵援助萨尔拉格国攻打太祖；

2. 太祖令族人占布拉为诸位幼主及众大臣之子教授典章；令族人陶克敦固巴特尔和儿子安顿卿教授武艺；令哈斯尔教授射箭、别勒古岱教授搏击；

3. 尹湛纳希议论日月蚀为自然现象，并非因皇帝失德引起；

4. 塔塔尔部莫格金色古勒潜至金国得势，举兵犯彼塔国边界，受彼塔国大将楚鲁的还击，几乎丧命；

5. 萨尔拉格国扎利图汗举兵挑衅彼塔国。

太祖举行比武大会精选将士；

《蒙古秘史》	《罗黄金史》	《蒙古源流》	《大元史》	《续资治通鉴》
		5： 上乃提兵征萨尔塔古勒之扎里雅特苏勒德合罕；		

《青史演义》第二十章　众前明法木华黎背缚双手
为国捐躯扎勒玛自我砍肩

1. 木华黎因埋没将才为由，罚自己出大宴一天的花消；

2. 太祖派使臣令唐古特国希都尔古汗出兵相助。希都尔古汗口出狂言，辱骂太祖；太祖怒誓要灭唐古特。瓦其尔斯钦劝止太祖；

3. 太祖亲征萨尔拉格国；

太祖故意违反军纪任军师木华黎罚责，以严肃军纪；

4. 扎勒玛出使萨尔拉格国，以苦肉计瓦解敌人九部大军的联盟；

《蒙古秘史》	《罗黄金史》	《蒙古源流》	《大元史》	《续资治通鉴》
2： 太祖差人去唐兀主不儿罕说。你先说与我做右手。如今回回百姓杀了我使臣。要去与他折证。你可与我做右手。不儿罕未及言语，其臣阿沙甘布说："你气力几既不能，不必做皇帝。"不肯与军；		2： 主上征讨萨尔塔古勒，遣使唐古特之锡都尔古合罕朱之。锡都尔古合罕曰"即未尽收各国，何以称合罕为？狮者兽中之王也，君为人之圣雄也，二者焉用友？"主上大怒，设誓曰："此命不替，终不恕汝，天父其鉴之。"瓦齐尔御辰劝之；		

《青史演义》第二十一章　木华黎看水势神机妙算
扎利图入梦乡水火亡国

1. 木华黎观察河水，警觉敌情；

2. 彼塔国军灭萨尔拉格国，杀扎利图汗；

太祖亲手安葬扎利图汗；

3. 萨尔拉格国十二岁小臣巴音，捍卫国主家眷；

《蒙古秘史》	《罗黄金史》	《蒙古源流》	《大元史》	《续资治通鉴》
		2： 岁次乙卯，乃提兵征萨尔塔古勒之扎里雅特苏勒德合罕。苏尼特之吉鲁根巴图尔、莽古特之忽余勒达尔先锋二人冲头阵，攻杀扎里雅特苏勒德合罕，遂收服五部锡喇萨尔塔古勒国。		

《青史演义》第二十二章　遇滚石圣太祖显英灵
逢死期莫和图遭毙命

1. 陶克玛克国莫和图苏勒德汗勾结扎木哈侵犯彼塔国边界，

被彼塔国大将布古尔吉大败之；

2. 木华黎在萨尔拉格国操练精兵；

3. 木华黎用计谋削弱陶克玛克国莫和图苏勒德汗大军的战斗力；

4. 扎木哈引诱太祖至险境。天神显灵，金龙救护太祖；

5. 太祖被困毛呼尔敖勒格河，与众军卒一起拣吉尔根草吮吸止渴；

木华黎为太祖解困；

6. 珠奇射箭杀莫和图苏勒德汗；

《蒙古秘史》	《罗黄金史》	《蒙古源流》	《大元史》	《续资治通鉴》
		1：6： 岁次丙辰，年三十五岁，上进兵托克玛克，攻杀蒙古力克苏勒德和罕，收复托克玛克国；		

《青史演义》第二十三章　献珠牙彼塔国君臣表韬略
逞淫威赫利特父子张气势

1. 太祖派察汗台祭奠莫和图苏勒德汗亡灵；

2. 别勒古岱因侄子杀莫和图苏勒德汗为由，拒纳其女为妻；

3. 俄罗斯女皇派使臣，送重礼，以求和好于太祖；

4. 木华黎责罚保护太祖失职的众将领，以严肃军纪；

5. 克烈国索隆高娃公主怀念乃蛮太子阿拉坦沙嘎；

索隆高娃劝阻和王不要以彼塔国为敌，不成；

6. 扎木哈游说太祖亲族阿尔达、胡萨古尔、达勒吉岱以里应外合，谋反太祖；

伊拉固、扎木哈用计谋激怒和王，摔碗盟誓，起兵攻伐彼塔国；

《蒙古秘史》	《罗黄金史》	《蒙古源流》	《大元史》	《续资治通鉴》
6： 札木哈进行离间，与阿勒坛、忽察儿、雪格额台、脱斡邻勒等誓支持桑昆到底；			6： 太祖亲族阿尔达、胡萨拉、达勒岱谋反太祖至王罕处；	

《青史演义》第二十四章　塔斯山口军师智破五路赫利特军
塔尔克河太祖义释赫王陶高利勒

1. 木华黎用反奸计，破克烈国五路大军；

2. 和王向太祖求活路，太祖仁义放走和王；

太祖令木华黎全部放走克烈国围困山谷的兵士；

3. 策勒吉部的首领乌尔图，感动于太祖的仁德，率本部七千余人归附太祖；

《蒙古秘史》	《罗黄金史》	《蒙古源流》	《大元史》	《续资治通鉴》
1： 王罕袭成吉思汗，桑昆中箭；			1： 帝败汪罕，亦剌合射中颊，而退。怯里亦部人逐弃汪罕来降；	

《青史演义》第二十五章　拒众意圣太祖辞皇位
洒热血众太子发誓言

1. 太祖拒登皇位；

2. 木华黎用谋，击退乃蛮袭兵；

3. 太祖率军救援岳丈洪格尔特部太斯钦；

4. 辽国大臣仁钦归附太祖，赐命乌汗图；

5. 太祖派阿鲁哈、苏和而人至克烈国，历数对和王的七次恩德和和王的七次不义；又对叛投和王的阿尔达、胡萨古尔、达勒吉岱三人传话，责问他们；

6. 克烈国派人掳掠哈斯尔家眷。哈斯尔只携其长子逃出，单骑独马奔布尔罕嘎拉顿，与太祖会合；

7. 太祖围困，与士卒一同喝班朱尼河浑浊水，烧烤野驴肉，度过难关。太祖盟誓要与众人同甘苦。众将发誓永远效力于太祖；

《蒙古秘史》	《罗黄金史》	《蒙古源流》	《大元史》	《续资治通鉴》
5： 成吉思汗派阿尔孩合撒剌、速格该二人去王罕处谴责其背信弃约。责备札木哈、阿勒坛、忽察儿等人； 6：7： 成吉思在巴勒渚纳海子住时，有弟合撒儿将他妻并三子也古、也松格、秃忽，撇在王罕处，罄身领几个伴当走出来寻成吉思。寻至合剌温山，缘岭寻不见。乏了粮食，吃生牛皮筋，行至巴勒渚纳海子，寻见兄成吉思；			5： 帝遣阿里海致责与汪罕；又责帝诸族按弹、火察儿等； 6：7： 哈撒儿别居哈剌浑山，妻子为汪罕所掳，挟幼子脱虎走，粮绝，探鸟卵为食，来会于河上。帝至班朱尼河，河水方浑，帝饮之以誓众。并烤吃野驴肉充饥；	
注：班朱尼河受困之事，据内容比较，《青史演义》取自《大元史》的记载；				

《青史演义》第二十六章　麋兵哈拉金岗圣太祖显智
激战嘎拉珠河温都尔殉国

1. 太祖血与四位弟弟之血不相混，是为白帝之子之故；
2. 克烈国索隆高娃公主善待哈斯尔家眷；
3. 太祖不救出哈斯尔家眷，誓不回家，在野外过年；

木华黎兵分十路迎击和王十三万大军；

4. 彼塔国乌勒呼准岱退缩不前，温都尔斯钦以言语激励众将士，勇往直前，受伤，以身殉国；太祖将其三个孤儿交付居森夫人抚养；

《蒙古秘史》	《罗黄金史》	《蒙古源流》	《大元史》	《续资治通鉴》
4： 成吉思部署应战王罕，忽亦勒答儿冲锋陷阵，负伤；			4： (《元史》列传第八)畏答儿：太祖与克烈对阵，畏答儿冲锋陷阵，受伤；帝亲傅以药，月余卒；	
注：据雷同情节比较，《青史演义》取自《大元史》畏答儿事迹记载；				

《青史演义》第二十七章　报弟仇太祖野战两年
为君计重臣占卜三次

1. 扎木哈带头谋反和王；
2. 克烈国向金国借得一千兵士，战彼塔国；
3. 扎木哈投奔乃蛮国；
4. 木华黎追缴脱脱；
5. 太祖野外过年，征兆灭克烈国；
6. 木华黎施计，哈斯尔出逃。太祖令苏布格岱巴特尔追赶；

哈斯尔感动于苏布格岱巴特尔之劝告，回到太祖营地；

《蒙古秘史》	《罗黄金史》	《蒙古源流》	《大元史》	《续资治通鉴》
	6： 哈斯儿出逃；太祖令苏伯格岱巴特儿追之；苏伯格岱巴特儿劝说，哈斯儿回到太祖身边；	6： 哈萨尔主与七洪豁坦为党而叛去。因命苏伯格台将军提兵追之；哈萨尔主闻苏伯格台所奏，然之，遂还而与其合罕兄合矣。	1：3： 帝兴战于哈阑真沙陀之地，汪罕大败。其臣按弹、火察儿、札木哈等谋弑汪罕，弗克，往奔乃蛮。	

《青史演义》第二十八章　赫利特数尽亡呼伦彼塔国势盛临塔河

1. 克烈国伊拉固传信，拉拢哈斯尔。木华黎施计于哈斯尔，表示愿意里应外合，帮助克烈国。伊拉固中计，率兵入达兰宝拉格图山谷，全军覆没；

2. 扎木哈拦路截杀和王；

伊拉固逃遁，成盗匪；

3. 太祖收服克烈国；

太祖亲自祭奠和王亡灵；

4. 庆功宴上，木华黎借敬酒之际，讽谏太祖："……克你千万不要以为北方的大权已握手中，从此享福贪图打猎；你千万不要以为北国的一切都已主宰，就身居宫中贪图吃喝；你千万不要以为沙漠的百姓已经镇服，就居功骄傲贪淫女色；你千万不要以为四方邦国都已征服，就沾沾自喜安眠宫里。……"；

5. 太祖操练九路大军，威震漠北，扬名于塔海木河；

《蒙古秘史》	《罗黄金史》	《蒙古源流》	《大元史》	《续资治通鉴》
1： 成吉思差合里兀昔儿、察儿儿罕二人做合撒儿的使臣去对王罕说合谋之语。并趁王罕立起金撒帐做筵会时，奇袭王罕，灭克烈；			1： 帝移军斡难河源，谋攻汪罕，复遣二使往汪罕，伪称哈撒儿之言，曰"……念我旧好，即束手来归矣。"即以二使为向导，令军士衔枚夜趋折折运都山，出其不意，袭克烈部众；汪罕与亦剌合挺身遁去；	5： 特穆津既灭托哩汗，大猎于特默格川，宣布号令，振凯而归； 2： 托哩汗父子挺身遁去。托哩汗叹曰："儿误我！"路逢奈曼部将，遂为所杀。伊喇哈走至龟兹，龟兹王以兵讨杀之；

续表

《蒙古秘史》	《罗黄金史》	《蒙古源流》	《大元史》	《续资治通鉴》
			2： 汪罕出走，路逢乃蛮部将，遂为其所杀；亦剌哈走西夏，日剽掠以自资；既而亦为西夏攻走，至龟兹国，龟兹国主以兵讨杀之；	

《青史演义》第二十九章　圣太祖议定赫利特乃蛮亲事
木华黎智降旺固布布顿二部

1. 彼塔国祝寿太祖和皇后；

2. 扎木哈游说乃蛮太阳罕攻伐彼塔国；

3. 太祖主持克烈、乃蛮婚事；

4. 乃蛮大将胡拉苏布其掠去太祖亲族赛音布和罕五万匹马，两国结仇；

5. 乃蛮太阳罕以结亲为由，派大将胡拉苏布其游说旺固布部德钦胡尔洛；旺固布部德钦胡尔洛拜见太祖，告知乃蛮发难之事；太祖品尝德钦胡尔洛所献美酒，道：“喝酒适量，使人爽神，喝酒过量，心狂意乱。”并赏赐德钦胡尔洛百匹良马，三百头牛、一千只羊；

6. 乃蛮太阳罕决意攻伐彼塔国。太阳罕以结亲为由，拉拢布顿部的伊拉固松；

伊拉固松佯称同意联合，暗中却告知于太祖；

《蒙古秘史》	《罗黄金史》	《蒙古源流》	《大元史》	《续资治通鉴》
5： 塔阳遂差脱儿必塔失做使			5： 阿剌兀思剔吉忽里：汪古部	5： 奈曼部长迪阳汗，心忌蒙古

续表

《蒙古秘史》	《罗黄金史》	《蒙古源流》	《大元史》	《续资治通鉴》
臣，去对汪古惕部的主阿剌忽失的吉惕忽里说："这东边有些达达每，你做右手，我自这里起程，可将他弓箭夺了。"阿剌忽失的吉惕忽里回说："我做不得你右手。"却使人去对太祖说："乃蛮的塔阳要来夺你弓箭，教我做右手，我不曾肯从。我如今提醒你，若不堤防，恐来夺你弓箭。"			人。乃蛮主太阳汗遣使来约，欲相亲附以同掳朔方。阿剌兀思剔吉忽里非从,乃执其使，奉酒六尊，具以谋来告太祖；朔方未有酒，太祖饮三尊而止，曰："是物少则发性,多则乱性。"使还，酬以马五百、羊一千，遂约同攻太阳汗；	特穆津，遣使谋于白达勒达部主阿喇呼斯曰："吾闻东方有称帝者。天无二日，民岂有二王耶？君能益吾右翼，吾将夺其弧矢也。"阿喇呼斯即以报特穆津，寻举部来归；

《青史演义》第三十章　扣银碗木华黎定破敌之计
割头发蒙大臣论罢兵之由

1. 扎木哈拦路截击布顿部。大将楚鲁解救之。

2. 木华黎用计，使扎勒玛潜逃至乃蛮国行反奸计；

3. 太阳罕之子阿拉坛沙嘎病困旧乃蛮国；

4. 乃蛮国忠臣蒙格勒吉、达达顿嘎以牵制的牛羊为比喻，力劝太阳罕罢兵；

5. 乃蛮国二十万大军分八路，攻至杭盖山；

6. 太祖令众大臣暗中禀报心意。主战者多数，而少数认为马瘦，不利交战；太祖弟别勒古岱、哈斯尔及乌仁嘎楚格敦促交战；太祖调兵遣将，迎战乃蛮；

《蒙古秘史》	《罗黄金史》	《蒙古源流》	《大元史》	《续资治通鉴》
6: 太祖正在帖篾延客额儿地面围猎。知了（阿剌忽失的吉惕忽里）的话，就围猎处与众人商量，多说："马瘦如何可好？"斡惕赤斤说："你如何推辞马瘦？我的马却肥。既听了这等说，如何坐得住？"别勒古台又说："若生时被人将弓箭夺了呵，济甚事？男子死呵与弓箭一处岂不好？如今乃蛮恃其国大民众,感发大言，我可乘此夺他弓箭何难？咱去呵他多马群必安然撇下，房屋空了，百姓必皆逃入山林。咱如今便可上马。"			5: 太阳罕至自按台，应地于沆海山，与蔑里乞脱脱等诸部合，兵势颇盛； 6: 帝大会于帖麦该川，议伐乃蛮。群臣以方春马瘦，宜俟秋高为言。皇弟斡赤斤曰："事所当为，断之在早，何可以马瘦为辞？"别勒古台亦曰："乃蛮欲夺我孤矢，是小我也，我辈义当同死。彼恃其国大而言夸，苟乘其不备而攻之，功当可成也。"	5: 迪延汗以诸部兵至，营于杭爱山；

《青史演义》第三十一章　施九宝军师大破乃蛮

赐三杯太祖轻取九部

1. 太阳罕以为彼塔国马瘦，不能战，欲用诱敌之术。

乃蛮大将言语讽刺，激怒太阳罕，与彼塔军正面交锋；

2. 木华黎用兵，大破乃蛮；太阳罕在落阳岗上被侄儿曲屈律背后偷袭砍死；

3. 太祖收服乃蛮；

太祖亲自祭奠太阳罕亡灵；

4. 太祖活擒扎木哈；

5. 太祖擒乃蛮国师达达顿嘎，. 问朝廷金印之用途；

交付达达顿嘎办理通书行文、布令传檄等项事宜；

6. 太祖大赏各路有功之臣，重赏全军将士；

7. 太祖迁移乃蛮国主家眷，暂居彼塔国；

《蒙古秘史》	《罗黄金史》	《蒙古源流》	《大元史》	《续资治通鉴》
1： 塔阳臣豁里速别赤说："你的父亦难察必勒格在前于同等敌行，男子的脊背，马的后胯，不曾教见。如今你如何又早先怕了？早知你这般呵，你母古儿别速虽是妇人，教管军呵，倒中。" 4： 札木哈被五个伴当拿了，送于成吉思。			1：2： 太阳罕见帝马瘦，与众谋曰："蒙古之马瘦弱如此，今当诱其深入，然后战而擒之。"其将火力速八赤对曰："先王战伐，勇进不回，马尾人背，不使敌人见之。今为此迁延之计，得非心中有所惧乎？苟惧之，何不令后妃来统军也。"帝大战，擒杀太阳罕； 3： 塔塔通阿：太祖西征，乃蛮	

续表

《蒙古秘史》	《罗黄金史》	《蒙古源流》	《大元史》	《续资治通鉴》
			国亡，塔塔通阿怀印逃去，俄就擒。帝问印何用，对曰："出纳钱谷委任人材，一切事皆用之，以为信验耳。"帝善之，命居左右。	

《青史演义》第三十二章　修恩德太祖感百臣

施仁义军师报两国

1. 太祖将扎木哈交付克烈国和王之子陶斯呼凌迟处死；

2. 太祖令乃蛮国师达达顿嘎为太祖诸子及众大臣教授畏吾国文字语言和古代经书；太祖封达达顿嘎为儒师，执教于国学；

3. 太祖率军出征讨伐麦勒吉部脱脱；麦勒吉部众密谋处死脱脱，其族人达利索努苏克其帮助脱脱逃脱；达利索努苏克其献女请和于太祖。

太祖赐于别勒古岱做妻；

4. 麦勒吉部脱脱兄弟二人不听达利索努苏克其劝阻，决意招兵反太祖；

木华黎派扎布、帕勒古岱二人夹击麦勒吉部脱脱，大败之。

脱脱逃出，投奔乃蛮宝劳王；

5. 太阳罕之子阿拉坦沙嘎归附彼塔国，太祖派珠奇、察汗台相请；

6. 太祖将乃蛮国众交付阿拉坦沙嘎治理；

7. 太祖派哈斯尔为乃蛮公主求亲于克烈国和王幼子陶斯呼。

8. 太祖拒登皇位；

9. 木华黎率军至夏国力吉里寨，分兵两路：布古尔吉、布古拉尔攻打力吉里寨，太祖与木华黎攻打落思城；

10. 木华黎欲杀落思城十名官员，太祖派赛汗苏尔塔拉图传令免之；

11. 布尔特格勒金夫人为赛汗苏尔塔拉图指婚洪格尔珠拉。

赛汗苏尔塔拉图向太祖禀报途中趣事：用靴子打猫头鹰，却有幸免遭毒蛇之害。太祖笑曰："猫头鹰本是不祥之鸟，令人讨厌而又可憎。可对你走运人来说，它却成了喜事的化身。……"；

《蒙古秘史》	《罗黄金史》	《蒙古源流》	《大元史》	《续资治通鉴》
1： 札木哈求成吉思"如今恩赐教快死呵，安答得心安。倘有教不出血死呵，我死后于你子孙行，永远护助也者。"成吉思令札木哈就那里不出血死了,仍以礼厚葬了； 3： 初，虏篾儿乞时，豁阿思篾儿乞种的人苔亦儿兀孙将他忽阑名字的女子献于成吉思；			2： 塔塔通阿，教诸子畏吾儿字； 3： 帝复征篾里乞部，其长脱脱奔太阳罕之兄卜欲鲁罕；其属带儿兀孙献女迎降，俄复叛去； 9： 帝征西夏，拔力吉里寨，经落思城，大掠人民及其驼而还； 11： 察罕，及长，赐姓蒙古，妻以宫人弘吉剌氏；察罕当行困，脱靴籍草	

续表

《蒙古秘史》	《罗黄金史》	《蒙古源流》	《大元史》	《续资治通鉴》
			而寝。猫头鹰鸣其旁，心恶之，掷靴击之，有蛇自靴中坠。归，以其事闻，帝曰："是擒人所恶者，在而则为喜神，宜戒子孙勿杀其类。"	

《青史演义》第三十三章　施仁义天子举好汉荡妇

发慈心圣人完儿女婚事

1. 固尔勒斯国纳仁汗将八位大将监管，亲率大军偕同其武艺超群的妻子赛胡丽高娃，掠夺索隆古特国布哈查干汗五个部落；木华黎用计谋，分兵布置军马；

2. 太祖亲自与纳仁汗交战，并伤其身，败之；彼塔军活捉纳仁汗；

3. 太祖主持克烈国和乃蛮国两桩婚事；

《蒙古秘史》	《罗黄金史》	《蒙古源流》	《大元史》	《续资治通鉴》
		2: 岁次壬戌，年四十一岁进兵郭尔罗斯部，郭尔罗斯之纳仁合罕，率其二十万郭尔罗斯，迎战于克哩什库卜克尔之地。时有哈萨尔诺延、洪吉喇特之瓦齐		

续表

《蒙古秘史》	《罗黄金史》	《蒙古源流》	《大元史》	《续资治通鉴》
		尔彻辰，昂古特之图克德库驸马，巴雅固特之鄂里阿克塔四人冲头阵，生擒纳仁合罕，遂收复郭尔罗斯国矣；		

《青史演义》第三十四章　定社稷太祖联姻功臣
施威风阿皇乱罚贵卿

1. 太祖派纳仁汗携家眷去守哈尔黑古勒岗；

2. 布尔特格勒金夫人封九位女杰；

3. 纳仁汗之妾赛胡丽高娃投奔索隆高娃；索隆高娃为夫纳妾；

4. 大将布古尔吉明断纳仁汗殴妻、休妻一案；

5. 太祖与木华黎、布古尔吉等众功臣子女联姻；

6. 太祖商议征南伐东事宜，太祖问人臣："依你等众人之见，可否断言我之北方已经大安？"陶尔根希拉等四位大臣答曰："如今天下大安，非赖主公威势，而是全仗主公以德服人。因此，不会发生其它变乱。"木华黎则说道："此言不妥。若想安定天下，不可片刻大意。哪里稍有疏忽，哪里必定失利。……"

7. 太祖令赛汗苏尔塔拉图宣读六十一个自愿归附的部落和二十四个用兵征服的部落名；太祖下令将自降的编作上队、说降的编为中队、伐降的编作下队。又将无主公治理的部落皆分封给有功的诸弟和诸大将监管；

8. 将木华黎、布古尔吉、布古拉尔、楚鲁四人派往四方之角，设下四营，会集人众，选拔军民之中出类拔萃之士和精通十八般武艺的高强之辈；又派扎勒玛、乌云格瓦、乌优图斯钦、赛汗苏尔塔拉图等四人，去往四方，在每个部落建立学堂，选拔机灵之徒学习畏吾儿文。

9. 狗头国、北俄罗斯国、独脚国、畏吾儿国、西北女人国，均送礼纳贡；

10. 唐古特国希都尔固汗又派道尔敦送来厚礼，见太祖，奏表认罪；道尔敦又向雅布嘎炫耀自己国的皇后招来五百名寡妇授练异术之事。雅布嘎又向木华黎报告此事，再遭训斥；

11. 木华黎讽谏太祖："……想我君臣，打从十几岁起，南征北战，直至今日，皆是以少胜多，以多胜少从未有之。虽然别部兵众，终被我败，究其缘由，皆因我用兵之术神鬼莫测。因此，如今问军所愿，精兵减员。凡愿归者一概送回；不愿归者，好生安顿，放牧为业，按例收税。如若这般，国基牢固，今后不管主公征途多远，与国无害。一则国家致富，二则军力日增。……"；

12. 唐古特使臣道尔敦回国，途经哈尔力固德国。

唐古特国之主阿尔斯朗汗骄横无比。尽起六十万大军，下战书，挑战彼塔国；

《蒙古秘史》	《罗黄金史》	《蒙古源流》	《大元史》	《续资治通鉴》
		12：岁次甲子，年四十三岁，有哈尔力固特之阿尔萨兰合罕者，乃骄横恃强之合罕也。扬言："闻有自称圣主之帖木真者，兴兵而取诸国云，未始不来唯我此地也。语		

续表

《蒙古秘史》	《罗黄金史》	《蒙古源流》	《大元史》	《续资治通鉴》
		云：丈夫乃生于家，死于野者也”。遂兴兵而来。		

《青史演义》第三十五章　弃查斯乌拉阿尔斯朗妄扑红日　下哈尔黑古勒木华黎雪天迎战

1. 太祖亲征哈尔力固德国阿尔斯朗汗；

阿尔斯朗汗质问太祖：“为何杀害那么多无辜皇帝？”太祖说道：“那班无道之君，扰乱北方，肆意横行，残害百姓，连年用兵，致无辜百姓横尸沙丘。因此，我安定北方，当仁不让。”阿尔斯朗汗问道：“这样对你有何益处？”太祖说道：“人生在世，当平天下，方可为人如有能力，上报功于天神，下施仁于百姓。”

2. 木华黎行“草人借箭”之计，骗得大量好箭；

木华黎诱敌下山，一棒打死阿尔斯朗汗；纳仁汗阵亡；

《蒙古秘史》	《罗黄金史》	《蒙古源流》	《大元史》	《续资治通鉴》
		1： 上闻而迎战于萨喇格古勒之地，时有扎赉尔之咱木拜达尔罕，塔塔尔之锡吉呼图克，郭尔罗斯之万户管彻辰伯乞，瓦齐拉吗特之扎木哈等五人攻入，杀彼阿尔斯兰合罕，遂收复哈尔里固特矣；		

《青史演义》第三十六章　天子一箭碎铁石
地曜单弓试金兽

1. 太祖率大军直奔吐蕃；希都尔固汗来降；

2. 太祖至西南地区，大小部落纷纷来降；回回国主巴巴普拦住去路；太祖一箭射碎青铁，收服回回国；太祖所射青铁堆土成山，叫“出铁山”。

3. 吐蕃国主贡勒格道尔吉请教红教佛祖，验得彼塔国主是力转法轮的大汗。于是，派万户诺彦吉鲁为使，柴达木之地，面见太祖，表示归顺之意；吐蕃国主贡勒格道尔吉请主公入城，禀报太祖有关自己听从僧人洛杂哇·那烂陀·卡拜之言，向太祖纳贡之事。太祖厚赏使臣吉鲁，并托付书信一封，让他转交洛杂哇·那烂陀·卡拜喇嘛，并吩咐道：“你去转告洛杂哇·那烂陀·卡拜喇嘛，按理说，我当拜见这位博学多才的活佛，将他请到本国，以尊师相待；无奈，国事在身，天下尚未太平，因此暂时未得烦请大师。虽然如此，佛家圣人一向不受远近之限，因此，我从远处祈祷你，你也从远处庇护我。”

4. 太祖率军至印度界首楚德嘎壤岭，见一全身发金光的野兽，名唤角端，太祖马前跪地磕头三回。木华黎要砍杀，太祖制止。太祖认为：“……边界野兽，拦路而跪，想必去了也与我没有益处。于我众将必是水土不服，兵祸临头。此必天父降此征兆，教我领兵返回，也未可知！”便决意回军。

5. 太祖在吐蕃过冬。初春起程返驾。白衣回回国主、落玛国国主归附太祖；

6. 萨尔达格沁国安巴盖汗口出狂言骂太祖；太祖说道：“与其说大话，不如大口吃。安巴盖因何如此猖獗？想必吃亏有日。我这次回来，如若不急，务必顺路见他，问之事由，将他讨伐。此人不可轻易放过。……”；

7. 太祖决意搬迁；

8. 太祖反对珠奇、察汗台迁落思城、力吉里寨之民至彼塔国，教育他们道："……你等虽然依仗军势将这数万百姓，背井离乡，抛家弃土，迁至此处。然而怨声载道，老幼叫苦，必造罪孽！如此涂炭百姓，不是主公仁德。……欲得天下，必先得人；欲先得人，必先得人心。得了人心，乃得天下；失了人心，便失了天下。无人之地，人不为人，有人之地，方有人聚。……若十分天下，八分以力威逼，以德收服。二分要靠自己深谋远虑。……"

9. 德钦胡尔洛等人负责筑城盖殿事宜；彼塔国上下为太祖登基做准备；

《蒙古秘史》	《罗黄金史》	《蒙古源流》	《大元史》	《续资治通鉴》
		1：3： 岁次丙寅，年四十五岁，征土伯特之库鲁格多而济合罕也，土伯特之合罕乃遣尼鲁呼诺延为首之三百人，会主上于柴达木之地，奏请愿降之意，则主上许之，大加赏赉其合罕及其使者而遣。上致书仪于萨嘉·察克·罗咱瓦、阿难达·嘎尔贝喇嘛曰："兹遣还尼鲁呼诺延也，当即请汝，但为我世事尚未完竣。故未请耳。我		

续表

《蒙古秘史》	《罗黄金史》	《蒙古源流》	《大元史》	《续资治通鉴》
		且于此奉汝，汝其在彼佑我乎!” 4: 上进兵印度，抵齐塔纳凌岭麓时，弛来一顶生独角名曰萨如之兽，在主上前三屈其膝而拜焉。……上遂班师而还营也; 6: 主上遣使谕萨尔塔克沁之谙巴害合罕纳贡。该合罕不从，以大言拒之。主上大怒，曰:“谚有之‘与其出大言，莫如大口啖’。”		

注:《蒙古源流》载埋葬唐古特希都尔古汗之妃子古尔布勒金之地为“出铁山”。

《青史演义》第三十七章　施九礼圣主赏九卿
设盛典太祖登皇位

1. 彼塔国在鄂嫩河源头，建起九层祭坛;

2. 太祖应允众臣所求，登基称皇;

太祖先卜九卦，天赐九种神奇瑞兆：A、三炷宝香燃至天明；B、五月初一，连下大雨两天，久旱逢甘霖；C、六月初一，白雾罩坛，皆物生白毛；D、七月初一，雾开云散，大雨骤停，天晴；E、八月初一，跑来九匹良马；F、九月初一，露出二牛盘卧大巨石；G、十月初一，巨鸟飞来，连啼三声“成吉思”；H、十一月初一，坛上草绿花开，巨鸟飞来，落在巨石上，连啼三声“成吉思”。打开巨石，露出白玉龙玺；L、十二月初一，白光升天，无须掌灯；

3. 太祖一年内论功行赏所有大小朝臣；

4. 天赐玉碗圣水。哈斯尔、别勒古岱二人饮一口，未入咽喉。

诸子中只有窝阔台尝到美味；

5. 太祖号称“承天启运圣武皇帝成吉思汗”，建立蒙古国；封正宫“光献皇后”，东西宫“贵妃”；追封也速该巴特尔为“烈祖神元皇帝”，封窝格伦国母为“宣懿太后”；封四弟为亲王，四子为太子王，封太斯钦、陶尔根希拉二人为文官之首，封木华黎、布古尔吉为军师和元帅；封五虎上将、三十六员武臣，七十二员猛将；

6. 将落思城、力吉里城七万余名百姓送回原籍；

7. 成吉思汗称赞木华黎、布古尔吉为同胞手足无异，好比是我的朝臣，是国家的栋梁；

《蒙古秘史》	《罗黄金史》	《蒙古源流》	《大元史》	《续资治通鉴》
1： 成吉思，虎儿年，于斡难河源头建九脚白旄纛做皇帝。封功臣木合黎为国王。……复授同开国有功者九十五人为千户；	1：4： 四十五岁，丙寅年。众人推举铁木真称汗。依照黑色鸟的叫声，命“成吉思汗”。上天赐玉碗仙酒，除成吉思汗之外，四位弟弟均未能下咽；		1： 元年丙寅，帝大会诸王群臣，建九游白旗，即皇位于斡难河之源。诸王群臣共上尊号曰成吉思皇帝。 7： 木华黎，岁丙寅，太祖即皇帝位，首命木	

续表

《蒙古秘史》	《罗黄金史》	《蒙古源流》	《大元史》	《续资治通鉴》
			华黎、博而术为左右万户。从容谓曰："国内平定，汝等之力居多。我与汝犹车之有辕，身之有臂也。汝等切宜体此，勿替初心。"	

《青史演义》第三十八章　赐爵位太祖定万年尊号　论臣次天子封千秋名衔

1. 金国边界守将刘仲路、董俊等三人奔降蒙古，告金章宗完颜憬昏暴淫乱听信谗言，诬陷边界守将之事；太祖曰：当初，金朝虽然杀害我族人赛音布和汗，与我结下冤仇，然而如今我刚刚立国，众军远征，人捆马乏，尚未复原，加上金朝又是大国，其罪未露，因此暂且不伐，趁此时机，我先养精蓄锐，固守疆土，待它劣行败露，再去征伐。

2. 吐蕃王贡勒格道尔吉与巴拉布国主进贡两头大象及七种珍宝；

太祖派伊拉固松修建扬德寺；

3. 成吉思汗为儿女指婚；成吉思汗主张与四弟族通婚，以保证宝尔吉格德的子孙，仍属白帝之子布顿查尔的后裔：两支圣洁贵族合为一体，我之子孙与白族子孙相互遗传，势必超平凡人得天独厚，万世恒昌；

4. 成吉思汗降旨："从今后，驸马宝图、两位公主所生子女，要与太子同等待遇，将此定为世代遵守的法律。"

5. 成吉思汗执意亲征，说道："……我虽属皇帝后裔，但世隔三代。我虽然袭彼塔国的皇位，然而毕竟不是得天地之精英，一统蒙古的中原大国。如今虽然赖文臣武将同心同德尽忠效力，纵横万里，共立大蒙古国。然而，毕竟属于外邦之列。外邦万万不可效法中原之国。即使中原之国，也皆以修善去惰为戒。……当了天子皇帝，就应当顺应本国习俗，使众人安居乐业。”木华黎奏表赞太祖道：“陛下亲自带兵出征，实为国人师表，以教国人矢志勤奋。”

6. 宝劳霸占乃蛮国，自封为玉皇，去攻打蒙古属下新乃蛮国；

7. 乃蛮宝劳王狩猎中被蒙古军擒获；其子曲屈律、和陶都逃亡伊勒德希河方向；乃蛮大将伊德尔道布装鬼杀宝劳王；

8. 成吉思汗赐封宗亲为首的众大臣；九卿大臣诗赞成吉思汗；

成吉思汗鼓励臣下勇于讽谏；

9. 成吉思汗降旨，将登基之事告于天下；成吉思汗圣旨称“自我之远祖印度释迦宗氏玛哈萨木迪汗首创帝业，传于呼金散德勒图汗，其子是达赖苏本阿拉坛希勒图汗，其三子是第一位天子孛尔贴赤纳。他迁居吉德洪古之地，最后飘扬过海，向东讦移，娶玛尔勒高娃为妻，又迁到贝加尔湖附近的布尔罕嘎拉顿山前，称帝于彼塔国。传至九世，乃生宝尔古格德莫尔更。其子叫陶尔嘎了啊金巴音，其次子叫道布莫尔更，其五子变是第二位天子布顿查尔。布顿查尔汗之子便是哈比哲巴特尔汗。哈比哲巴特尔汗之子叫巴海尔巴特尔汗。巴海尔巴特尔汗之子叫嘎查亨胡鲁克哈伊图汗。嘎查亨胡鲁克哈伊图汗之子是玛哈都丹蒙格汗。玛哈都丹蒙格汗之子叫拜杉古尔汗。拜杉古尔汗之子便是我曾祖哈布尔汗。曾祖之子是祖先巴尔登巴特尔汗。祖先之子是父皇烈祖皇帝也速该巴特尔汗相传九世称帝彼塔。我母宣懿太后夜梦白帝，遂生我身。我自十三岁起，替父皇烈祖报仇，随后征讨四方七十多个乱邦，收复十二个逐鹿天下的皇帝。又经三十二年奋战，终于平定北方诸国，天下一统。因此我虽不才，但万国军民却以我镇服外敌，安定天下，一直推我登基为皇，改易国号，尊为“上青蒙古”。因神鸟啼鸣“成吉思”，便尊我为成吉思汗。……”

《蒙古秘史》	《罗黄金史》	《蒙古源流》	《大元史》	《续资治通鉴》
	2: 圣主成吉思汗以萨迦之贡噶萨宁布之令，建扬德寺； 9: 印度之首位皇帝是玛哈萨木迪汗；吐蕃之首位皇帝是呼金散德勒图汗；其后代达赖苏本阿拉坛散德勒图汗有三子。其中第三子为孛尔贴赤纳。……	9: 成吉思汗族源始自印度——西藏王族；	1: 元年，帝始议伐金。初，金杀帝亲咸铺海罕，帝欲复仇。会金降俘等具言金主憬肆行暴虐，帝乃定议致讨，然未敢轻动也。	1: 先是蒙古主宗亲咸辅堪汗为金所戕，当欲复仇。会金降俘具言其主暴虐，乃定议伐金，然未敢轻动也；

《青史演义》第三十九章　封官职皇主始自旧臣
降异国太祖笑纳献鹰

1. 成吉思汗封赏家臣蒙格利克；封赏众臣；

太祖嫁公主于扎勒玛之子策策格，完婚；

2. 刘福、刘仲路、董俊奏表，夏国主李安全出兵夺落思城和力吉里寨；

3. 太祖亲征夏国；百姓摆设香案，叩迎太祖；夏主李安全请和；

4. 成吉思汗送夏国战利品一半给金国。金国派卫王永济迎接太祖；

太祖见永济不为礼，未赐坐。永济怀恨而去；

《蒙古秘史》	《罗黄金史》	《蒙古源流》	《大元史》	《续资治通鉴》
			4: 帝贡于金，金主使卫王允济受贡于静州。帝见允济不为礼。允济归，欲请兵攻之；	4: 初，蒙古主入贡于金，金主时为卫王，章宗使受贡于静州，蒙古主见卫王不为礼，卫王欲请兵攻之。

《青史演义》第四十章　伊勒德希城陶都身亡
杭盖山上曲屈律就戮

1. 成吉思汗亲征麦勒吉部的陶都；
2. 金国卫王永济趁金章宗狩猎之际，以毒药害死，篡位；
3. 瓦伊兰部胡比图华派使臣归附太祖；
4. 伊犁城一战，杀陶都；曲屈律逃亡契丹；

索隆高娃活擒曲屈律；太祖将曲屈律斩首，祭奠太阳罕；

《蒙古秘史》	《罗黄金史》	《蒙古源流》	《大元史》	《续资治通鉴》
1：4： 太祖又命速别额台追脱黑脱阿子忽秃、赤老温等。追至将忽秃等穷绝了回来。初命者别追古出鲁克追至撒里黑困地面将古出鲁克穷绝了回来；			1：3：4： 再征脱脱及屈出律罕。时斡亦剌部等遇我前锋，因用为向导。至也儿的石河，讨蔑里乞部，灭之。脱脱中流矢死，屈出律奔契丹； 2: 会金主景殂，允济嗣位；	1：3：4： 蒙古再伐托克托及库楚类汗。时斡伊喇部等遇蒙古前锋，不战而降，因用为向导，至苏儿迪实河，讨默而奇部，灭之。托克托中流矢死，库楚类汗奔契丹； 2: 金卫王承诏举哀，即皇帝位；

《青史演义》第四十一章　出狂言安巴盖阵前丧命　善思谋李安全获主天恩

1. 畏吾儿归附太祖；

2. 夏主李安全复叛；

夏国大将高令公向萨尔达格沁国主安巴盖求援。安巴盖出兵助夏国；

夏主派高令公、西壁石率军出战。

蒙古国几员大将轮番战安巴盖不胜。

成吉思汗亲自出阵迎战安巴盖，并一剑打下马，活擒安巴盖汗；

3. 夏主李安全之子李遵须合兵高令公，迎战；布古尔吉活擒高令公、西壁石；布古尔吉活擒嵬明令公；夏主李安全献女请和。太祖入兴庆府；

夏国大臣刘伯林刎颈自杀。太祖夸赞刘伯林；

4. 太祖赐夏主之女为二太子察汗台之妻；

5. 太祖箴言训导夏国百姓：为人主要常省己过，为人宰者要深思己贵，为人父者要常察子度，为人子者要常念己奋，为人友者要常观己行，为人臣者要常防自矜。

6. 萨尔达格沁国主安巴盖汗之子希剌归附成吉思汗；

《蒙古秘史》	《罗黄金史》	《蒙古源流》	《大元史》	《续资治通鉴》
	5： 成吉思汗箴言；	2： 岁次戊午，年四十七岁出征。谙巴海合罕提兵十万，来迎于拜噶勒江，大战三日。时主上身先士卒，与博古尔济诸延等率先冲入，斩谙巴海合罕，尽降其属众。	1： 畏吾儿国来归； 3： 帝入河西，夏主李安全遣其世子率师来战，败之，获其副元帅高令公。克兀剌海城，俘其太傅西壁石氏。进至克夷门，复	3： 蒙古主入河西，夏主安全遣其太子率师拒战。败之，获其副元帅高令公。克兀剌海城，俘其太傅西壁氏。进至克夷门，复败夏师，获其将威明令公。薄其中兴府，

续表

《蒙古秘史》	《罗黄金史》	《蒙古源流》	《大元史》	《续资治通鉴》
			败夏师，获其将嵬明令公。遣太傅讹答入中兴，诏谕夏主，夏主纳女请和。西域哈剌鲁部阿昔阑罕来降。	引河水灌之，堤决，水外溃，遂撤围还。遣太傅额克入中兴诏谕，夏主纳女请和。

《青史演义》第四十二章　吐唾沫太祖撼金朝
施小计谋臣定中原

1. 太祖行赏，未提布古尔吉。光献皇后提醒时，太祖说要特显布古尔吉的贤德于众。于是，派家奴芒金听得布古尔吉夫妇二人的对话。太祖特赏布古尔吉，封为九州大诺彦。封其妻子特古斯高娃为宝扬图福晋；

2. 太祖以年过五十，绥定北方为由欲要养息天年时，木华黎等大臣讽谏制止。

太祖封木华黎为九卿之尊，九州大诺彦；

蒙古国内大行讽谏之风；

3. 金主犯南，建乌沙堡，欲征兵来战蒙古；太祖派扎勒玛、扎布等五虎上将前去尽收筑城军民；

派木华黎率夏国兵马问罪金主；

4. 金国为敌之因：卫王永济怀恨与太祖曾未以客礼相待之仇；

5. 金卫王永济篡位，并毒死先主二妃，以害遗腹子，断后患；

6. 扎勒玛、扎布打败乌沙堡呐哈买、仆散揆等；

7. 木华黎与李安全围攻金国端州城，守将李英弃城而逃，杀之；

8. 金使来见太祖，要太祖庆贺新主永济登位。太祖南面而唾，骂永济；

金主永济预谋请太祖入城，伏杀；

9. 木华黎奏报征讨金国之策：一戒，兵数之众；二戒，攻占城镇，少留我兵；三戒，军卒淫乱。三勤：一勤，临战之时，不顾死活，二勤，攻打城镇，务重计谋，三勤，广发物畜；

《蒙古秘史》	《罗黄金史》	《蒙古源流》	《大元史》	《续资治通鉴》
	1： 主上未将印度入贡之三样礼品未给博古尔济诺延。夜命瓦齐尔彻辰听得博古尔济夫妇的对话，此后主上特别欣赏博古尔济；	1： 征彼萨尔塔克沁大战后，圣主乃为理大国之政事，自九乌尔鲁克以下依次赐与大爵重赏厚禄。虽赉及广大人众，而未言及博古尔济诺延；夜命伯琴奴听得博古尔济夫妇的对话，感其忠诚，封为九乌尔鲁克之首，九部之长； 2： 主上乃降旨曰："奉我上界玉皇天父之命，收复天下十二强逆合罕，令暴乱横行之诸小罕归正，辛劳开辟我大国之疆域焉。世事已大	3：6： 金谋来伐，筑乌沙堡。帝命遮别袭杀其众，遂略地而东；金派呐哈买、仆散揆复筑乌沙堡，帝命遮别拔之； 4： 帝贡于金，金主使卫王允济受贡于静州，帝见允济不为礼。允济归，欲请兵攻之； 8： 卫王允济即位，帝问金使曰："新君为谁？"金使曰："卫王也。"帝遂南面而唾曰"我谓中原皇帝是天上人做，此等庸懦亦为之耶，何以拜为！"即乘马	3： 会金边将筑乌舍堡，欲以逼蒙古，蒙古主命哲伯袭杀其众，遂略地而东； 4： 初，蒙古主入贡于金，金主时为卫王，章宗使受贡于静州，蒙古主见卫王不为礼，卫王欲请兵攻之； 8： 会章宗殂，金主嗣位，有诏至蒙古，传言当拜受。蒙古主问金使曰："新君为谁？"金使曰："卫王也。"帝遂南面而唾曰"我谓中原皇帝乃天上人，此等庸懦亦为

续表

《蒙古秘史》	《罗黄金史》	《蒙古源流》	《大元史》	《续资治通鉴》
		略就绪矣，而今聊可息养我身心乎！”	北去。金使还言，允济益怒，欲俟帝再入贡，就进场害之。帝知之，遂与金绝，益严兵为备；	之耶？何以拜为！”即乘马北去。金使还奏，金主益怒，欲俟蒙古主再入贡，就进场杀之。蒙古主知之，遂与金绝，益严兵为备；

《青史演义》第四十三章　金主害民亡社稷
蒙皇爱民破劲敌

1. 占布拉哭诉金国杀其父僘音布和汗的家仇，愿当先锋；蒙古准备伐金；

2. 太祖派占布拉为使向金主问五桩罪责；占布拉与金臣吵翻；

3. 哈拉哈主阿希兰汗归附太祖；南畏吾儿国主格日勒归附太祖；

4. 金主派辽人石抹明安为使，来见太祖。太祖分毫未纳其礼品，退回金国；

5. 金国仰仗居庸关之坚固，一面化铅冶铁，加固城门，一面派兵出关，在方圆百里撒了铁蒺藜；

6. 金国大将定薛于野狐岭备战蒙古军；太祖派赛汗苏尔塔拉图打探金军情况；太祖说：“敌有畏惧之心，可见不是等闲之辈。有了畏惧之心，他就谨慎从事；有了谨慎之意，他就变得强大起来。此敌千万不可小看。如今我寡敌众，因此，我军兵士，理应人人奋战，个个拼命，方能打败金军。如果两军对垒，我若败北，被金兵冲散，那我们蒙古皇朝势必一蹶不振。因此，此次大战，只有拼命才能打胜。你等想方设法教所有兵士都能同我们一样，抱着为国捐躯之心，此乃至关重要！”；

7. 占布拉活擒定薛，报杀父之仇；

8. 蒙古军取了大水泺、丰利二城；金主派独吉思忠、仆散揆率六十万大军应战；蒙古军生擒独吉思忠，仆散揆出逃；郭宝玉投奔蒙古军；

9. 太祖问郭宝玉安定中原之策，郭宝玉说："中原势大，不可轻视。只因均臣昏庸，乱了朝政。金国南部，多有猛士。陛下如果先取彼处，金国京都势必变成孤城。然后再图金人手中的中原地盘，帝业计日成功，易如反掌。如今金朝横征暴敛，动乱四起，众百姓日夜盼望明主来救，心情好似旱天求雨一般，陛下如若趁此时机布恩天下，金国百姓势必稽首来归。陛下诚能如此，不仅包举天下，而且拯救了苍生。"；

10. 太祖向军士颁布五章法令：一、除主师和害民国主之外，不得妄杀平民百姓；二、狱中犯人量刑处置；三、蒙古人着甲入伍，不愿可免；四、城镇汉人有田四顷者着甲应征，十五为丁，六十免役；五、和尚道士无益于社稷，一律禁绝；

11. 宋金失和；

12. 夏主李安全病故，养子李遵须继位；

13. 太祖与察汗台攻占乌沙堡，乌月营，破白登城，围攻金国西京；金国守将胡杀虎逃去；蒙古军破了西京，下了桓、抚二州；太祖派珠奇、窝阔台、察汗台取云内、东胜、武、朔、凤、净等州；太祖与木华黎攻得兴、弘州、昌平、怀来等地；秋月，太祖传命休养生息，准备南下；

14. 金主派诏讨使完颜九斤率四十万大军东岭应战；貛儿嘴，太祖大军大败完颜九斤、胡沙虎大军；直至居庸关下；

15. 完颜九斤派石抹明安为使见蒙古主帅，问出兵原由，明安回营奏报；

16. 太祖问占布拉攻关之计。占布拉引蒙古军从山中小道攻入城；太祖围攻金中都；金主逃往汴梁城；

17. 太祖不忍心看到金国百姓被金国守将残害，撤出中都；

18. 金国总督刘伯林、长哥二人降于蒙古；

19. 金泰州刺使术虎高琪屯兵通玄；胡沙虎为兵马总管；

《蒙古秘史》	《罗黄金史》	《蒙古源流》	《大元史》	《续资治通鉴》
16：17： 成吉思自取潼关命者别攻取居庸关。成吉思至关，见金兵大至。与他对敌。金忽剌安迭格列军并亦列等军大败。杀人满野。金主闻知，迁都汴梁。其余金兵困饿。人皆相食。成吉思归；			2： 帝遣札八儿使金，金不为礼而归。 3： 西域哈剌鲁部主阿昔阑汗来降；畏吾儿国主亦都护来觐； 5： 金人恃居庸之塞，冶铁固关门，布铁蒺藜百余里，守以精锐； 6： 帝野狐岭败金将定薛。派察罕探敌情，言彼马足轻动，不足畏也。木华黎言："敌众我寡，当拼命攻之。" 8：9：10： 蒙古军取了大水泺、丰利二城；金主派独吉思忠、仆散揆复建乌沙堡；木华黎、者别奇袭，独吉思忠败逃；郭宝玉投奔蒙	11： 宋遣金余嵘贺金主生辰，时金有蒙古之难，不暇延使者，至涿州而还； 12： 夏国主安全卒，族子大都督府主遵顼立。 17： 金主遣承晖旨意蒙古请和。壬寅以东海郡侯女岐国公主归于蒙古主，蒙古称公主皇后也。并以金帛、童男女五百、马三千赂之。蒙古兵退，中都解严。仍遣承晖送出居庸关。 18： 千户户刘伯林请降； 19： 金命泰州刺使珠赫果勒齐屯兵通玄门外，金主自出巡抚诸军。

续表

《蒙古秘史》	《罗黄金史》	《蒙古源流》	《大元史》	《续资治通鉴》
			古军；郭宝玉答定中原之策；帝依计定规章； 13： 命遮别攻乌沙堡及乌月营，拔之；拔德兴府，居庸关守将遁去；皇子术赤、察合台、窝阔台分徇云内、东胜、武、朔等州，下之； 14： 獾儿嘴，帝大胜九斤兵，直抵金西京； 15： 金国将军九斤派石抹明安为使见成吉思汗；石抹明安归附于帝； 16： 帝问札八儿攻居庸关之计；引入小径取之；者别至中都；金主南迁； 17： 成吉思汗中都撤兵，金主纳女岐国公主请和； 18： 金刘伯林、夹谷长哥来降；	

《青史演义》第四十四章　取辽东耶律留哥归蒙古
率九将成吉思汗破金国

1. 辽人不堪忍受金国暴虐，耶律留哥和耶迪聚众起事于隆安，并与金将吴石交战，夺金国韩州城；耶律留哥拒不称帝，十万之众，威震辽东；

2. 太祖派阿吉尼、胡达尔嘎为帅，征辽东。留哥与阿吉尼歃血为盟，归附蒙古；

3. 金国完颜胡沙征讨辽东留哥，下令："得耶律留哥之肉一两者，赏白银十两，得其骨头一两者，赏黄金十两，封为千总！"耶律留哥求救于太祖；太祖派阿吉尼、胡达尔嘎二人率大军救援；

4. 太祖大军下清、抚二州；金将完颜九斤派石抹明安为使，见太祖，质问为何不和解之由；石抹明安安置家眷，归降太祖；

太祖试探石抹明安之心，下令撤军。

石抹明安急阻止曰："如今金主暴虐无道，境内失天下人心，军民惶惶不安。大军今天撤走，一旦金廷得贤，天下难以复得。金朝治下有十七个大州。如今我们只得了云中东西两州。如不乘此良机举兵南下，金朝一旦良臣崛起，设法稳住民心，挡住我军去路，激怒国难以平定。山南百姓，久日不见敌犯。如今大军一到，如入无人之境，占地略城十分容易。望元帅禀报天子，定夺良机，起兵南下。如若退兵，将来费力千倍，恐也徒劳。因何不顺天意呢？"

5. 太祖军夺了宣德，攻大兴。四太子拖雷和驸马策策格率先登上城墙。太祖军大败金国元帅，澳敦襄逃往西京；金派使臣请求归还空城西京；太祖派使应允。金不放回蒙古使臣。木华黎怒攻金奉圣府；窝阔台等攻金东京城；

6. 赛汗苏尔塔拉图献计与哈斯尔，射箭入城，威慑城中百姓。富户打开城门投降，守城将军符合自刎，下奉圣府；

7. 蒙古军攻东京，扎布佯做退兵，夜里返回攻打，夺之，请太祖入城；

《蒙古秘史》	《罗黄金史》	《蒙古源流》	《大元史》	《续资治通鉴》
			1：2：3： 金人疑辽遗民有他志，下令辽民一户，以二女真户夹居之。耶律留哥不自安，举众与隆安，自为都元帅，遣使来附；金国派胡沙征讨留哥，传令："得留哥骨一两者赏金一两，肉一两者赏银一两亦如之，仍世袭千户。" 4： 金将完颜九斤派石抹明安为使见帝；石抹明安归降于蒙古； 5： 蒙古军克宣德府，遂攻德兴府，皇子拖雷、驸马赤驹先登，拔之； 6：7： 察罕下奉圣州；遮别攻东京不拔，即引去，夜弛还，袭克之；	1：2：3： 先是辽人耶律琉格仕金为北边千户。及蒙古主起兵朔方，金人疑辽遗民有他志，下令："辽民一户，以二女真户夹居防之。"琉格不自安，遁至隆安，纠壮士剽略其地。众至十余万，推琉格为都元帅，耶的副之，营帐百里，威震辽东；

《青史演义》第四十五章 执中反叛杀允济 太祖盛怒临黄河

1. 胡沙虎杀永济，立其弟升王完颜恂为帝；

2. 太祖令夏主李遵须攻保安、庆阳；命辽东留哥攻辽东州府；太祖至金都北门；

3. 耶律留哥封为辽王，封妻子姚里氏为妃，立辽国，号元统；派长子薛舍入侍；

4. 蒙古军围攻郭大府，下之；

5. 拖雷、策策格下唐江府；

6. 燕京、怀来木华黎大败金国丞相完颜纲、术虎高琪；

7. 太祖绕过居庸关，到紫荆关，于五回岭下太祖军大战金守将王机；木华黎擒王机；太祖义释王机；王机归附太祖，派去讨平山西；

8. 太祖兵分三路南下：珠奇等顺太行南下，攻取保州、中山等多州，直抵黄河；亲王哈斯尔等沿海而东，攻克蓟周州等四座大城；太祖与拖雷攻雄、霸、莫等多州郡；木华黎大战泽州，杀季思；富户史天倪、肖勃迭归附；

9. 哈斯尔围攻中都，金廷内乱，术虎高琪杀胡沙虎；

10. 中长府史秉直归附蒙古木华黎元帅，封其子史天倪为万户侯；

11. 太祖兵分三路围攻中都；

太祖召来金国守将完颜承晖，降旨道："朕不忍加害于你主。你等众人不知朕之恩德。朕当初不该无故罢兵。你主倘若献中都小城，朕当赐他为官。若不依命，朕必问罪！"

12. 是年，只有中都、通州等十一大城未能破；

13. 夏主李遵须献厚礼；辽王以次子入侍；

《蒙古秘史》	《罗黄金史》	《蒙古源流》	《大元史》	《续资治通鉴》
			1： 金忽沙虎弑郓	9： 执中反叛；立

续表

《蒙古秘史》	《罗黄金史》	《蒙古源流》	《大元史》	《续资治通鉴》
			济，迎丰王恂立之； 3： 耶律留哥自立为辽王，封妻子姚里氏为妃，立辽国，号元统元年； 5： 克宣德府，遂攻德兴府；皇子拖雷、驸马赤驹先登，拔之； 6： 成吉思汗怀来大败金国丞相完颜纲、术虎高琪，赶至北口； 7： 金西京律守胡沙呼逃去；帝至紫荆关，于五回岭大败金军；王机：太祖将兵入涿鹿，守将望机鏖战三日，兵败见执。将戮之，机神色不变，太祖问曰："汝曷敢抗我师，独不惧死乎？"对曰："臣以不衣受恩，誓捐	升王； 10： 永清人史秉直率数千人降。木华黎欲用秉直，秉直辞，以其子天倪为万户；

续表

《蒙古秘史》	《罗黄金史》	《蒙古源流》	《大元史》	《续资治通鉴》
			躯报国，今既偾军，得死为幸！”帝义而释之，授都统； 8：11：12：分兵三路南下；唯中都、通、顺等十一城不下；史天倪、肖勃迭率众归附，封万户侯； 13：耶律留哥来朝，以其子入侍；	

《青史演义》第四十六章　不亡故国圣主恩德长

不改邪心金主奸计多

1. 太祖解说自己为后世子孙不灭金国宗庙的原由；金主几番请和，木华黎拒之；

2. 金主派常厚为使，拉拢辽王留哥，封为大王。常厚归附辽王；

金派左将军万奴攻辽东；太祖派将救援留哥；大败金将；留哥收复辽东州郡；

3. 金主派使，尊太祖为兄，请和。太祖拒之；金左丞相术虎高琪主张应战蒙古。右丞相完颜承晖主和；金主献女岐国公主，良马、金银珠宝请和；

太祖封金主为东海郡侯；

赐岐国公主于四太子拖雷为妻；太祖释放金国俘虏；

4. 金主迁都于汴京，留太子守忠守中都；太祖大怒，派木华黎举兵南下；

5. 石抹明安围中都；金主召回太子，中都军民大乱；乌古伦寅答虎献城投降；

6. 兴中府主帅石天应归附蒙古元帅木华黎。木华黎呈表报主，封万户侯；

《蒙古秘史》	《罗黄金史》	《蒙古源流》	《大元史》	《续资治通鉴》
			2: 金主派清虎说耶律留哥，清虎归附留哥；金主派万奴战留哥；留哥大胜，收辽东大小城池； 3: 太祖驻金中都之北郊，诸将请乘胜破燕，太祖不从，遣使谓金主曰："汝山东、河北郡县，悉为我有，汝所守惟燕京耳。天既弱汝，我复迫汝，天其谓我何！我今还军，汝不能犒师以弥我诸将之怒也？"金主纳女岐国公主以金帛、童男女五百、马三千请和；遣完颜福兴送出居庸关； 6: 兴中府元帅石	3: 蒙古主驻金中都之北郊，诸将请乘胜破燕，蒙古主不从，遣萨巴勒谓金主曰："汝山东、河北郡县，悉为我有，汝所守惟燕京耳。天既弱汝，我复迫汝，天其谓我何！我今还军，汝不能犒师以弥我诸将之怒也？"平章政事珠赫果勒齐谓金主曰："蒙古人马疲兵，当决一战。"都元帅完颜承晖曰："不可，我军身在都城，家属各居诸路，其心向背未可知，战败必散，苟胜，亦思妻子而去。社稷安危，在此一

续表

《蒙古秘史》	《罗黄金史》	《蒙古源流》	《大元史》	《续资治通鉴》
3:			天应来降，以天应为兴中府伊； 4: 金主迁汴，以完颜福兴及参政抹然尽忠辅其太子守忠留守中都；	举。莫如遣使议和，待彼还军，更为之计。”金主然之。纳岐国公主，请和； 4: 金主迁汴，以完颜福兴及参政抹然尽忠辅其太子守忠留守中都；蒙古主闻之，怒曰：“既和而迁，是有疑心而不释，特以解和为款我之计耳。”复图南侵。 5: 成吉思汗派萨木哈、石抹明安二将至中都。金召回太子；蒙古穆呼哩遣部将史天祥进攻北京，乌库哩音达珲举城降； 6: 兴中府元帅石天应来降，以天应为兴中府伊；

《青史演义》第四十七章　成吉思汗破中原迁居大都

忽必烈生大都平定燕京

1. 成吉思汗卜卦，预知定中原。

成吉思汗率中军南下；

2. 木华黎围攻孤城中都；

3. 太祖南下攻清、顺二州；锦州临海王张鲸造反，前军元帅萧也先擒获张鲸，交付太祖；太祖下令处死；张鲸之弟张致入占锦州，自封瀛王，改元兴隆；

4. 木华黎破中都；金将完颜承晖服毒身亡；金主帅魏延尽忠弃内宫嫔妃，逃出；

5. 太祖下令迁北方内方内宫于中都；太祖追封完颜承晖为“忠义王”；

百姓深服太祖鸿恩大德；

6. 太祖赐占布拉按射程之远的府邸；

7. 太祖召见耶律楚材；

8. 太祖问四子“人生在世，何为至乐”，评论四位太子的答复；

9. 占布拉出使金国，金主不为礼，大骂而回；

10. 宝图、王机攻破沧州。宝图、王机合谋，恩威并施，定服百姓；

11. 太祖封史天倪为右副元帅，授以金制虎符，辅佐木华黎；

12. 宣懿太后等居中都；拖雷之妻生忽必烈。诞时有香气扑鼻，有瑞兆；

13. 红罗山主杜秀归附；

14. 太祖出征，攻潼关。占布拉引军走捷径，破府袭郡；

15. 辽王留哥麾下应劝他登基。留哥携子潜来大都，见太祖；太祖问汉臣中最先归降者。下臣答曰是刘伯林；太祖指定是耶律留哥；

16. 金主请和。太祖答曰："汝去帝号，来献河北、山东诸城，便封汝为河南王，割河南为入食邑，以续后代，祭祀宗庙。诚能如此，我便罢兵。"

17. 耶律留哥麾下内讧；太祖助留哥收复辽东；太祖定燕地；

《蒙古秘史》	《罗黄金史》	《蒙古源流》	《大元史》	《续资治通鉴》
	8: 圣主问四子："人生在世，何为至乐?"		2: 金中都久被围；李英死，庆寿军闻之，亦溃归，又是中都孤立，内外不通； 3: 太祖南下攻清、顺二州；锦州临海王张鲸造反，前军元帅萧也先擒获张鲸，交付太祖；太祖下令处死；张鲸之弟张致入占锦州，自封瀛王，改元兴隆； 6: 太祖赐札八尔火者按射程之远的府邸； 7: 太祖召见耶律楚材； 10: 王机与孛秃攻破沧州。宝图、王机合	4: 中都危在旦夕，承晖与穆延尽忠会议，期同死社稷。尽忠不从，承晖怒，即起还第。然兵柄既皆属尽忠，承晖无如之何，乃辞家庙，召左司郎中赵思文，谓之曰："事势至此，惟有一死以报国家！"……安石出门，闻哭声，则已仰药死矣；是日暮，凡在中都妃嫔闻尽忠将南奔，皆束装至通玄门，尽忠给之曰："我当先出，为诸妃启途。"乃爱妾及所亲者先出城，不复反顾。……金主释其罪不闻，

续表

《蒙古秘史》	《罗黄金史》	《蒙古源流》	《大元史》	《续资治通鉴》
			谋，恩威并施，定服百姓； 11: 太祖封史天倪为右副元帅，授以金制虎符，征南； 13: 红罗山主杜秀归附； 15: 辽王留哥麾下应劝他登基。留哥携子潜来大都，见太祖；太祖问汉臣中最先归降者。下臣答曰是刘伯林；太祖指定是耶律留哥； 16: 成吉思汗派使对金主曰："汝去帝号，来献河北、山东诸城，便封汝为河南王，我便罢兵。"金主未许之； 17: 耶律留哥麾下内讧；太祖助留哥收复辽东；太祖定燕地；	仍以为平章政事； 15：17： 耶律琉格麾下内讧；琉格收复辽东；

《青史演义》第四十八章　分疆土太祖封诸子
设大筵皇主宴众卿

1. 太祖重赏国内高寿者；行大赦；分封诸弟：别勒古岱为傲麦汗；哈斯尔为科尔沁汗；四弟为哈拉哈汗；五弟为克烈特汗；封七子于疆土：珠奇为陶克玛克汗；察汗台为白帽回回国王；窝阔台为中原皇帝；拖雷为蒙古汗；

2. 成吉思汗箴言训育众人；

3. 太祖问诸太子“世间至筵”；成吉思汗箴言；众臣倾谈，悦主心；

4. 辽王耶律留哥麾下谎称留哥已死，造叛乱，立留哥之兄；太祖派将平息，留哥回辽；

5. 木华黎与阿拉坦杀嘎合谋破兴中府，擒杀王机；

6. 岱松攻破潼关；木华黎之子宝鲁劝说众将不能因杀一个蒲卢虎而失信于金百姓；

7. 术虎高琪劝金主，一面固守汴京，一面派文官出城请和；

8. 太祖令撤兵，木华黎劝阻；

木华黎破锦州张致，太祖下令斩首张致；

蒙古小将瓦伊金偷袭汴京，吃了败仗；

9. 金国太守蒲鲜万奴一面策反遵须，一面来附太祖，派子迪格入侍；不久，万奴造反，自称夏王；

《蒙古秘史》	《罗黄金史》	《蒙古源流》	《大元史》	《续资治通鉴》
	2： 成吉思汗箴言； 3： 圣主问四子“人间至筵”；		4： 辽王耶律留哥麾下谎称留哥已死，造叛乱，立留哥之兄；太祖派将平息，留哥回辽；	4： 耶律琉格麾下谎称琉格已死，造叛乱；

续表

《蒙古秘史》	《罗黄金史》	《蒙古源流》	《大元史》	《续资治通鉴》
			5： 木华黎灭王机； 6： 岱松攻破潼关；木华黎之子宝鲁劝说众将不能因杀一个蒲卢虎而失信于金百姓； 8： 木华黎破锦州张致，太祖下令斩首张致； 9： 金国蒲鲜万奴来附太祖，派子铁哥入侍；不久，万奴造反，自称夏王；	

《青史演义》第四十九章　建奇功木华黎封国王

享高寿太后修白塔

1. 太祖卜卦不利；

太祖与耶律楚材合卦；

2. 金主伐宋；

3. 盗匪祁和尚起兵金蒙西夏交接地方，史天倪讨平之；

4. 秃满造反，布古拉尔讨平之；

5. 金宋交战，金败之；蒙古大将赛汗苏尔塔拉图攻击金国败军，一战夺得渤州；

6. 太祖封木华黎为国王太师；托付木华黎：“……太行以北，朕自经略；太行以南，卿自治理。如今卿已为朕之一臂。”

7. 太师木华黎，破金遂城、蠡州等；攻下蠡州，要屠城，赵缙以命赎一城之命，哭劝之；

8. 史天倪和大将赛汗苏尔塔拉图擒祁和尚，并合谋破遂城；

9. 金派使请和；

10. 西夏李遵须谋反；

11. 窝格伦太后重病，太祖亲临白塔祈祷；帕格巴见太祖；

12. 平息秃满叛乱；

13. 西夏公主提醒夫君察汗台提防西夏造反；

14. 显舍攻夺索隆古斯边界，再战辽东。太祖派哈珠希勒东征助耶律留哥；

契丹留哥、蒲鲜万奴和索隆古斯王澈出兵助之；

《蒙古秘史》	《罗黄金史》	《蒙古源流》	《大元史》	《续资治通鉴》
			3： 盗匪祁和尚掳武平，史天倪讨平之； 4： 秃满部民叛，命钵鲁完等讨平之； 6： 太祖封木华黎为国王太师；托付木华黎："……太行以北，朕自经略；太行以南，卿自治理。如今卿已为朕之一臂。"； 14： 显舍攻夺索隆古斯边界，再战辽东。太祖	1： 蒙古耶律楚材通术数之学，蒙古主每次征伐必令楚材预卜吉凶，亦自烧羊胛以符之，然后行； 2： 金由秦、巩、凤翔三路南伐宋； 7： 初，蠡州拒守，力屈乃降。穆呼哩怒，将屠其城，州人赵缙为署百户，泣曰："母与兄在城中，乞以一身赎一城之命。"穆户哩

续表

《蒙古秘史》	《罗黄金史》	《蒙古源流》	《大元史》	《续资治通鉴》
			派哈珠希勒东征助耶律留哥；契丹留哥、蒲鲜万奴和索隆古斯王澈出兵助之；	义而许之； 10： 蒙古围夏兴州，夏国主遵须命其子居守而出走西凉；

《青史演义》第五十章　伐金国木华黎破七城　赴夏廷察汗台筲百官

1. 耶律留哥收复辽东；

索隆古斯元帅洪得宣、东夏元帅胡图二人交好蒙古；唯契丹留哥元帅不屑蒙古；

2. 蒙古军紫荆关生擒金将张柔；石抹明安、木华黎以礼相待，张柔归降；

太祖封张柔为河北都元帅；

3. 木华黎攻太原府；守将乌古伦德升自缢；

木华黎封乌古伦德升为义士；

破平阳城，李革自刎；

4. 金河北大元帅武仙攻张柔；张柔大胜；

5. 夏主李遵须逃入西凉；

察汗台责罚其百官；

6. 哈珠希勒征讨契丹；索隆古斯王澈纳贡蒙古；

7. 辽王耶律留哥亲自送来贡品，太祖劝他节俭，不要耗费民力；

《蒙古秘史》	《罗黄金史》	《蒙古源流》	《大元史》	《续资治通鉴》
			1： 耶律留哥收复辽东； 2： 蒙古出兵紫荆	2： 蒙古出兵紫荆关，柔遇之，遂战于狼牙岭。柔马跌被

续表

《蒙古秘史》	《罗黄金史》	《蒙古源流》	《大元史》	《续资治通鉴》
			关，柔遇之，遂战于狼牙岭。柔马跌被执，见主帅名安，柔不跪。左右强之，柔叱曰：“彼帅，我亦帅也，死即死，终不偷生为他人屈！”明安壮而释之。柔乃降。蒙古以柔为河北都元帅。 4： 金武仙攻张柔；张柔大胜； 6： 哈真扎拉征讨契丹；索隆古斯王瀓纳贡蒙古；	执，见主帅名安，柔不跪。左右强之，柔叱曰：“彼帅，我亦帅也，死即死，终不偷生为他人屈！”明安壮而释之。溃卒稍集，明安恐柔为变，质其二亲于燕京，柔乃降。蒙古以柔为河北都元帅。 3： 破太原府，元帅乌库哩德升力拒之，……城破，德升自缢而死。破平阳城，李革自杀； 5： 蒙古围夏兴州，夏国主遵须命其子居守而出走西凉；

《青史演义》第五十一章　高丽观星顺太祖
西域逆天激圣主

1. 高丽国王建派尹公久等纳贡蒙古；
2. 张柔大败金国武仙、贾禺，连破两城，占河北大部；
3. 宋国，红巾贼做乱；金又攻宋；宋将佯称蒙古军败之；
4. 西域札兰丁杀太祖使臣董武；太祖大怒，亲征西域；

札兰丁与西北唐古特主联合应战太祖；太祖射穿札兰丁左眼；

5. 太祖免罪蒲鲜万奴；

6. 木华黎攻金国四个州府；

金国先主卫王永济次女怀国公主相遇木华黎之孙塔斯陶古斯；

丘处机受怀国公主为徒；

7. 丘处机预知太祖邀请；太祖问道于丘处机；

8. 术虎高琪窜通宋朝谋反，金宁宗杀之；

《蒙古秘史》	《罗黄金史》	《蒙古源流》	《大元史》	《续资治通鉴》
			1: 高丽国王建派尹公久等纳贡蒙古； 2: 张柔大败金国武仙； 4: 西域杀使者，帝率师亲征，取讹答剌城，擒其酋哈只儿只阑秃； 7: 丘处机预知太祖邀请；太祖问道于丘处机；	3: 兴元军士张福、莫简等作乱，以红巾为号； 8: 金右丞相珠赫果勒齐专固权宠，擅作威福，金主久知其奸，下于狱，杀之；

《青史演义》第五十二章　伐西域皇主破妖术

攻宋金太师降众将

1. 宋朝攻金国唐、邓二州；

2. 太祖征西域；

西域用妖术；怀国公主破妖术，活擒札兰丁五女贝灵公主；

怀国公主与塔斯陶古斯暗中传情，定终身；

3. 太祖破西域寻思干城；围攻斡脱罗儿城；

弓匠与耶律楚材争辩弓箭与治理朝政能臣之重要性；

4. 金派乌古伦仲端至大都请和；太祖坚持前命；

5. 国王木华黎破倒马关；木华黎自省；严肃军纪；

6. 太祖下令攻金；严实率四十万户归降国王木华黎；金国武贵归降国王；

7. 辽王留哥病故，五十六岁；其妻来见太祖；

太祖不在，众亲王合议，授以虎符，令她掌管辽东；

8. 宋朝李全部下石桂归降国王木华黎；

9. 木华黎战东平，金国易水公靖安民年尽收附近百姓抵御。

金百姓击杀安民，投降；

《蒙古秘史》	《罗黄金史》	《蒙古源流》	《大元史》	《续资治通鉴》
			3： 太祖破西域寻思干城；围攻斡脱罗儿城；弓匠与耶律楚材争辩弓箭与治理朝政能臣之重要性； 4： 金使仲端请和；太祖未许之； 6： 东平严实率三十万户归降木华黎；金国兴州节度使武贵归降；	1： 宋取金唐、邓州； 5： 蒙古穆呼哩至满城，使蒙古布哈将轻骑三千出倒马关。适激怒恒山公武仙遣葛铁枪攻台州，蒙古布哈与之遇，，葛铁枪战败，仙举城降。 史天倪说穆呼哩曰：“今中原已渐定，而

续表

《蒙古秘史》	《罗黄金史》	《蒙古源流》	《大元史》	《续资治通鉴》
			7: 辽王留哥病故，五十六岁；其妻来见太祖；太祖不在，众亲王合议，授以虎符，令她掌管辽东； 8: 宋涟水统辖石桂降蒙古；	大兵所过，犹纵钞掠，非王者民伐罪之意。且王为天下除暴，岂可效他军所为乎！”穆呼哩喜，下令禁剽掠，遣所俘老幼，军中肃然。 9: 金国易水公靖安民出兵守山寨以抗，其军大乱，杀安民出降；

《青史演义》第五十三章　伐西域太祖破十城　讨宋国太师服劲敌

1. 金主派燕宁领十万战蒙古。木华黎麾下先锋惠拉德尔勇杀燕宁；

2. 太祖征西域，获全胜。破薛迷思干城、卜哈尔城，不忍心饿杀众敌，擒之；珠奇破羊吉干、巴尔真二城；

3. 金派仲端为使，称太祖为兄，请和；

4. 国王木华黎攻宋边城；宋纳贡请和；

5. 国王木华黎破东平；以金兵首级威慑恩、傅二州及曹州，民自降；

6. 宋派苟梦玉为使，纳贡归降；太祖下令与宋交好；

7. 宋将许贵降木华黎，拜为鲁公；

8. 太祖西域破班勒纥；众太子破玉龙杰赤等八大城；

9. 宋夏联合攻金；

10. 拖雷、宝徒、策长格破西域大城；

11. 成吉思汗惦念木华黎，召见国王；

12. 石天应劝木华黎多造舟楫；石天应建浮桥；

石天应葭州激励麾下，移驻河中以西平川；

13. 木华黎不攻延安，扬言攻夏；

14. 蒙古勒布哈献策木华黎以伏兵击金将完颜哈达；

木华黎攻延安不下；石天应战金将张铁枪，擒之，交付木华黎。蒙古勒布哈见张不拜，杀之；

15. 宋山东安抚张林归降木华黎；

太祖不还张林于宋；

《蒙古秘史》	《罗黄金史》	《蒙古源流》	《大元史》	《续资治通鉴》
			2： 太祖征西域，破薛迷思干城、卜哈尔城；皇子术赤破羊吉干、巴尔真二城； 3： 金派仲端为使，称太祖为兄，请和； 4：6： 宋派苟梦玉为使，请和； 8： 皇子术赤、察合台、窝阔台攻玉龙杰赤等城，下之； 10： 皇子拖雷克西域马鲁察叶可等城；	

续表

《蒙古秘史》	《罗黄金史》	《蒙古源流》	《大元史》	《续资治通鉴》
			12：石天应劝木华黎多造舟楫；石天应建浮桥；石天应葭州激励麾下，移驻河中以西平川；14：蒙古勒布哈献策木华黎以伏兵击金将完颜哈达；木华黎攻延安不下；石天应战金将张铁枪，擒之，交付木华黎。蒙古勒布哈见张不拜，杀之；15：宋京东安抚使张林归降成吉思汗。	

《青史演义》第五十四章　五十三岁国王述衷情

六十一岁皇主显神力

1. 太祖召见木华黎；木华黎面见太祖，誓死平定中原，表忠心，感众臣；

2. 宋国立新太子；

3. 西域布古拉尔托梦助拖雷破敖吉；大小也里主帅降；

4. 怀国公主与塔斯叙恋情；

5. 隐士乔静真劝木华黎回国静养身体。木华黎不因天象不吉而贻误战事；

6. 木华黎攻破平阳、干州等；木华黎攻凤翔不下；

7. 太祖征西域，花甲之年，亲自出战，生擒聂力格罕；札兰丁被众百姓所擒；

8. 太祖与耶律楚材卜金易主；

太祖亲笔书写于四子，称耶律楚材“此人乃天赐雄才，勿忘日后教他操持国柄”；

9. 金派仲端，请和；仲端苦求；

10. 木华黎厚葬石桂；石天应被封为河中府都元帅；

《蒙古秘史》	《罗黄金史》	《蒙古源流》	《大元史》	《续资治通鉴》
			5： 隐士乔静真劝木华黎不宜征进。木华黎不因天象不吉而贻误战事； 6： 木华黎攻凤翔不下； 8： 太祖与耶律楚材卜金易主；太祖谓窝阔台曰耶律楚材“此人乃天赐雄才，勿忘日后教他操持国柄”； 9： 金派仲端，请和；仲端苦求； 10： 封石天应为河中府督元帅； 3： 皇子拖雷克徒	2： 诏皇侄贵和为皇子；

续表

《蒙古秘史》	《罗黄金史》	《蒙古源流》	《大元史》	《续资治通鉴》
			思、匿察兀儿等城；渡捌捌阑河，克也里等城； 7： 西域主札阑丁出奔，与灭里可汗合，忽都忽与战不利。帝自将击之，擒灭里可汗，札阑丁遁去，遣八剌追之，不获；	2： 诏皇侄贵和为皇子；

《青史演义》第五十五章　木华黎解州归天

李遵顼西凉丧命

1. 石天应阵亡；木华黎厚葬之；

2. 木华黎五十四岁薨于凤翔。临终激励子和弟精忠报国，并遗言平定中原，方可迁遗骨回北方；

3. 察汗台征西夏；

4. 布古尔吉征畏兀儿。布古拉尔托梦助苏布格岱，破畏兀儿；

5. 怀国公主与塔斯叙恋情；

《蒙古秘史》	《罗黄金史》	《蒙古源流》	《大元史》	《续资治通鉴》
			1： 石天应阵亡； 2： 木华黎至闻喜，病笃，召其弟带孙曰："我为国家助成大业，披甲	2： 蒙古太师、国王穆呼哩渡河闻喜，病笃，召其弟岱逊曰："我为国家助成大业，擐甲执锐，垂

续表

《蒙古秘史》	《罗黄金史》	《蒙古源流》	《大元史》	《续资治通鉴》
			执锐，垂四十年，东征西讨，无复遗恨，第恨汴京未下耳，汝其勉之。”	四十年，东征西讨，无复遗恨，第恨汴京未下耳。入其勉之。”

《青史演义》第五十六章　听忠言太祖班师回国

完功德太后逝世升天

1. 太祖印度见角端班师回国；

2. 太后赞忽必烈超众的才华；

3. 宋朝废立太子；

4. 蒙古太后辞世；

5. 金、夏合谋攻金；高丽不来吊丧，问罪，蒙古使臣半路被截杀。

太祖派阿拉坦沙嘎征高丽；

《蒙古秘史》	《罗黄金史》	《蒙古源流》	《大元史》	《续资治通鉴》
			1: 太祖印度见角端，班师回国；	1; 是岁蒙古主进此东印度国铁门关，侍卫见一兽，鹿身马尾，绿色而独角，能为人言，曰：“汝君宜早回”蒙古主怪之，以问耶律楚材。对曰：“此名角端，解四夷语，是恶杀之象。近大军征西已四年，上天恶杀，遣告

续表

《蒙古秘史》	《罗黄金史》	《蒙古源流》	《大元史》	《续资治通鉴》
				陛下。愿承天心，宥此数国人命，实无疆之福。”蒙古主遂大掠而还。 3： 立新太子昀； 5： 蒙古使人入高丽，未至，盗杀之。自是高丽与蒙古不通；

**《青史演义》第五十七章　武仙造反乱真定
德旺饶舌失西凉**

1. 夏主请和；
2. 宋赵静公主落难；
3. 武仙造反杀石天倪；董俊骂武仙毁民田；

张柔不屑伤痛擒吕正，败武仙，夺真定；

4. 岱松大败彭义斌；
5. 太祖擒伊拉固交付和王小儿子陶斯呼处置；

《蒙古秘史》	《罗黄金史》	《蒙古源流》	《大元史》	《续资治通鉴》
			3： 武仙造反杀石天倪；董俊骂武仙毁民田；张柔不屑伤痛擒吕正，败武仙，夺真定； 4： 石天策败宋将彭义斌；	

续表

《蒙古秘史》	《罗黄金史》	《蒙古源流》	《大元史》	《续资治通鉴》
			5： 帝以西夏纳仇人亦腊喝翔昆及不遣质子，自将伐之；	

《青史演义》第五十八章　宝鲁岱松围青州
察窝二王攻南京

1. 太祖亲征西夏；

2. 宝鲁论说曹操和韩信功过；

3. 宝鲁困李全于青州；

4. 赛汗苏日塔拉图不因父仇而屠城，惩办主谋三十六人；

5. 太祖平西凉府，到黄河；哈图特木尔破沙州；

6. 破兰州，耶律楚材争藏典籍、草药；药治军中疾病；太祖擒嵬名令公；

7. 岱松擒李全；神道李喜逊助宝鲁；

8. 辽王留哥之妻姚里氏觐见太祖；

9. 窝阔台、察汗台围攻宋南京；

《蒙古秘史》	《罗黄金史》	《蒙古源流》	《大元史》	《续资治通鉴》
			1： 太祖亲征西夏； 3： 蒙古君王岱孙围李全； 4： 赛汗苏日塔拉图不因父仇而屠城，惩办主谋三十六人； 5： 太祖平西凉府，到黄河九渡；	5： 蒙古主至黄河酒渡，取应里等县； 6： 蒙古尽克夏城邑。时诸将多掠子女财帛，耶律楚材独取书数部，大黄两驼而已。既而军士兵疫，唯得大黄可愈，楚材用之，

续表

《蒙古秘史》	《罗黄金史》	《蒙古源流》	《大元史》	《续资治通鉴》
			8: 辽王留哥之妻姚里氏觐见太祖; 6: 破灵州，耶律楚材争藏典籍、草药；药治军中疾病; 太祖大败嵬名令公; 9: 窝阔台、察汗台围宋南京，索年贡; 7: 木华黎之子宝鲁引兵入齐，先遣李喜逊招谕李全。全欲降，部将田世荣等不从，喜逊见杀;	所治万人; 7:、 蒙古富珠哩引兵入山东，先遣李喜逊招谕李全。全欲降，部将田世荣等不从，喜逊见杀;

《青史演义》第五十九章　青州府里宝太师授计破宋
六盘山下成吉思遗诏取金

1. 太祖封赐留哥之子薛舍;
2. 宝鲁义降李全；太祖赞之;
3. 宝鲁不因炎热贻误战机；蒙古军以恐吓之术下邓州;
4. 西夏希都尔古汗用妖术战太祖;
5. 太祖佯称与哈斯尔失和，骗希都尔古汗；哈斯尔射杀妖婆;
6. 怀国公主擒古尔伯勒金高娃;
7. 太祖杀希都尔古汗，出白血而亡;

8. 古尔伯勒金高娃变做大蟒蛇毒害太祖；

9. 太祖病逝六盘山，遗诏取金策略；遗言：好生抚养忽必烈。……皇位教窝阔台继承，国事让拖雷监管，军队让宝鲁统帅，遇事要同耶律楚材商议。

10. 太祖灵柩陷入漠那属地呼和布尔，海鲁更巴特尔以诗唱悼之；

《蒙古秘史》	《罗黄金史》	《蒙古源流》	《大元史》	《续资治通鉴》
	4： 锡都尔固汗化为蛇，则主上化为飞禽之王凤凰；……锡都尔固汗遂势穷而被擒矣； 5： 成吉思汗与哈萨尔失和； 7： 成吉思汗擒杀希都尔古汗，出白血而亡； 8： 古尔伯勒津高娃浴毕，投河而死；其父逆流寻得尸体，葬之，被称为“出铁山”。 9： 主上（临崩）坐起而降旨曰：“与我遗孀之孛尔帖彻辰夫人，与我遗孤之窝阔台、拖雷二	4： 锡都尔固汗化为蛇，则主上化为飞禽之王鲲鹏；……锡都尔固汗遂势穷而被擒矣； 5： 成吉思汗与哈萨尔失和； 7： 成吉思汗擒杀希都尔古汗，出白血而亡； 8： 古尔伯勒津高娃浴毕而归，则其光艳果增矣。及夜，寝后，遂伤主上，金体不预。古尔伯勒津高娃夫人乘间逃去，投哈喇江而死矣； 9： 主上（临崩）坐起而降旨曰：“与我遗	1： 太祖封赐留哥之子薛舍； 2： 宝鲁义降李全； 3： 宝鲁不因炎热贻误战机，下邓州； 9： 帝临崩，谓左右曰：“金精兵在潼关，南据连山，北限大河，难以破敌。若假道于宋，宋金世仇，必能许我，则下兵唐、邓，直抵大梁。金急，必徵兵潼关。然以数万之众，千里赴远，人马疲弊，虽至弗能战，破之必矣。”	

续表

《蒙古秘史》	《罗黄金史》	《蒙古源流》	《大元史》	《续资治通鉴》
	子；五色四夷之众听令：呕心沥血创建大国时未曾受这般苦痛，策马驰骋开创大业时，未曾这般痛苦。是否前世的孽债或今生的苦难呀。众大臣效力之。”…… 10： 太祖灵柩陷入漠那属地呼和布尔，苏尼德的吉鲁格岱巴特尔以诗唱悼之；	孀之孛尔帖彻辰夫人，与我遗孤之窝阔台、拖雷二子；当勉以忠贞之心而辅佐之，当勇无退悔之心而效力之。若夫玉石之无皮也，若夫纯铁之无胶也，惜乎人生之无常也，当怀坚贞无悔之心一勉之。事所尚者克成其业也，人所重者践言之诚也，当小心行事以和人众，嗌！我此身将辞世矣！忽必烈儿出言不凡焉，汝等当遵其言而行之；日后可望彼能如我在时，必致天下于安乐之境乎！” 10： 太祖灵柩陷入漠那属地呼和布尔，海鲁更巴特尔以诗唱悼之；		

注：《青史演义》中有关成吉思汗征西夏锡都尔固罕的故事记载与蒙古史传的记载出入较大。因在正文中已有论述之故，此列表以点到为止；

《青史演义》第六十章　立丰碑后葬太祖
逆帅言蒙军失利

1. 蒙古国发国葬；拖雷监国发诏；

2. 宝鲁奔丧；岱松征金；

3. 拖雷骂离间者；

4. 金陈和尚败蒙古军；

《蒙古秘史》	《罗黄金史》	《蒙古源流》	《大元史》	《续资治通鉴》
			1: 戊子年，是岁，皇子拖雷监国；	
注：序列4的内容是由《青史演义》的作者根据《续资治通鉴》的内容编创而成。				

《青史演义》第六十一章　登祭坛窝阔台即位
荐天泽宝太师呈表

1. 众亲王推举窝阔台登基；

2. 窝阔台令众子弟入国学，攻读汉、蒙、畏吾儿、吐蕃等文；

3. 怀国公主与塔斯叙恋情；

《蒙古秘史》	《罗黄金史》	《蒙古源流》	《大元史》	《续资治通鉴》
			1: 诸王百官大会于怯绿连河曲雕阿阑之地，以太祖遗诏即皇帝位于库铁乌阿剌里。	

《青史演义》第六十二章　治乱臣太宗进中原
杀善哥国王取凤翔

1. 怀国公主与塔斯成婚；

2. 耶律楚材呈治理天下方略；

3. 金陈和尚丧妍头，成病，不能战；

4. 窝阔台怒斥巴音台狂言；

5. 耶律楚材奏太宗：天下虽得之于马上，然不可以马上治国。望陛下任用宗周尊孔之辈。”；

6. 宝鲁败完颜合达；金人请和。太宗大怒；太宗征金，入陕西；

7. 李全骄敌轻心，败于宋赵范、赵葵；

《蒙古秘史》	《罗黄金史》	《蒙古源流》	《大元史》	《续资治通鉴》
			2： 耶律楚材呈送太宗十八条治理天下之政策方略； 4： 太宗近侍别铁等谓太宗尽屠汉民，以供放牧； 6： 帝自将南伐，皇弟拖雷、皇侄蒙哥率师从，拔天成等堡，遂渡河攻凤翔；	7： 李全骄敌轻心，败于宋赵范、赵葵；

《青史演义》第六十三章　攻扬州李全死新塘　离宛子曹王变囚徒

1. 李全新塘阵亡；李全部下汇于其妻杨氏麾下；

2. 宝鲁破凤翔，不忍杀民；

3. 金陈和尚仓皇出逃；失淮安，宝鲁呈表自责；

4. 太宗坚拒谗言，重用耶律楚材；

5. 希里格图巴尔斯征高丽；国王宝鲁攻河中府；拖雷亲王战禹山，败金敌；

6. 蒙古出谋与宋联合，假道灭金；

《蒙古秘史》	《罗黄金史》	《蒙古源流》	《大元史》	《续资治通鉴》
			4: (《元史》列传第三十三）耶律楚材：太宗坚拒谗言，重用耶律楚材； 5: 撒礼塔征高丽； 6: 帝遣搠不罕使宋假道，宋杀之；	1: 李全新塘阵亡；李全部下汇于其妻杨氏麾下； 2: 蒙古取金凤翔；
注：1.《青史演义》中有关李全、杨妙真的故事情节，是其作者依据《续资治通鉴》的记载进行改编创作而成； 2. 序列3的内容是根据《续资治通鉴》的记载内容改编而成；				

《青史演义》第六十四章　战三峰三千胜十万 攻汴梁十万围百万

1. 太宗与宝鲁分兵攻打汴梁城；拖雷用计谋，三千败金军十万，陈和尚丧命；

2. 太宗义释金将伊喇布和；拖雷亲王大炮攻洛阳三峰山；

3. 金乞和解，太宗命金主归降；宝鲁停战；金主不问和议之事；蒙古继续攻金；

4. 国安用反叛；平息高丽之叛；

5. 拖雷病故；追封睿宗；

忽必烈敬重贤达，才气过人；

6. 金主弃汴梁，奔河朔；

《蒙古秘史》	《罗黄金史》	《蒙古源流》	《大元史》	《续资治通鉴》
			1：2: 拖雷及金师战于钧州之三峰，大败之；	1: 陈和尚被蒙古擒，拖雷欲其降，不肯，致

续表

《蒙古秘史》	《罗黄金史》	《蒙古源流》	《大元史》	《续资治通鉴》
			获金将蒲阿； 3： 金主遣其弟曹王讹可入质，帝还； 4： 高丽叛，杀所置官吏，徙居江华城； 5： 拖雷薨； 6： 金主弃汴梁，奔河朔；	死不屈。蒙古将有义之者，以酒酹而祝曰："好男子，他日再生，当令我得之。" 4： 安勇叛杨妙真，与截盟；

《青史演义》第六十五章　宝鲁元帅克汴梁
蒲察官奴囚金主

1. 金主逃往归德府；金廷内讧，崔立杀二相；蒲察官奴挟持金主；崔立投蒙古；

2. 太宗取民心，义释完颜族后人；

3. 耶律楚材讽谏太宗勿屠城；

4. 宝鲁破汴梁；

5. 蒲察官奴挫败蒙古特木尔岱；金主围困归德；

《蒙古秘史》	《罗黄金史》	《蒙古源流》	《大元史》	《续资治通鉴》
			1： 金主奔归德；金西面元帅崔立杀留守完颜奴甲巳南京降；崔立以金太后王师、后徒单氏及荆王、梁王投至蒙古军中；	

续表

《蒙古秘史》	《罗黄金史》	《蒙古源流》	《大元史》	《续资治通鉴》
			2： 太宗下诏令，免杀完颜氏之外的众人； 3： 耶律楚材讽谏太宗勿屠城； 4： 蒙古苏伯岱破汴京； 5： 蒲察官奴挫败蒙古特木尔岱；金主围困归德；	

《青史演义》第六十六章　太总封措衍圣公
哀宗害民早人炮

1. 太宗封孔子后人孔元措为衍圣公；
2. 宋将孟珙败武仙；
3. 蔡州百姓盼蒙古军；蒙古军围攻蔡州；
4. 太宗诏命高丽王赴大都谢罪；宋朝纳贡，与蒙古合盟；

《蒙古秘史》	《罗黄金史》	《蒙古源流》	《大元史》	《续资治通鉴》
			1：3： 金主奔蔡，塔察儿率师围之；诏以孔子五十一世孙元措袭封衍圣公； 2： 宋遣荆鄂都统孟珙以比拟感粮来助；诸军与宋兵合功	

续表

《蒙古秘史》	《罗黄金史》	《蒙古源流》	《大元史》	《续资治通鉴》
			蔡，败武仙于息州； 4： 太宗五年，诏书高丽王五宗罪状，令来朝觐见谢罪；	

《青史演义》第六十七章　太宗谈笑论时运

哀宗殒命金数终

1. 宝鲁论天时归蒙古；

2. 蔡州，金主易人；金哀宗自缢；子城沦陷；

3. 怀国公主射杀金新主完颜承麟，报父仇；

4. 国王宝鲁病故。临终激励子孙精忠报国；

5. 蒙古军破徐州，国安永自刎。生擒三家叛臣武仙，处死；

6. 宋夺汴梁、洛阳城；蒙古伐宋；南斯尔复定洛阳；苏伯格岱复定汴梁；

7. 太宗令国王塔斯征宋；令洪福源征高丽；

《蒙古秘史》	《罗黄金史》	《蒙古源流》	《大元史》	《续资治通鉴》
			2： 金主传位于宗室子承麟，遂自经而焚。城拔，获承麟杀之； 7： 太宗令国王塔斯征宋；令洪福源征高丽； 6： 宋夺汴梁、洛阳城；蒙古伐宋；南斯尔复定洛阳；苏伯格岱复定汴梁；	5： 蒙古都元帅张荣破徐州，国安用投水死；金武仙奔泽州，戍兵杀之；

《青史演义》第六十八章　汪世显叩谢贵太子　赵玉静身配高小姐

1. 宋遣使通好；

2. 太宗哈尔和林聚会；

3. 蒙古台子贵由率军征宋；义释金将汪世显；

4. 宋沔州知事高稼被杀，其女高金英小姐逃难，遇汪世显之子玉真搭救，定终身；高小姐客栈遇宋赵玉静郡主，女扮男装，假意成婚；高小姐面见贵由太子；

《蒙古秘史》	《罗黄金史》	《蒙古源流》	《大元史》	《续资治通鉴》
			2： 城和林，作万安宫； 3： 皇子阔端征秦、巩；阔端攻石门，金便宜都总帅汪世显降；	

《青史演义》第六十九章　贪文赋赵范失城池　进忠言楚材减苛税

1. 宋帅赵范贪文赋，恋酒色；

2. 贵由太子破襄阳，火烧之；

3. 太宗赞耶律楚材；耶律楚材反对以丁为户，收纳税赋，谏太宗减客税；

太宗令文士为子弟教授《四书》《五经》；

4. 赵复助忽必烈大行儒术；

5. 太宗近侍杜环妒楚材，进谗；太宗不信，用计显耶律楚材才德；

6. 贵由太子率军入西蜀；太子蒙哥与国王塔斯破唐州，逼蕲州；

7. 宋孟珙败蒙古军；

《蒙古秘史》	《罗黄金史》	《蒙古源流》	《大元史》	《续资治通鉴》
			3： 诸王大集，帝亲执觞赐楚材曰："朕之所以推诚任卿者，先帝之命也。非卿，则中原无今日。朕所以得安枕者，卿之力也。"西域诸国及宋、高丽使者来朝，语多不实，帝指楚材示之曰："汝国有如此人乎？"皆谢曰："无有。殆神人也！"帝曰："汝等唯此言不妄，朕亦度必无此人。"秋七月，忽都虎以民籍至，帝议裂州县赐亲王功臣。楚材曰："裂土分民，易生嫌隙。不如多以金帛与之。"帝曰："已许奈何？"楚材曰："若朝廷置吏，收其贡赋，岁终颁之，使毋擅科徵，可也。"	

续表

《蒙古秘史》	《罗黄金史》	《蒙古源流》	《大元史》	《续资治通鉴》
			帝然其计，遂定天下赋税，每二户出丝一斤，以给国用；五户出丝一斤，以给诸王功臣汤沐之资。地税，中田每亩二升又半，上田三升，下田二升，水田每亩五升；商税，三十分而一；盐价，银一两四十斤。既定常赋，朝议以为太轻，楚材曰：“作伐于凉，其弊犹贪，后将有以利进者，则今已重矣。”楚材请立编修所于燕京。经籍所于平阳，编集经史，召儒士梁陟、充长官，以王万庆、赵著副之；编修翻译九种经略，授诸子熟读之； 5: 时近侍脱欢奏简天下室女，	

续表

《蒙古秘史》	《罗黄金史》	《蒙古源流》	《大元史》	《续资治通鉴》
			诏下，楚材尼之不行，帝怒。楚材曰："向择美女二十有八人，足备使令。今复选拔，臣恐扰民，欲覆奏耳。"帝良久曰："可罢之。" 6： 阔端率汪世显等入蜀；	
注：序列1和7的内容是根据《续资治通鉴》的记载内容创编而成；				

列表（二）：《蒙古秘史》、《罗黄金史》、《蒙古源流》、《大元史》、《续资治通鉴》中未被《青史演义》吸收的史录内容：

蒙汉文历史著作目录	《青史演义》未吸纳的史录内容
《蒙古秘史》	1. 从孛尔帖赤纳到朵奔篾儿干娶阿阑豁阿为妻的记载； 2. 都蛙锁豁儿、朵奔篾儿干的事迹； 3. 阿仑高娃无夫生子，遭到儿子们的非议； 4. 孛端察儿的事迹； 5. 也速该把阿秃儿劫诃额伦兀真为妻； 6. 推戴忽图剌为合罕； 7. 忽图剌向塔塔儿复仇； 8. 忽岱彻辰训育俺巴孩合罕的十个儿子； 9. 诃额伦兀真与俺巴孩合罕的两夫人发生龃龉；岱其古德部率领众部落，遗弃月仑母子。查尔哈老人劝阻不成，反被砍伤。 10. 铁木真、合撒儿射杀同父异母的兄弟别克帖儿；诃额伦兀真责斥铁木真； 11. 铁木真在林中藏匿九天； 12. 铁木真把岳母送的貂皮大衣送给赫烈部汪罕，恢复旧交情。

续表

蒙汉文历史著作目录	《青史演义》未吸纳的史录内容
《蒙古秘史》	13. 三部篾尔格特袭击，抢走布尔特格勒金夫人。王罕与扎木哈合力，助铁木真救出布尔特夫人。 14. 铁木真向王罕、札木哈求援；联合出兵救布儿帖夫人； 15. 赤勒格儿逃走； 16. 别勒古岱母亲的走失； 17. 铁木真与扎木哈再次结交为安答。 18. 阔阔出的拾得；阔出、失乞刊忽都忽、孛罗兀勒的拾得； 19. 神巫豁尔赤预报天意。 20. 阿勒坛、忽察儿、撒察别乞推戴帖木真为成吉思汗； 21. 成吉思汗任命伴当； 22. 成吉思汗通知王罕、札木哈；札木哈怀恨； 23. 扎木哈之弟塔其尔掠夺珠其塔尔玛拉的马群。扎木哈出兵战成吉思汗。 24. 主儿乞部斯钦布和挖深坑欲害铁木真。 25. 成吉思汗惩罚用左手扶他上马的别勒古岱。 26. 主儿乞部抢掠成吉思汗的营地。成吉思汗出兵讨伐之。成吉思汗依誓言处决了斯钦布和、泰出。 27. 木华黎投靠铁木真。别勒古岱角力杀不里孛可； 28. 铁木真、汪罕合力应战扎木哈。 扎木哈用巫术，反伤自己；撤途中掠夺自己部落。 29. 扎木哈、汪罕二人袭击成吉思汗。 扎木哈用言语助成吉思汗。相昆受伤。窝格岱受伤。 30. 哈尔力古德阿尔斯兰汗降。赐阿拉哈别吉。 31. 畏兀儿的亦都兀惕投靠成吉思汗，做第五子； 32. 蒙克图斯钦讲千头多尾蛇的故事。 33. 成吉思汗与合答安相遇； 34. 陶儿干失剌来归； 35. 巴歹、乞失里黑告急； 36. 纳牙父子来归； 37. 成吉思汗纳也速干、也遂为妃； 38. 赏主儿扯歹的战功，赐亦巴合别乞； 39. 分封千户官； 40. 孛罗兀勒夫妇救拖雷、窝阔台的性命； 41. 赏赐女儿们；嘉奖兀孙老人；

续表

蒙汉文历史著作目录	《青史演义》未吸纳的史录内容
《蒙古秘史》	42. 规定扈卫军、入值制度； 43. 孛罗兀勒出征豁里秃马惕； 44. 拙赤征林中百姓； 45. 为母亲和弟分配百姓； 46. 离间与合撒儿的关系，除帖布腾格理； 47. 铁木真与札木哈的对话；杀札木哈； 48. 帖卜腾格里心怀不轨，离间成吉思汗与合撒尔；成吉思汗捆绑合撒尔审问，窝格伦母亲解救之； 49. 扎木哈被其部下抓来交给成吉思汗。成吉思汗应扎木哈之求，以贵族礼仪杀之； 50、唐古特主布尔汗投成吉思汗，送女查干。
《罗黄金史》	1. 人类起源； 2. 铁木真诞生后七天，黑鸟飞来，巨石开裂，显出金、银、玉引玺； 3. 成吉思汗的喇嘛贡噶桑布。 4. 菩萨投胎成吉思汗宗族。生忽必烈。 5. 成吉思汗与大臣之间筵席中的韵文对话。 6. 察汗台罚失剌门； 7. 乃满勒斤老太对王罕说的话； 8. 拖雷替父升天；嘉赏拖雷妻；
《蒙古源流》	1. 天、地、人类起源； 2. 印度、西藏王统； 3. 都洼索和尔为弟娶阿伦高娃； 4. 勃端察儿的事迹； 5. 也速该劫我格伦夫人； 6. 也速该之达哈氏夫人生伯克特儿、伯勒格台二人；达哈氏夫人相继而卒； 7. 铁木真射杀伯克特儿； 8. 岁次已酉，合罕子铁木真即合罕位；有五色鸟叫，唤成吉思汗。石自裂，显玉石宝印； 9. 岁次癸丑，纳塔塔尔部也克绰罗之女济苏、济苏凯姊妹二人为夫人；驱逐契丹之阿勒坛合罕，而夺其国； 10. 岁次甲寅，征服离地之国，八十万契丹人之十三省；

续表

蒙汉文历史著作目录	《青史演义》未吸纳的史录内容
《大元史》	1. 孛端察尔的事迹； 2. 莫纳伦的事迹； 3. 纳沁救养并扶持海都建国； 4. 海都至也速该的合罕传承谱； 5. 萧也先计赚高州；
《续资治通鉴》	1. 特穆津之十世祖勃端察尔，首有异征，遂长诸部，金人置东北招讨使以统辖之； 2. 封特穆津为招讨使； 3. 特穆津弟哈萨尔伐奈曼，大败之，尽杀其诸将族众，积尸以为京观，奈曼之势遂弱； 4. 蒙古主入贡于金； 5. 金主以擅生边隙，囚纳哈塔迈珠； 6. 金耶律阿哈归降，蒙古主妻以贵臣之女； 7. 蒙古主麾诸军并进，败金兵，追至沧河，僵尸百里； 8. 完颜纲、果赫果勒齐复以师拒渣于缙山，蒙古兵击败之，僵尸四十余里； 9. 耶律阿哈言于蒙古主曰："好生乃圣人之大德，兴创之始，愿止杀掠以应天心。"蒙古主纳之； 10. 萨木哈耻于无功，误传土令，议遂不成； 11. 穆呼哩攻延安，出伏兵，金兵大乱，追杀七千余人； 12. 蒙古索噜呼图追击金完颜纲，斩七千余级； 13. 金细军五百人自相激励，给称二十万，蒙古惧，遂袭群牧监，驱其马而还； 14. 穆呼哩怒金北京降缓，欲坑其众； 15. 穆呼哩取金岢岚、吉、隐等州，拔绛州城，屠之；

注：1. 列表中《蒙古秘史》的内容以《罗黄金史》所记233节为限；
2.《罗黄金史》、《蒙古源流》、《大元史》和《续资治通鉴》的内容以成吉思汗时期至窝阔台汗即位初期的史料为限；

列表（三）：《大元史·太祖汗铁木真》内容

<table>
<tr><th rowspan="2">内容
纪年</th><th colspan="2">《大元史》太祖 铁木真</th></tr>
<tr><th>《元史》本纪一太祖铁木真</th><th>《元史》列传内容</th></tr>
<tr><td rowspan="7">壬午年（1162年）至乙丑年（1205年）</td><td>帝之十世祖孛端察儿至烈祖也速该的族系谱；也速该征塔塔儿部，擒铁木真；窝格伦生子，手握凝血，命名为铁木真；也速该助克烈部汪罕，从其叔父菊儿罕处复夺部众归汪罕；</td><td rowspan="7">1.《元史》列传第六：博尔术，要儿斤部卒盗牧马，博尔术与帝往追。时年十三岁。盗舍所掠去；博尔术，遵太祖令射敌，分寸不离故处。太祖嘉其勇胆。帝征怯列，失马。会天雨雪，博尔术与木华黎张毡裘以蔽帝，免于难。博尔术每警夜，帝寝必安枕；篾里期之战，帝称博尔术曰：“此天赞我也!”
2.《元史》列传第五：孛秃，亦乞列思氏，善骑射。帝不论财，以皇妹妻之。孛秃掳脱也等。
3.《元史》列传第八：畏答儿，忙兀人，力止其兄畏翼归薛彻大丑，不成，折箭盟誓，事太祖。帝与克烈部汪罕对阵，畏答儿奋然勇战，牺牲。
4.《元史》列传第六：木华黎，三箭退寇；帝赞其忠勇，称木华黎、博尔术、赤老温、博尔忽为四杰。
5.《元史》列传第五：阿剌兀思剔吉忽里不为乃蛮主说动，归服太祖；帝论酒；
6.《元史》列传第十一：塔塔通阿，怀印出逃，就擒。帝嘉其忠诚，遂命教畏兀字。
7.《元史》列传第七：察罕，武勇，善知礼。帝挈以归，命给事内廷。</td></tr>
<tr><td>烈祖崩，帝幼，部众归泰赤乌部。近侍火儿真叛去；窝格仑太后躬自追叛者，驱其大半而还。</td></tr>
<tr><td>帝麾下与札木哈部人结怨；太祖分兵十三翼战札木哈部；帝与泰赤乌部之照烈部同猎援助；帝功德日盛，泰赤乌诸部赤老温、者别诸人及忙兀诸部皆慕义来降。</td></tr>
<tr><td>帝会诸族薛彻大丑等人，在宴会上发生争斗；别里古台被砍伤；薛彻别吉请和；</td></tr>
<tr><td>塔塔儿部蔑兀真笑里徒背金约，帝发兵迎击；论薛彻别吉等来助，候六日未至；帝杀蔑兀真笑里徒；</td></tr>
<tr><td>扎木哈被举为局儿罕，来袭，帝破之；扎木哈脱走；壬戌，帝伐按赤塔塔儿、察罕塔塔儿；帝责怒族人按弹等三人背约；帝平篾儿乞部脱脱之乱；</td></tr>
<tr><td>扎木哈与乃蛮主宝律祭风袭帝，逆击其阵，大败；扎木哈掠立己者而去；帝与汪罕</td></tr>
</table>

续表

纪年＼内容	《大元史》太祖 铁木真	
	《元史》本纪一太祖铁木真	《元史》列传内容
壬午年（1162年）至乙丑年（1205年）	互换婚，皆不谐；扎木哈进谗并纵火帝牧地；癸亥岁，汪罕谋害帝；汪罕掳哈撒儿妻子；帝灭克烈部；汪罕被乃蛮将军所杀；其子亦剌合遁西夏，被龟兹国主讨杀之； 乃蛮太阳罕心嫉帝能，遣使谋于白达达部；甲子年，帝禽杀太阳罕，灭乃蛮部； 乙丑年，帝征西夏，拔力吉里寨。	
太祖元年，丙寅年（1206年）	帝大会诸王群臣，即皇位于斡难河之源；帝伐乃蛮，擒宝律罕；太阳罕子屈出律与脱脱逃至也尔的石河；帝始议伐金；金降俘具言金主暴戾；	《元史》列传第六：帝封博尔术、木华黎为左右万户。
太祖二年丁卯年（1207年）	帝征西夏，克斡罗孩城；野牒亦纳里、阿里替也儿部献名鹰。	
太祖三年戊辰年（1208年）	帝自至西夏；帝灭蔑里乞部；屈出律奔契丹；	
太祖四年己巳年（1209年）	帝征西夏，克城，俘将。夏主李安全纳女请和。	
太祖五年庚午年（1210年）	金谋来伐，筑乌沙堡；帝见金卫王允济不为礼；允济登基，帝“南面唾之”，与金绝。	

续表

内容 纪年	《大元史》太祖 铁木真	
	《元史》本纪一太祖铁木真	《元史》列传内容
太祖六年 辛未年 （1211年）	西域哈剌鲁部主阿昔阑罕来降；畏吾儿国主亦都护来觐；帝南伐，败金将丁薛于野狐岭；拔德兴府、过居庸关；皇子下云内等州；克金城。刘伯林、长哥降；	《元史》列传第七：札八儿火者，使金。金不为礼而归。引太祖军于林中小路，破金中都。《元史》列传第七：察罕，野狐岭战役，侦察敌情；《元史》列传第六：木华黎率军破抚洲；《元史》列传第三十六：郭宝玉献帝取中原之策。
太祖七年 壬申年 （1212年）	耶律留哥遣使来附；帝大败金将九斤于獾儿觜；	《元史》列传第三十六：耶律留哥，起兵隆安，抗金。与帝麾下按陈结盟，归附帝；《元史》列传第三十七：石抹明安投靠太祖，劝止太祖退兵。
太祖八年 癸酉年 （1213年）	帝分兵三道伐金，取涿鹿；	《元史》列传第四十：王机，将戮，神色不变。帝义而释之。
太祖九年 甲戌年 （1214年）	帝驻中都，不乘胜破燕，遣使谕金主，并退兵出居庸关；金奉岐国公主及金帛，请和；木华黎伐金，征辽东，破高州；	《元史》列传第三十六：耶律留哥，抗金军取胜；《元史》列传第三十七：石抹也先用计定金东京，不费一矢；《元史》列传第三十四：史天祥获金将完颜胡速，为信义，求赦免。
太祖十年 乙亥年 （1215年）	金右副元帅蒲察七斤降；帝取中都；避暑桓州凉泾；耶律留哥来朝，以其子入侍；木华黎攻北京、兴中府；	《元史》列传第三十七：石抹也先，劝止木华黎杀降将寅答虎。擒叛将张鲸。 《元史》列传第六：木华黎，以石天应为兴中府伊。 《元史》列传第七：札八儿火者，克中都有功，帝特赏之。 《元史》列传第四十：王机，劝止孛秃屠城；

续表

内容 纪年	《大元史》太祖 铁木真	
	《元史》本纪一太祖铁木真	《元史》列传内容
太祖十年乙亥年（1215年）		《元史》列传第三十三：耶律楚材，帝召见其人，处之左右； 《元史》列传第三十六：耶律留哥，潜与其子覶见帝；
太祖十一年丙子年（1216年）	帝还庐朐河行宫；木华黎讨平兴中府；蒲鲜万奴降，以子入侍；复叛，僭称东夏；	《元史》列传第三十六：耶律留哥，麾下内讧，争先称王；
太祖十二年丁丑年（1217年）	盗祁和尚掳武平，史天祥讨平之；以木华黎为太师，封国王，伐金；克大名府；	《元史》列传第六：木华黎，帝封之为太师国王，托付太行以南事宜；
太祖十三年戊寅年（1218年）	帝伐西夏，夏主走西凉；平契丹六哥；高丽王遂降，请岁贡方物；金行元帅张柔降；金将武仙攻满城，张柔击败之；木华黎克太原等；	《元史》列传第三十六：耶律留哥复平辽东； 《元史》列传第九十五，外夷一：高丽。
太祖十四年己卯年（1219年）	西域杀使，太祖亲征，取讹答剌城；	《元史》列传第八十九：丘处机，太祖派札八儿火者等请来丘处机问道；
太祖十五年庚辰年（1220年）	帝克蒲华、寻思干城、斡脱罗儿城；木华黎平真定；	《元史》列传第三十三：耶律楚材，与工匠论治理天下之理； 《元史》列传第三十四：史天倪，劝木华黎加强军纪； 《元史》列传第三十六：耶律留哥，逝世；其妻来朝；
太祖十六年辛巳年（1221年）	帝攻卜哈儿、薛迷四干城；金主遣使乌古孙仲端请和，称帝为兄，不允；宋遣苟梦玉请和；木华黎出河西，克葭、绥德、保安等州，攻延安不下；	《元史》列传第六：木华黎，战延安；杀金将张铁枪； 《元史》列传第三十六：石天应，劝木华黎多造舟楫于葭州；

续表

内容 纪年	《大元史》太祖 铁木真	
	《元史》本纪一太祖铁木真	《元史》列传内容
太祖十七年壬午年(1222年)	木华黎攻凤翔不下；以石天应为都元帅守河中府；金使乌古孙仲端来请和；帝谓："念汝远来，河朔既为我有，关西数城未下者，其割付我。令汝主为河南王，勿复违也。"	《元史》列传第六：木华黎，隐士劝木华黎；《元史》列传第三十三：耶律楚材，观天象；《元史》列传第三十六：石天应，因吴泽误事，战死沙场；
太祖十八年癸未年(1223年)	太师国王木华黎薨； 帝避暑鲁湾川；	《元史》列传第六： 木华黎，临终托遗志；
太祖十九年甲申年(1224年)	帝至东印度国，角端见，班师；	《元史》列传第三十三：耶律楚材，解释瑞兽；
太祖二十年乙酉年(1225年)	帝还行宫；武仙叛，杀史天倪；史天泽击仙走之，复真定；	《元史》列传第三十四：史天倪，遭武仙陷害； 《元史》列传第三十五：董俊，骂武仙毁民田； 《元史》列传第三十四：张柔，与史天泽合力战武仙；
太祖二十一年丙戌年(1226年)	帝取甘、肃等州；帝取灵州；帝跸盐州川；	《元史》列传第七：察罕，父与弟被杀；不以私仇屠城； 《元史》列传第三十三：耶律楚材，收集草药医治军病； 《元史》列传第三十六：耶律留哥，妻来觐见帝；
太祖二十二年丁亥年(1227年)	帝克积石州、临洮府、及洮河、西宁二州；金遣使请和；帝避暑六盘山；崩于萨里川；	《元史》列传第三十六：耶律留哥，帝封其子； 《元史》列传第六：孛鲁，平益都；攻滕州；
《元史》本纪、列传之外的内容	1. 朝瓦莫儿根，善射。帝遇寇，命朝瓦莫儿根射飞雁以慑，寇退之。 2. 帝与汪罕征乃蛮，扎木哈进谗，令汪罕潜移部众与别所； 3. 帝饮班珠尼河水，盟誓；誓言；	

参考文献

A、文学类

1. 董乃斌著：《中国古典小说文体独立》，中国社会科学出版社，1994。

2. 楚鲁注释：《那木吉乐舍旺文集》，内蒙古文化出版社，2010。

3. 贺·宝音巴图著：《论尹湛纳希及其〈青史演义〉》（蒙文），内蒙古人民出版社，1981。

4. 德斯来扎布著：《论〈青史演义〉与十部史书的关系》（蒙文），内蒙古文化出版社，1990。

5. 德斯来扎布著：《尹湛纳希研究》（蒙古文），民族出版社，1993。

6. 扎拉嘎著：《尹湛纳希年谱》，内蒙古大学出版社，1991。

7. 扎拉嘎著：《尹湛纳希评传》，内蒙古教育出版社，1994。

8. 扎拉嘎著：《比较文学：文学平行本质的比较研究》，内蒙古教育出版社，2002。

9. 云峰著：《蒙汉文化交流侧面观》，天津古籍出版社，1992。

10. 云峰著：《蒙汉文学关系史》，新疆人民出版社，1997。

11. 叶舒宪著：《文学与人类学——知识全球化下的文学研

究》，社会科学文献出版社，2003。

12. 李福清［俄］著：《古典小说与传说》，北京，中华书局，2003。

13. 金圣叹［清］著：《金圣叹文集》，成都，巴蜀书社，2003。

14. 欧阳健著：《历史小说史》，杭州，浙江古籍出版社，2003。

15. 石昌渝著：《中国小说源流史》北京，三联书店，1994。

16. 楼含松著：《从［讲史］到［演义］——中国古代通俗小说的历史叙事》，商务印书馆，2008。

17. 周英雄著：《比较文学与小说诠释》，北京大学出版社，1990。

18. 荣苏赫、赵永铣主编：《蒙古族文学史》，内蒙古人民出版社，2000。

19. 张炯等主编：《中华文学通史》，华艺出版社，1997。

20. 尹湛纳希［清］著：《青史演义》（全三册）（蒙文），内蒙古人民出版社，1979。

21. 尹湛纳希［清］著，黑勒、丁师浩译：《青史演义》（全二册），内蒙古人民出版社，1985。

22. 尹湛纳希［清］著：《泣红亭》，内蒙古人民出版社，2009。

23. 图布格日乐图著：《珠玑耀文采——尹湛纳希诗文赏析》（蒙古文）内蒙古少年儿童出版社，1992。

24. 杨义著：《中国古典小说史论》，人民出版社，1998。

25. 钱钟书著：《管锥编》第一册，中华书局出版，1979。

26. 浦安迪（美）著：《中国叙事学》，北京大学出版社，1996。

27. 吕西安·戈德曼（法国）著，段毅、牛宏宝译：《文学社会学方法论》，工人出版社，1989。

28. 张少康、刘三富著：《中国文学理论批评发展史》（上、下），北京大学出版社，1995。

29. 应锦襄、林铁民、朱水涌著：《世界文学格局中的中国小说》，北京大学出版社，1997。

30. 刘世德主编：《中国古代小说研究——台湾香港论文选集》，上海古籍出版社，1983。

31. 贾文昭、徐召勋著：《中国古典小说艺术欣赏》，安徽人民出版社，1982。

32. 马学良、梁庭望、李云忠主编：《中国少数民族文学比较研究》，中央民族大学出版社，1997。

33. 叶郎著：《中国小说美学》，北京大学出版社，1982。

34. 金耀基（台湾）著：《从传统到现代》广州文化出版社，1989。

35. 白海珍、汪帆著：《文化精神与小说观念——中西小说观念的比较》，河北人民出版社，1989。

36. 米列娜编，伍晓明译：《从传统到现代——世纪转折时期的中国小说》，北京大学出版社，1991。

37. 巴·苏和著：《蒙古文学发展论》，内蒙古人民出版社，1994。

38. 罗贯中著：《三国演义》（上下册），人民大学出版社，1973。

39. 吴功正著：《小说美学》，江苏人民出版社。1985。

B、历史类

40.《二十五史精华·史记》，岳麓书社，1989。

41.《二十五史精华·汉书》，岳麓书社，1989。

42. 李学勤主编：《十三经注疏·春秋左传正义》，北京大学出版社，1999。

43. 海登·怀特（美）著：《元史学；十九世纪欧洲的历史想象》，译林出版社，2004。

44. 汪荣祖（美）著：《史传通说——中西史学之比较》，中华书局，2003。

45. 阎光亮著：《清代内蒙古东三盟史》，中国社会科学出版社，2006。

46. 孛尔只斤·吉而格勒著：《游牧文明史论》，内蒙古人民出版社，2002。

47. 周清澍主编：《内蒙古历史地理》，内蒙古大学出版社，1994。

48. 额尔登泰、乌云达赉校勘：《蒙古秘史》，内蒙古人民出版社，1980。

49. 沙·毕拉（蒙古）著，陈宏法译：《蒙古史学史：十三世纪—十七世纪》，内蒙古教育出版社，1988。

50. 鲍·雅·符拉基米尔佐夫（俄）著：《蒙古社会制度史》，中国社会科学出版社，1980。

51. 朱凤、贾敬颜译：《汉译蒙古黄金史纲》，内蒙古人民出版社，1985。

52. 罗桑丹津（清）著，色道尔吉汉译：《蒙古黄金史》，蒙古学出版社，1993。

53. 拉喜彭斯克著，胡和温都尔校译：《水晶珠》，内蒙古人民出版社，1986。

54. 萨囊彻辰（清）著，道润梯步译校：《蒙古源流》，内蒙古人民出版社，1980。

55. 宋濂（明）等撰：《元史》，中华书局，1976。

56. 宋濂（明）等撰，（清）图腾等译：《大元史》，内蒙古文化出版社，1987。

57. 多桑（瑞典）著，阿萨拉图、额尔敦特古斯译：《多桑蒙古史》，内蒙古人民出版社，1988。

58. 毕沅（清）编集:《续资治通鉴》第九册，中华书局出版，1979。

59. 拉施特（波斯）主编，余大钧、周建奇译:《史集》，商务印书馆，1983。

60. 巴雅尔校注:《蒙古秘史》（全三册），内蒙古人民出版社，1980。

61. 札奇斯钦（美）著:《〈蒙古秘史〉新译并注释》，聊经出版事业公司，1979。

62. 志费尼（伊朗）著，何高济译:《世界征服者史》（上下册），内蒙古人民出版社。1980年

63. 乌恩主编:《蒙古族宗教思想史》，内蒙古人民出版社、2002。

64. 吴柏春、锁柱编著:《蒙古帝国简史》，内蒙古文化出版社，1990。

65. 那木斯莱著:《清代蒙古史》（蒙文），内蒙古文化出版社，1993。

66. 罗卜桑悫丹著:《蒙古风俗鉴》（蒙文），内蒙古人民出版社，1981。

67. 田山茂〔日〕著，宝音德力格译:《清代蒙古社会制度》（蒙古文），内蒙古文化出版社，1988。

68. 孟广耀撰:《蒙古民族通史》第一卷，内蒙古大学出版社，2002。

C、文化类

69. 谭君强著:《叙事理论与审美文化》，中国社会科学出版社，2002。

70. 闫天灵著:《汉族移民与近代内蒙古社会变迁研究》，民族出版社，2004。

71. 阿拉腾著:《文化的变迁——一个嘎查的故事》，民族

出版社，2006。

72. 张羽新著：《清政府与喇嘛教》，西藏人民出版社，1988。

73. 蔡志纯、洪用斌、王龙耿编著：《蒙古族文化》，中国社会科学出版社，1983。

74. 项英杰等著：《中亚：马背上的文化》，浙江人民出版社，1993。

75. 梁一儒著：《民族审美心理学概论》，青海人民出版社，1994。

76. 汉斯·罗伯特·尧斯（德）著，朱立元译：《审美经验论》，作家出版社，1992。

77. 露丝·本尼迪克（美）著：《文化模式》，华夏出版社，1987。

78. 陆贵山著：《审美主客体》，中国人民大学出版社，1989。

79. 庞朴著：《文化的民族性与时代性》，中国和平出版社，1988。

80. 欧·奥尔特曼马·切默斯（美）著：《文化与环境》，东方出版社，1991。

81. 吴士余著：《中国小说思维的文化机制》，华东师范大学出版社，1990。

82. 陈平原著：《小说史：理论与实践》，北京大学出版社，1993。

83. 乌尔利希·韦斯坛因（美）著：《比较文学与文学理论》，辽宁人民出版社，1987。

84. 杨义著：《文化冲突与审美选择——二十世纪中国小说的文化分析》，人民文学出版社，1988。

85. C·恩佰M·恩佰（美）著：《文化的变异——现代文化人类学通论》，辽宁人民出版社，1982。

86. 佛克马、蚁布思（荷兰）著：《文学研究与文化参与》，北京大学出版社，1996。

87. 史景迁（美）著：《文化类同与文化利用》，北京大学出版社，1997。

88. 朱熹（宋）著，黎靖德（宋）编，王星贤点校：《朱子语类》，中华书局出版，1986。

89. 熊月之著：《中国近代民主思想史》，上海人民出版社，1986。

90. 吴江著：《中国封建意识形态略考——儒家学说述评》，中共中央党校出版社，1992。

91. 瓦尔特·海希西（德）著：《蒙古历史与文化》（蒙文），内蒙古文化出版社，1986。

92. 克莱德·克鲁克洪（美）等著：《文化与个人》，浙江人民出版社，1986。

93. 张法著：《中国文化与悲剧意识》，中国人民大学出版社，1989。

94. E·R·塞维斯（美）著：《文化进化论》，华夏出版社，1991。

95. 莱斯利·A·怀特（美）著：《文化的科学——人类与文明的研究》，山东人民出版社，1988。

96. 雷蒙德·威廉斯（英）著：《文化与社会》，北京大学出版社，1991。

97. 爱德蒙·利奇（英）著：《文化与交流》，中山大学出版社，1990。

98. 龚书铎、刘桂生、王俊义编：《民族文化虚无主义评析》，中国人民大学出版社，1990。

99. 格孟和主编：《蒙古哲学史》（蒙文），内蒙古人民出版社，1995。

100. 劳承万著：上《审美中介论》，海文艺出版社，1986。

101. 马文·哈里斯（美）著：《文化人类学》，东方出版社，1988。

102. 阿尔佛雷德·韦伯（德）著：《文化社会学视域中的文化史》，上海人民出版社，2006。

103. 张意著：《文化与符号权利——布尔迪厄的文化社会学导论》，中国社会科学出版社，2005。

后 记

这部拙作是在我博士学位论文《论蒙古史传文学向历史小说的转型——《青史演义》与相关蒙汉文历史著作的比较研究》的基础上，增补修撰而成。确立这篇论文的选题得益于我的导师扎拉嘎先生的精心指导。

1999年9月，我考入中国社会科学院研究生院民族文学系，在先生膝下攻读比较文学方向博士学位。历经先生数个春秋的细心培养，终于从懵懂到开智，尝试着清理研究思路，调整研究方向，斗胆摸索无涯学海的边际和门路。虽然世间有“师傅引进门，修行在个人”之说，但是，当时年少轻狂的我无心探究其中的深奥。2003年，在先生的悉心教导和谆谆教诲下，囊括了博士学位后，无视师长付出的心血和寄予的期望，决意在繁华的京城波涛汹涌的商海中下水一试冷暖。历经数年的尽力打拼，品尝过创业成功的风光得意，遭受过血本无归的惨烈失意。于2010年，数落着生意场上重利轻义划在心房的条条伤痕，重新回到象牙塔开始清静无纷扰的科研生活，竟油然生起一份迷途知返，步入正轨的淡定和踏实之感。融入了新的工作环境，结识了诸多仰慕已久的学者大家，更加坚定了我潜心学问，进升造诣的决心。于是，在内蒙古社会科学院文学研究所的领导和《中国蒙古学文库》编委会前辈学者们的鼓励下，重拾搁置已久的这篇学位论文，弥补当时的缺憾，增添当下的新意，编撰成册，付梓出版。虽有学无长进的愧疚和寸草之心难报师长三春之晖的忐忑，但执意以这部处女之作为答谢，聊以慰藉当年导师扎拉嘎先生入门教导的一片苦心。

同时，向提供我出版研究成果机会的《中国蒙古学文库》编委会以及辽宁民族出版社十余年来用辛勤的汗水浇灌蒙古学研究的繁荣之花，为丰富民族文化宝库，促进社会科学发展所做出的卓越贡献表示崇高的敬意。衷心感谢时时给予热心指点又不忘严谨督促写作进程的前辈学者格·孟和先生。

这本书能够顺利结稿得益于北京大学陈刚龙教授在评审学位论文时提出的宝贵意见，也受惠于内蒙古社会科学院文学研究所包斯钦研究员、崔斯琴博士在写作期间提供书籍资料的无私帮助，为此，一并致以我最挚诚的感谢。

最后，向包容我商场失利，激励我职场奋进的父母双亲、弟弟包军、包海、妹妹包晓红献上我最赤诚的爱意。

谨以此书致贺胞弟包海、卢海霞新婚大僖，幸福美满！

包红梅

2012年2月于呼和浩特

ᠨᠡᠮᠡᠯᠲᠡ ᠶᠢᠨ ᠦᠭᠡ

ᠪᠠᠷᠢᠮᠳᠠ ᠶᠢᠨ ᠬᠠᠷᠢᠴᠠᠭᠤᠯᠤᠯ ᠲᠠᠢ ᠪᠣᠯᠬᠤ ᠪᠥᠭᠡᠳ 《ᠬᠥᠬᠡ ᠰᠣᠳᠣᠷ》 ᠢ ᠮᠣᠩᠭᠣᠯ ᠬᠢᠲᠠᠳ ᠲᠡᠦᠬᠡ ᠶᠢᠨ ᠵᠣᠬᠢᠶᠠᠯ ᠤᠳ ᠲᠠᠢ ᠬᠠᠷᠢᠴᠠᠭᠤᠯᠤᠨ ᠰᠤᠳᠤᠯᠬᠤ ᠨᠢ 19 ᠳᠦᠭᠡᠷ ᠵᠠᠭᠤᠨ ᠤ ᠮᠣᠩᠭᠣᠯ ᠤᠳᠬ᠎ᠠ ᠵᠣᠬᠢᠶᠠᠯ ᠤᠨ ᠲᠡᠦᠬᠡ ᠶᠢ ᠰᠤᠳᠤᠯᠬᠤ ᠳᠤ ᠴᠢᠬᠤᠯᠠ ᠠᠴᠢ ᠬᠣᠯᠪᠣᠭᠳᠠᠯ ᠲᠠᠢ ᠪᠠᠶᠢᠨ᠎ᠠ᠃ ᠡᠨᠡ ᠨᠢ ᠮᠣᠩᠭᠣᠯ ᠤᠳᠬ᠎ᠠ ᠵᠣᠬᠢᠶᠠᠯ ᠤᠨ ᠲᠡᠦᠬᠡ ᠳᠦ ᠪᠤᠢ ᠵᠣᠬᠢᠶᠠᠯ ᠤᠨ ᠬᠡᠯᠪᠡᠷᠢ ᠶᠢᠨ ᠬᠤᠪᠢᠷᠠᠯ ᠤᠨ ᠠᠰᠠᠭᠤᠳᠠᠯ ᠢ ᠰᠢᠨᠵᠢᠯᠡᠬᠦ ᠳᠦ ᠴᠢᠬᠤᠯᠠ ᠤᠴᠢᠷ ᠲᠠᠢ ᠪᠣᠯᠤᠨ᠎ᠠ ::

ᠪᠢ 《ᠬᠥᠬᠡ ᠰᠣᠳᠣᠷ》 ᠢ ᠮᠣᠩᠭᠣᠯ ᠬᠢᠲᠠᠳ ᠲᠡᠦᠬᠡ ᠶᠢᠨ ᠵᠣᠬᠢᠶᠠᠯ ᠤᠳ ᠲᠠᠢ ᠬᠠᠷᠢᠴᠠᠭᠤᠯᠤᠨ ᠰᠤᠳᠤᠯᠬᠤ ᠶᠠᠪᠤᠴᠠ ᠳᠤ᠂ 《ᠬᠥᠬᠡ ᠰᠣᠳᠣᠷ》 ᠤᠨ ᠲᠡᠦᠬᠡ ᠶᠢᠨ ᠮᠡᠳᠡᠭᠡ ᠶᠢᠨ ᠡᠬᠢ ᠰᠤᠷᠪᠤᠯᠵᠢ ᠶᠢ ᠨᠠᠷᠢᠯᠢᠭ ᠰᠢᠨᠵᠢᠯᠡᠨ ᠲᠣᠳᠤᠷᠬᠠᠶᠢᠯᠠᠵᠤ᠂ ᠵᠣᠬᠢᠶᠠᠯ ᠤᠨ ᠬᠡᠯᠪᠡᠷᠢ ᠶᠢᠨ ᠬᠤᠪᠢᠷᠠᠯ ᠤᠨ ᠳᠦᠷᠢᠮ ᠢ ᠨᠡᠭᠡᠭᠡᠨ ᠬᠠᠷᠠᠭᠤᠯᠬᠤ ᠶᠢ ᠵᠣᠷᠢᠯᠭ᠎ᠠ ᠪᠣᠯᠭᠠᠭᠰᠠᠨ ᠪᠣᠯᠤᠨ᠎ᠠ ᠃ ᠲᠡᠷᠡ ᠰᠢᠨᠵᠢᠯᠡᠬᠦ — ᠪᠦᠲᠦᠭᠡᠬᠦ — ᠰᠢᠨᠵᠢᠯᠡᠨ

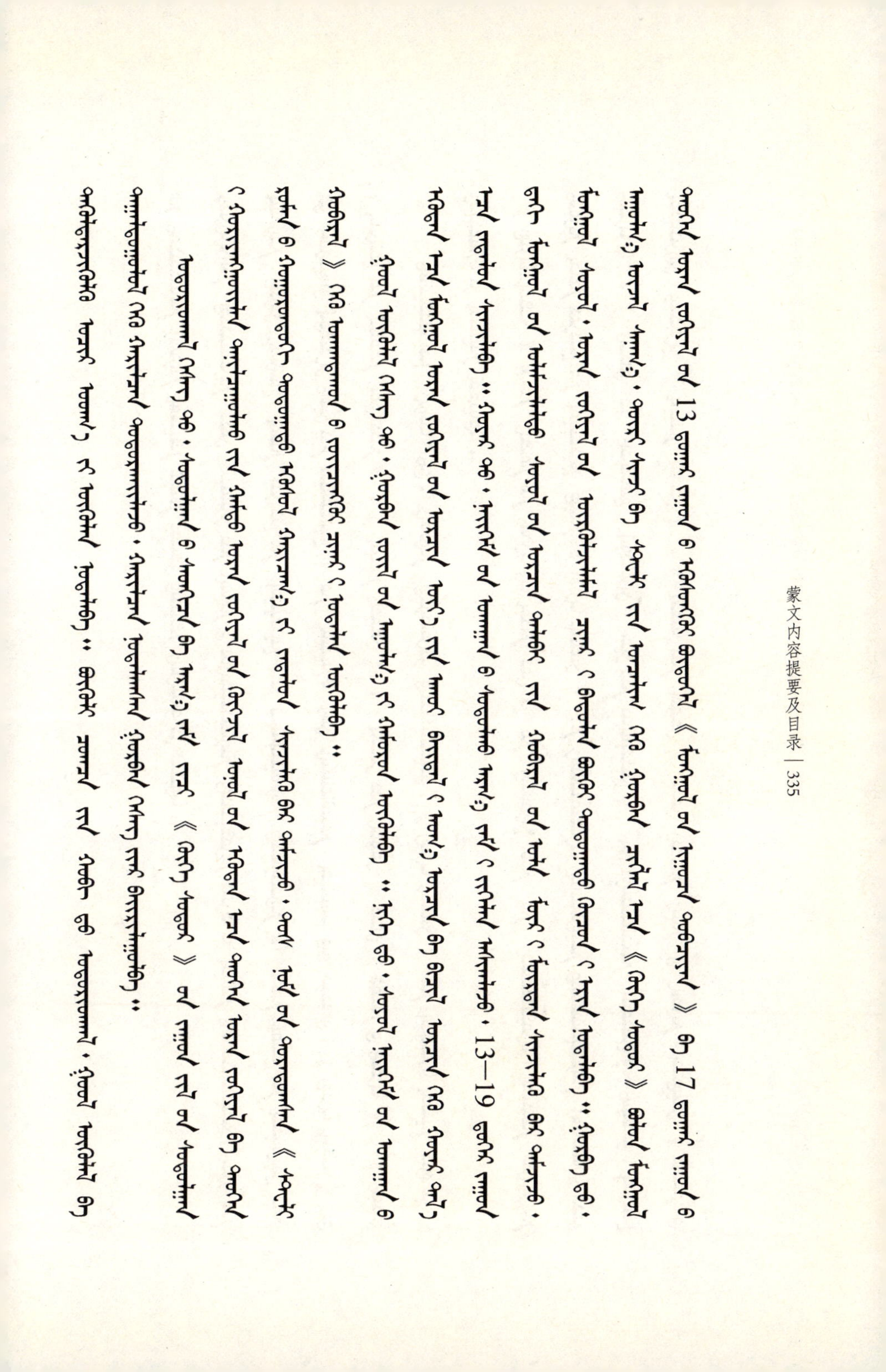

[illegible] [illegible] 《ᠠᠯᠲᠠᠨ ᠲᠣᠪᠴᠢ》 · 《ᠡᠷᠳᠡᠨᠢ ᠶᠢᠨ ᠲᠣᠪᠴᠢ》 ᠶᠢᠨ [illegible] 《[illegible] ᠤ [illegible]》 · 《[illegible] [illegible] [illegible]》 [illegible] [illegible] [illegible] · [illegible] 《ᠬᠥᠬᠡ ᠰᠤᠳᠤᠷ》 [illegible] [illegible] · 《ᠬᠥᠬᠡ ᠰᠤᠳᠤᠷ》 [illegible] [illegible] [illegible] [illegible] ::

[illegible] 《ᠬᠥᠬᠡ ᠰᠤᠳᠤᠷ》 [illegible] [illegible] · 《ᠮᠣᠩᠭᠣᠯ ᠤᠨ ᠨᠢᠭᠤᠴᠠ ᠲᠣᠪᠴᠢᠶᠠᠨ》 · 《ᠠᠯᠲᠠᠨ ᠲᠣᠪᠴᠢ》 · 《ᠡᠷᠳᠡᠨᠢ ᠶᠢᠨ ᠲᠣᠪᠴᠢ》 ᠶᠢᠨ 《[illegible] ᠤ [illegible]》 · 《[illegible] [illegible] [illegible]》 [illegible] · 《ᠬᠥᠬᠡ ᠰᠤᠳᠤᠷ》 [illegible] [illegible] [illegible] [illegible] [illegible] · [illegible] ᠳᠤ [illegible] [illegible] ::

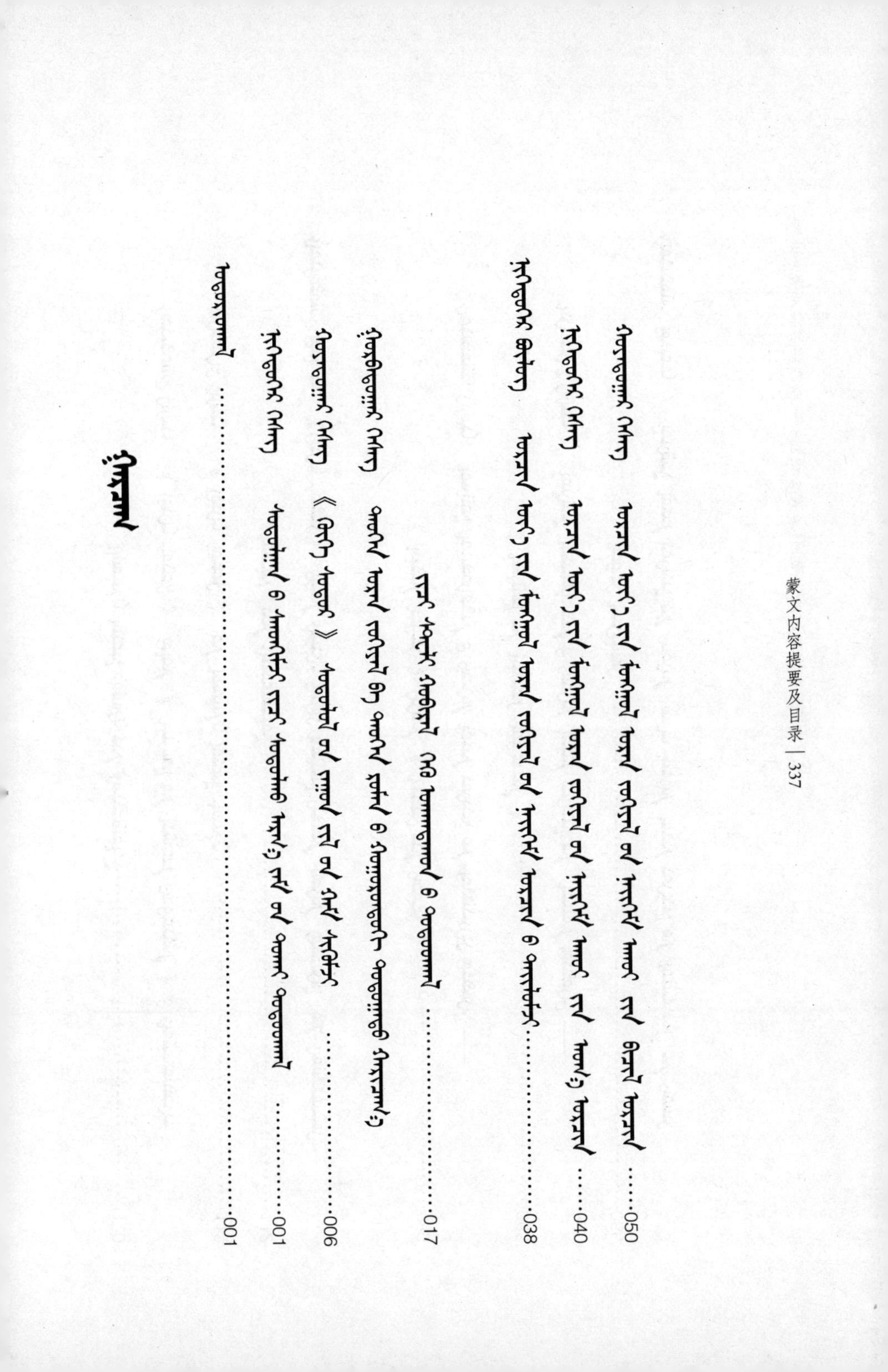

ᠭᠠᠷᠴᠠᠭ

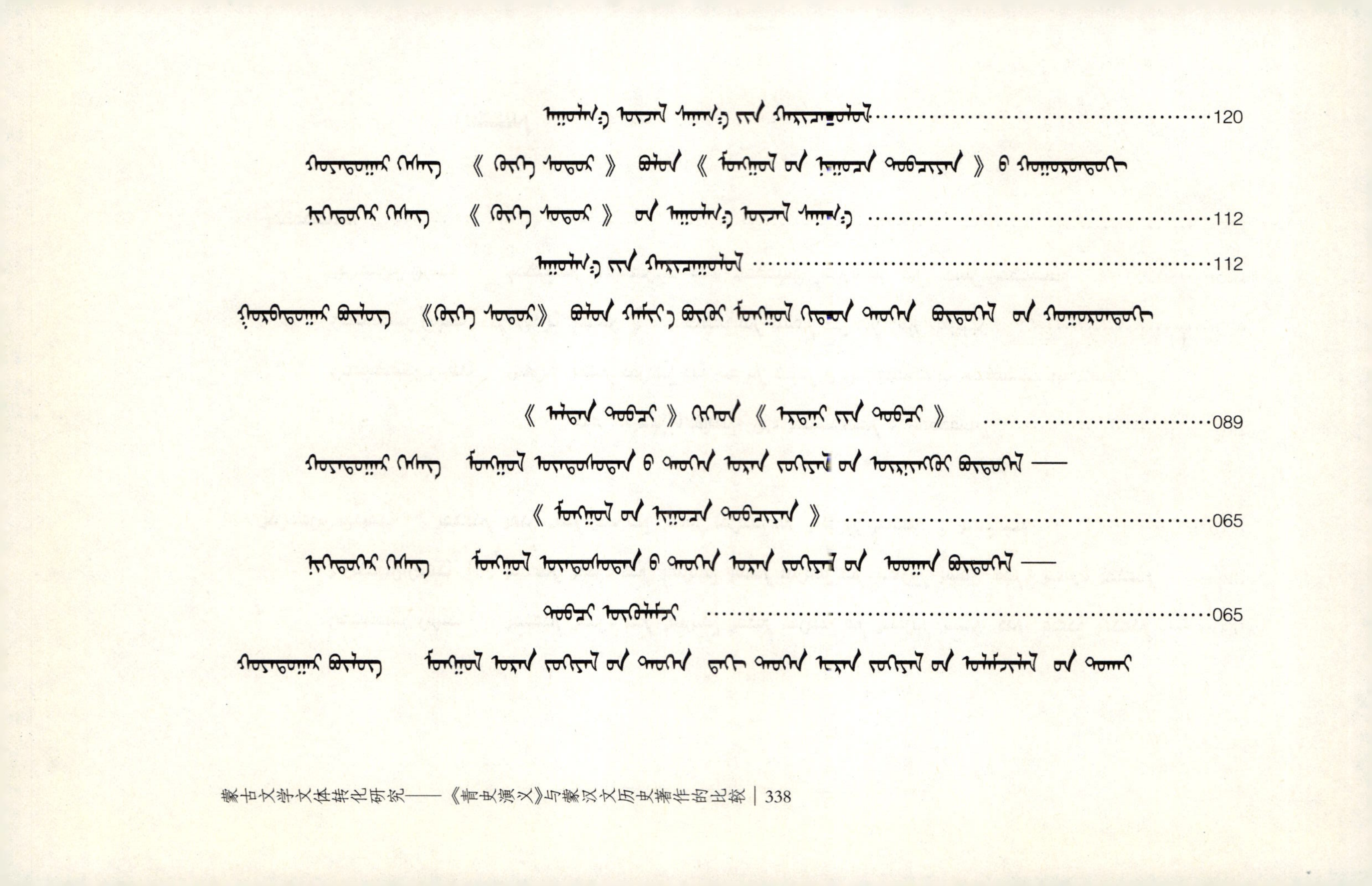

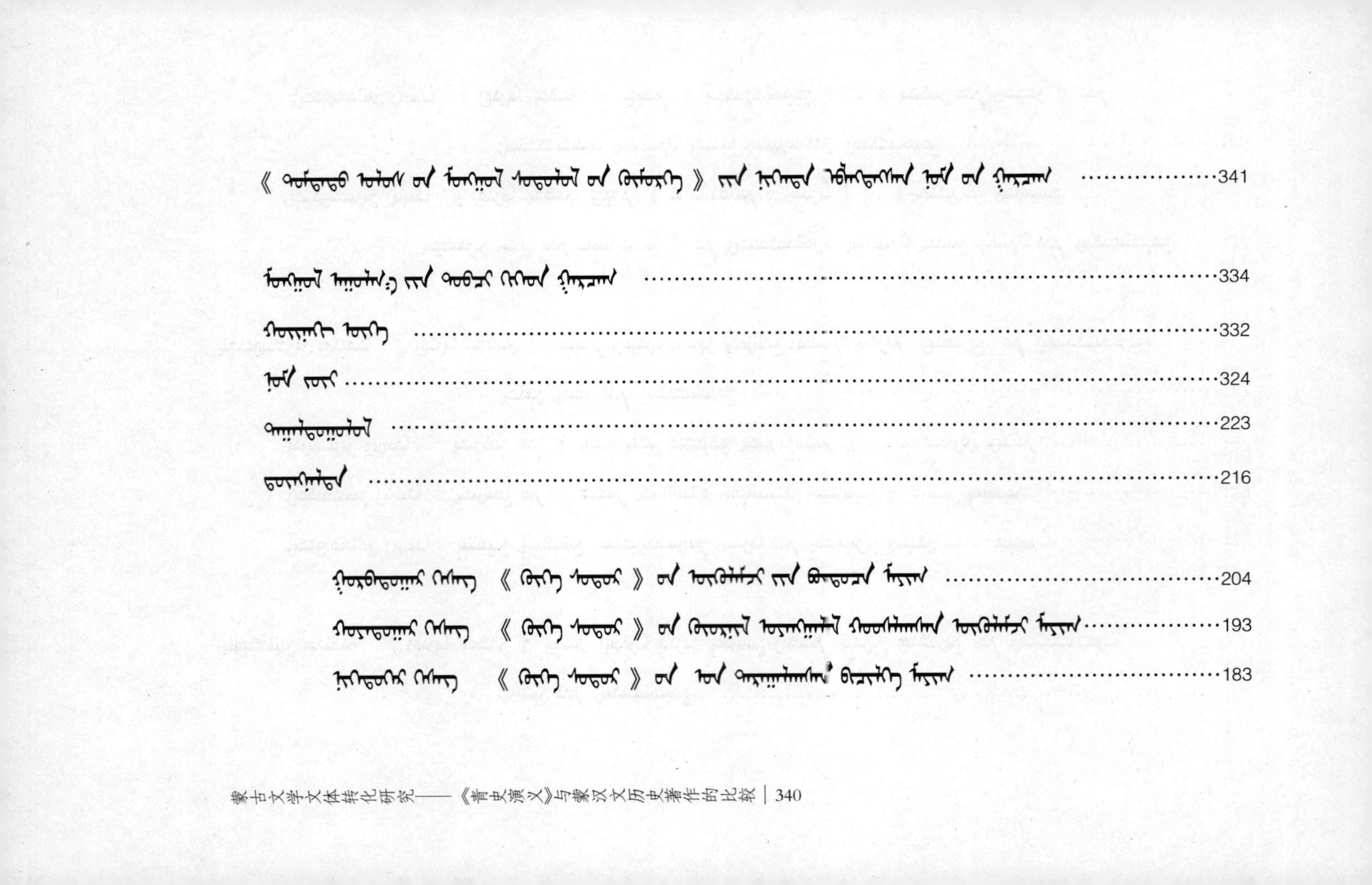

《中国蒙古学文库》已经出版书目

（按出版日期顺序排列）

1.《成吉思汗哲学思想研究》（格·孟和著，蒙古文，1997年6月出版，定价33.00元）

2.《蒙古族逻辑思维研究》（图·乌力吉著，蒙古文，1997年6月出版，定价14.00元）

3.《蒙古族儿童文学概要》（哈斯巴拉等著，蒙古文，1997年6月出版，定价17.00元）

4.《阿尔寨石窟回鹘蒙古文榜题研究》（哈斯额尔敦、丹森等著，蒙古文，1997年6月出版，定价16.00元）

5.《蒙古族音乐史》（呼格吉乐图著，蒙古文，1997年6月出版，定价34.00元）

6.《中国人民解放战争时期内蒙古骑兵史》（乌嫩齐主编，汉文，1997年6月出版，定价16.00元）

7.《蒙古族正骨学》（旺钦扎布著，蒙古文，1997年6月出版，定价35.00元）

8.《蒙古学论著索引（1986—1995）》（额尔德尼编，汉文，1997年6月出版，定价21.00元）

9.《蒙古族美术研究》（阿木尔巴图著，汉文，1997年6月出版，定价48.00元）

10.《古代蒙古法制史》（奇格著，汉文，1999年9月出版，定价23.00元）

11.《蒙古文书法概论》（额尔很巴雅尔主编，蒙古文，1999年9月出版，定价20.00元）

12.《蒙古族民歌与交响乐研究》（永儒布著，汉文，1999年10月出版，定价48.00元）

13.《蒙古族文物与考古研究》（盖山林著，汉文，1999年12月出版，定价48.00元）

14.《〈蒙古源流〉研究》（乌兰著，汉文，2000年4月出版，定价55.00元）

15.《蒙古族全史》（第1卷）（留金锁著，蒙古文，2000年12月出版，定价25.00元）

16.《蒙古族美学史》（满都夫著，汉文，2000年12月出版，定价45.00元）

17.《中国民族语文工作的创举》（舍那木吉拉著，汉文，2000年12月出版，定价18.00元）

18.《蒙古族民歌与交响乐研究》（永儒布著，原为汉文，那顺乌尔塔译成蒙古文，2000年12月出版，定价48.00元）

19.《蒙古学论著索引（1986—1995)》（额尔德尼编，原为汉文，诺尔金等译成蒙古文，2000年12月出版，定价58.00元）

20.《中古蒙古语研究》(嘎日迪著，蒙古文，2001年10月出版，定价45.00元)

21.《蒙古族美术研究》(阿木尔巴图著，原为汉文，那顺乌尔塔译成蒙古文，2001年12月出版，定价68.00元)

22.《蒙古族传统疗法》(郭·道布清、图门巴雅尔编著，蒙古文，2001年12月出版，定价40.00元)

23.《蒙古族土地所有制特征研究》(额尔敦扎布、萨日娜著，蒙古文，2001年12月出版，定价30.00元)

24.《蒙古族曲艺研究》(贺喜歌芒来著，蒙古文，2001年12月出版，定价45.00元)

25.《忽必烈汗思想研究》(巴图巴干著，蒙古文，2002年4月出版，定价30.00元)

26.《蒙古族商业发展史》(额斯日格仓、包·赛吉拉夫著，蒙古文，2002年6月出版，定价38.00元)

27.《现代蒙医学》(琪格其图主编，汉文，2002年7月出版，定价30.00元)

28.《中国蒙古学研究概论》(吉木斯、特·额尔敦陶克套主编，蒙古文，2002年8月出版，定价60.00元)

29.《中国人民解放战争时期内蒙古骑兵史》(乌嫩齐著，原为汉文，牧仁译成蒙古文，2002年8月出版，定价55.00元)

30.《蒙古族哲学思想史》(苏和、陶克套著，汉文，2002年9月出版，定价36.00元)

31.《蒙古族儿童文学概论》(哈斯巴拉等著，原为蒙古文，蒋丽君等译成汉文，2002年10月出版，定价30.00元)

32.《佛教与蒙古文学》(德斯莱扎布著，蒙古文，2002年12月出版，定价30.00元)

33.《蒙古族古代典型战例》(阿木尔门德著，汉文，2002年12月出版，定价36.00元)

34.《蒙古文书法概论》(额力很巴雅尔著，原为蒙古文，额力很巴雅尔译为汉文，2003年12月出版，定价25.00元)

35.《蒙古族古代军事史》(胡泊主编，汉文，2004年3月出版，定价95.00元)

36.《蒙古族经济思想史研究》(陈献国主编，汉文，2004年4月出版，定价28.00元)

37.《蒙古族古代名将录》(叶喜著，汉文，2004年10月出版，定价22.00元)

38.《松巴堪布诗学研究》(额尔敦白音著，蒙古文，2004年10月出版，定价50.00元)

39.《古代蒙古法制史》(奇格著，原为汉文，奇格译成蒙古文，2004年12月出版，定价25.00元)

40.《中国民族语文工作的创举》(舍那木吉拉著，原为汉文，舍那木吉拉等译成蒙古文，2004年12月出版，定价35.00元)

41.《蒙古族哲学思想史》(苏和、陶克套著，原为汉文，齐秀华译成蒙古文，2004年12月出版，定价45.00元)

42.《蒙医学史与文献研究》(吉格木德著，蒙古文，2004年12月出版，定价32.00元)

43.《蒙古族近现代思想史论》(宝力格著，汉文，2005年3月出版，定价20.00元)

44.《元大都研究》(昔宝尼赤·却拉布吉著，蒙古文，2005年3月出版，定价75.00元)

45.《蒙古族宗教史》(苏鲁格著，汉文，2005年4月出版，定价32.00元)

46.《哈撒儿研究》(包·赛吉拉夫著，蒙古文，2005年6月出版，定价50.00元)

47.《蒙古语构词法研究》(特格希都楞著，蒙古文，2005年7月出版，定价20.00元)

48.《蒙古族正骨学》(旺钦扎布著，原为蒙古文，旺钦扎布译成汉文，2005年7月出版，定价45.00元)

49.《现代蒙医学》(琪格其图主编，原为汉文，琪格其图译成蒙古文，2005年7月出版，定价48.00元)

50.《成吉思汗哲学思想研究》(格·孟和著，原为蒙古文，何金山等译为汉文，2005年7月出版，定价45.00元)

51.《蒙古族近代战争史》(巴音图、张成业著，汉文，2005年11月出版，定价42.00元)

52.《〈蒙古源流〉研究》(乌兰著，原为汉文，阿拉坦巴根译为蒙古文，2005年12月出版，定价60.00元)

53.《蒙古族传统疗法》(郭·道布清、图门巴雅尔编，原为蒙古文，郭·

道布清、图门巴雅尔译成汉文，2005年12月出版，定价22.00元）

54.《蒙古族古代典型战例》（阿木尔门德著，原为汉文，策·诺尔金译为蒙古文，2005年12月出版，定价60.00元）

55.《元朝时期的山西地区》（瞿大风著，汉文，2005年12月出版，定价35.00元）

56.《蒙古族治疗骨伤的创新》（慕精阿、海志凡、海波著，汉文，2005年12月出版，定价42.00元）

57.《乌鲁别克传》（孛儿只斤·旺其格著，蒙古文，2006年6月出版，定价30.00元）

58.《蒙古语语法化过程研究》（套格敦白乙拉著，蒙古文，2006年8月出版，定价36.00元）

59.《蒙古族古代名将录》（叶喜著，原为汉文，那顺乌日塔译成蒙古文，2006年9月出版，定价35.00元）

60.《17世纪蒙古编年史与蒙古文文书档案研究》（希都日古著，汉文，2006年9月出版，定价26.00元）

61.《元朝时期的山西地区》（瞿大风著，汉文，2006年9月出版，定价40.00元）

62.《蒙古兽医研究》（巴音木仁著，汉文，2006年10月出版，定价40.00元）

63.《蒙古语构词法研究》（特格希都楞著，汉文，2006年11月出版，定价30.00元）

64.《蒙古族音乐史》（呼格吉勒图著，原为蒙古文，龙梅、乌云巴图

译为汉文，2006年12月出版，定价40.00元）

65.《法式善“梧门诗话”研究》（宏伟著，汉文，2006年12月出版，定价42.00元）

66.《蒙古族科学技术简史》（李迪著，汉文，2006年12月出版，定价32.00元）

67.《蒙古族古代交通史》（德山、乌日娜、赵相璧著，汉文，2006年12月出版，定价28.00元）

68.《中古蒙古语研究》（嘎日迪著，原为蒙古文，嘎日迪译为汉文，2006年12月出版，定价40.00元）

69.《蒙古族商业发展史》（额斯日格仓、包·赛吉拉夫著，原为蒙古文，哈斯木仁、胡格吉勒图、杨晓华译为汉文，2007年5月出版，定价28.00元）

70.《藏传佛教与蒙古族文化》（唐吉思著，汉文，2007年6月出版，定价40.00元）

71.《蒙古族姓氏研究》（奥都高德·博·苏达那木道尔吉著，蒙古文，2007年6月出版，定价90.00元）

72.《忽必烈汗思想研究》（巴图巴干著，原为蒙古文，吉木斯、哈日赤译为汉文，2007年6月出版，定价25.00元）

73.《蒙古哲学宏旨研究》（格·孟和著，蒙古文，2007年7月出版，定价50.00元）

74.《成吉思汗兵法研究》（胡泊著，汉文，2007年7月出版，定价28.00元）

75.《成吉思汗与蒙古文化》(那仁敖其尔等著，蒙古文，2007年7月出版，定价35.00元)

76.《蒙古族曲艺新探索》(贺希歌芒来著，原为蒙古文，贺希歌芒来译为汉文，2007年7月出版，定价48.00元)

77.《清代八旗蒙古汉文著作家政治思想研究》(张力均著，汉文，2007年11月出版，定价25.00元)

78.《蒙古族近现代思想史论》(宝力格著，原为汉文，萨础拉、陈永庆译为蒙古文，2007年11月出版，定价25.00元)

79.《蒙古族治疗骨伤的创新》(慕精阿、海志凡、海波著，原为汉文，旺钦扎布译为蒙古文，2007年12月出版，定价52.00元)

80.《蒙古族书面文学的基本体系研究》(满全著，蒙古文，2007年12月出版，定价45.00元)

81.《蒙古族天文历法史》(孛儿只斤·旺其格著，汉文，2008年3月出版，定价67.00元)

82.《蒙古文"金光明经"词汇研究》(上、下册)(乌力吉陶格套著，蒙古文，2008年4月出版，定价95.00元)

83.《制度视域下的草原生态环境保护》(盖志毅著，汉文，2008年5月出版，定价42.00元)

84.《哈撒儿研究》(包·赛吉拉夫著，汉文，2008年5月出版，定价45.00元)

85.《蒙古族美学史》(满都夫著，原为汉文，桑杰、其木格译为蒙古文，2008年6月出版，定价75.00元)

86.《清代满蒙文词典研究》(春花著，汉文，2008年7月出版，定价50.00元)

87.《蒙古族传统文化的现代价值》(齐秀华、额尔敦陶格套著，蒙古文，2008年9月出版，定价32.00元)

88.《蒙古族生态经济研究》(暴庆伍著，汉文，2009年1月出版，定价38.00元)

89.《蒙古族姓氏大全》(明安特·沙·东希格著，蒙古文，2009年1月出版，定价95.00元)

90.《蒙古族生态智慧论》(乌峰、包庆德主编，汉文，2009年1月出版，定价35.00元)

91.《蒙古族数学史》(孛儿只斤·旺其格著，蒙古文，2009年1月出版，定价50.00元)

92.《蒙古语修辞学研究》(德力格尔著，蒙古文，2009年4月出版，定价40.00元)

93.《红山诸文化与游牧民族原始宗教比较研究》(王其格著，蒙古文，2009年5月出版，定价38.00元)

94.《蒙古语语法的认知功能研究》(套格敦白乙拉著，蒙古文，2009年5月出版，定价28.00元)

95.《八思巴文变形体研究》(乌力吉白乙拉著，蒙古文，2009年5月出版，定价30.00元)

96.《藏传佛教与蒙古文化》(唐吉思著，原为汉文，唐吉思译成蒙古文，2009年6月出版，定价55.00元)

97.《蒙古语词语的文化研究》（天峰著，蒙古文，2009年7月出版，定价30.00元）

98.《清代内蒙古地区寺院经济研究》（胡日查著，汉文，2009年7月出版，定价30.00元）

99.《蒙古语语音实验研究》(呼和著,汉文,2009年7月出版,定价30.00元)

100.《尹湛纳希人文思想研究》（席布仁门德著，蒙古文，2009年7月出版，定价38.00元）

续版已经出版书目

1.《近代内蒙古行政建制变迁研究》（孟和宝音著，汉文，2010年12月出版，定价40.00元）

2.《蒙汉历史接触与蒙古语言文化变迁》（曹道巴特尔著，汉文，2010年12月出版，定价45.00元）

3.《阿尔寨石窟回鹘蒙古文榜题研究》（哈斯额尔敦等著，原为蒙古文，纳·巴图吉日嘎拉、纳楚格、嘎日迪译为汉文，2010年12月出版，定价35.00元）

4.《清代官修民族文字文献编纂研究》（乌兰其木格著，汉文，2010年12月出版，定价38.00元）

5.《蒙古族佛教文化调查研究》（唐吉思著，汉文，2010年12月出版，定价98.00元）

6.《元国书官印汇释》（照那斯图、薛磊著，汉文，2011年4月出版，定价40.00元）

7.《蒙古文学史学研究》（乌日斯嘎拉著，蒙古文，2011年5月出版，定价36.00元）

8.《蒙古族全史》（第1卷）（留金锁著，原为蒙古文，浩斯巴特尔、包阿拉塔译成汉文，2011年7月出版，定价30.00元）

9.《蒙古哲学原理研究》（格·孟和著，蒙古文，2011年8月出版，定价85.00元）

10.《蒙古族古代军事史》（胡泊著，原为汉文，查干高娃编译，蒙古文，2011年8月出版，定价100.00元）

11.《新牧区建设与牧区政策调整——以内蒙古为例》（盖志毅著，汉文，2011年11月出版，定价75.00元）

12.《古代蒙古货币研究》（虹宝音著，汉文，2011年11月出版，定价30.00元）

13.《蒙古族古代汉文文化研究》（宏伟著，蒙文，2011年12月出版，定价45.00元）

14.《蒙元时期札剌亦儿部研究》（谢咏梅著，汉文，2012年3月出版，定价38.00元）